리더의
마음혁명

김성완 지음

박영story

프롤로그
행복 플랫폼으로 가는
마음챙김 리더십 혁명

조직을 떠나 프리랜서 코치와 강사의 삶을 시작한 이유는 꿈과 행복을 찾기 위해서였다. 1인 기업을 창업하고 11년의 세월이 흘렀다. 그동안 다양한 프로그램을 만들어서 강의와 컨설팅, 코칭을 해왔다. 어떤 기업과는 3년이나 5년 이상 동안 강의와 코칭을 진행했다. 그 과정에서 다양한 기업과 구성원들의 만남 속에서 보람과 기쁨을 느낄 때도 많았지만, 아쉬움을 느낄 때도 있었다.

평온했던 프리랜서 삶에 적신호를 보낸 것은 코로나19였다. 코로나19의 확산으로 뜻하지 않은 봉쇄와 비대면 관계는 교육 서비스업체와 종사자들을 나락으로 떨어뜨렸다. 갑자기 끊어진 강의 기회는 좀처럼 만회하기 어려웠다. 그러한 어려운 시간 속에서 마음을 다스리고 내면의 용기를 잃지 않게 도와준 것은 바로 마음챙김 명상이었다. 몇 년 전에 우연한 기회로 접하게 된 '마음챙김 기반의 스트레스 감소MBSR' 프로그램은 코로나19 상황에서 마음챙김 수련을 더욱 강하게 하는 계기가 되었다.

교육과 코칭의 본질적인 목적은 개인과 조직의 변화이다. 현재 수준에서 발생하는 문제를 해결하거나 바람직한 모습으로 변화하기 위해 강의나 컨설팅, 코칭을 의뢰한다. 고객사의 요청에 최선을 다하지만 강의와 컨설팅만으로 변화의 결실을 맺기에는 어려움이 있다. 아무리 좋은 강의나 코칭도 변화에 대한 동기부여는 될 수 있어도, 변화 그 자체는 개인이나 조직 자체에서 만들어야 하기 때문이다.

변화는 기업 내부에서 주도해야 하며, 먼저 개인들이 스스로 변화하려는 의지를 가져야 한다. 너무나 당연한 전제조건이지만 실제로 기업교육 현장에서 이 전제조건이 충족되지 못하는 경우가 많다. 성공하는 교육과 컨설팅이 되기 위해서는 내부 구성원들의 변화 의지를 돋우며 지속할 수 있는 프로그램이 되어야 한다. 이처럼 개인과 조직의 자발적인 참여와 혁신 의지를 강화할 수 있는 방법이 마음챙김이다.

조직변화에서 근본적인 문제는 '조직 구성원들이 자신의 일에 열정과 몰입을 가질 수 있는가?'이다. 물론 자신의 업무에 열정을 가지고 헌신하는 사람도 많다. 그러나 조직 전체로 스펙트럼을 확장해 보면 그러한 직원들이 과연 조직 내 몇 %나 될까? 2017년 갤럽의 '세계 일터 실태State of the Global Workplace' 보고서에 의하면, 155개국 직장인들을 대상으로 일 몰입에 대한 조사결과, 우리나라는 참여자의 7%만 '일에 몰입한다'고 응답했다. 반면 미국은 33%, 싱가포르는 23%, 핀란드는 12%가 '몰입한다'고 응답했다.[1] 우리나라의 몰입수준이 현저히 낮음을 보여주고 있다.

직원들의 업무몰입이 낮은 데에는 개인마다 조직마다 차이가 있겠지만 대부분 하나의 요인보다는 복합적으로 연결되어 있다. 업무몰입이 낮은 원인이 복합적이라면 그것을 해결하는 방법 역시 다각적인 측면에서 검토되어야 한다. 그렇다면 업무몰입을 일으키는 근본요인은 무엇일까?

내가 조직을 떠났던 이유에서 근본요인을 생각해 보면, 하고 싶은 일을 자유롭게 하면서 가족들과 함께 더 많은 시간을 갖는 것이었다. 사람마다 차이는 있겠지만, 업무몰입에서는 개인의 자율성과 욕구 충족이 중요하다. 이러한 개인 욕구의 지향점은 삶의 궁극적 목적인 '행복추구'로 귀결된다.

여기서 문제는 '조직은 개인의 행복을 추구하는 기제인가?'라는 점이다. 기업은 공동의 목적을 이루기 위해 모인 집단으로 핵심 목적은 이윤추구에 있다. 수익창출을 제일 가치로 여기는 집단에서 행복추구는 가능한가? 이것이 가능하려면 기업의 존재이유에 대한 거대한 패러다임의 전환이 필요하다. 20세기 기업이 이윤추구를 목적으로 경영을 해왔다면, 21세기 지속가능한 기업은 고객과 구성원들의 행복추구에 달려있다.

벌써 여기저기서 경영환경의 변화를 알리는 신호탄이 올라오고 있다. 대표적인 예가 기업의 지속가능한 성장을 위해 기존의 경제적 수익성 중심에서 비재무적 요소를 강조하는 ESG경영이다. ESG란 환경Environment, 사회Social, 지배구조Governance의 머리글자이다. 환경Environment에 대한 중요성은 미세먼지 심화와 코로나19 이후 친환경 경영이 더욱 강조되고 있다. 또한 카카오의 김범수 의장과 배달의 민족 김봉수 의장은 기업의 사회적 책임을 강조하며 전 재산의 절반을 사회에 환원하겠다는 선언을 하였다. 아울러 기업의 지배구조 역시 기업 내부의 의사결정시스템, 감시와 통제를 강화하는 방향으로 바뀌고 있다.

기업이 공동의 행복추구를 목적으로 한다고 해서 이윤추구를 대신할 수는 없다. 어떤 조직이든 수익을 내지 못하는 조직은 지속될 수 없다. 조직에서 이윤창출과 행복추구는 수레바퀴의 양 축과 같다. 수레바퀴의 한 축이 무너지면 수레가 움직이지 못하듯, 조직은 이윤만으로도 살 수 없고, 이윤창출과 구성원의 행복이 동시에 요구된다. 지금까지 조직 내에서 발생해 온 많은 문제들은 수레바퀴의 양 축 중에서 한쪽이 기울어져 있었기 때문이다. 지나친 이윤추구는 조직의 비인간성과 사회적 문제를 낳았다. 기울어진 수레바퀴 축을 바로잡기 위해서는 행복추구의 축을 바로 세워야 한다. 어떻게 하면 기업이 행복추구를 실현할 수 있을까?

기업의 행복추구는 크게 세 부분으로 나눠 볼 수 있다. 먼저 기업은 고객의 행복을 추구해야 한다. 고객행복은 고객이 기업의 제품과 서비스를 사용하면서 느끼는 효용가치이다. 고객행복은 단순한 만족을 넘어 제품과 서비스에서 유용한 가치의 경험을 말한다. 친환경 고객가치의 한 예로, 친환경 소재를 사용해서 안전이나 건강을 고려하고 사용 후 폐기물을 최소화하는 친환경 제품과 서비스를 생각해 보자. 소비자들이 제품과 서비스를 이용하면서 편리함을 즐기고 환경오염을 줄인다면, 자신과 모두를 위한 행복을 경험할 수 있다.

다음으로 기업은 직원들의 행복을 추구해야 한다. 일터에서 일하는 사람 중에서 일이 즐겁고 재미있다고 생각하는 사람은 얼마나 될까? 현실은 일터를 떠나고 싶고 숨막히는 곳이라고 느끼는 사람이 더 많다. 무엇이 문제일까? 이윤창출을 위해서 직원들은 장시간 노동과 높은 노동강도, 성과 압박으로 인한 직무상 스트레스와 산업재해, 심지어는 목숨을 끊는 일까지 발생하고 있다. 그것은 수치로도 나타나는데, OECD 국가 중에서 산업재해율과 자살률 1위라는 오명이 이를 반증한다.

그동안 우리나라는 급격한 경제성장과 빨리빨리 신화 속에서 무한 경쟁과 과도한 노동을 당연하게 여겨왔다. 우리는 함께 일하는 직원들이 얼마나 힘들어하는지 주위를 돌아볼 여유도 없이 성장 일변도로 달려왔다. 이러한 상황 속에서 OECD 1등 국가가 되고 GDP가 4만 불이 넘는 것이 무슨 의미가 있을까?

어떻게 하면 조직에서 직원들의 행복을 실현할 수 있을까? 행복은 추상적인 가치이며 개인마다 차이가 있다. 한 예로 직원들이 많은 보수를 받는다고 모두가 행복한 것은 아니다. 실제로 중소기업은 많은 급여를 지급할 여력도 없다. 행복은 돈이 아닌 사람들의 마음속에 있다. 행복은 장기적으로 의미가 있으며 긍정적 정서를 불러일으키는 마음상태이다. 일터에서 행복은 일의 의미를 느끼며 서로를 존중하는 마음에서 나온다. 상급자와 하급자를 떠나 신입과 경력의 경계를 넘어 개인으로서 존중받고 일에 대한 보람을 느낄 때, 행복은 바람처럼 다가온다. 일터에서 행복이란 바로 인간존중의 실현이다.

기업과 관련된 또다른 구성원은 주주와 협력사가 있다. 주주의 행복은 기업이 더 많은 수익을 창출하여 더 많은 배당금을 받는 것이다. 그러나 단기적 배당수익도 중요하지만 더욱 중요한 점은 기업의 지속가능한 성장추구에 있다. 결국 주주의 지속가능한 수익증대는 고객과 직원의 행복을 통해서만 가능하다.

아울러 자사의 제품과 서비스를 생산하는데 필요한 소재나 원료, 서비스 자원을 제공하는 협력업체도 행복해야 한다. 협력업체의 행복을 가로막는 대표적인 사례가 하청기업에 대한 원청의 갑질 문화다. 이러한 사례는 연일 신문지상에서 볼 수 있다. 강자의 약자에 대한 배려 없음과 잔인함은 타인의 행복을 생각하지 않는 폭력적 태도이다. 갑질 문화를 당연시하는 조직풍토에서 행복한 일터는 요원할 뿐이다.

그렇다면 어떻게 해야 행복한 일터와 이윤창출이라는 두 마리 토끼를 모두 잡을 수 있을까? 먼저 기업은 이윤창출의 도구라는 견해에서 벗어나 행복 플랫폼이라는 인식 전환이 필요하다. 원래 플랫폼은 교통수단과 승객이 만나는 정거장을 의미한다. 오늘날 비즈니스에서 플랫폼은 공급자와 수요자들이 공정한 거래를 통해 서로 얻고자 하는 가치를 교환하는 비즈니스 생태계다. 많은 기업들이 플랫폼 비즈니스를 지향하는 이유는 고객과 제품이 유통되는 시장지배적 역할을 추구하기 때문이다. 반대로 상품의 생산－유통－소비의 과정에서 각 참가자들이 행복추구를 핵심가치로 인식한다면, 무한경쟁과 약육강식의 논리는 점차 소멸될 것이다.

그렇다면 기업을 행복 플랫폼으로 전환하는 효과적인 방법은 무엇일까? 앞서 설명한 기업의 비재무적 요인인 환경과 사회적 책임, 지배구조를 중시하는 ESG경영은 기업이 이윤이 아닌 사회적 가치를 중시하게 되는 전환점이 될 수 있다. 기업을 행복 플랫폼으로 전환하기 위해서는 ESG경영으로 기업의 하부구조인 경영시스템을 혁신하고, 기업의 상부구조인 구성원들의 의식변화 수단으로 마음챙김 혁명이 필요하다. ESG경영을 추진하는 기업에서 마음챙김 리더십은 기업의 구성원인 주주와 고객, 직원들과 협력사 전체의 행복을 추구하는 플랫폼으로 전환하는데 효과적인 방법이다.

그런데 우리 기업의 현실은 어떤가? 직장에서 과도한 업무와 사람에 치여 집에서 가족과 이야기하고 싶은 마음까지 빼앗기지 않는가? 과도한 노동과 강압적 관계 속으로 폭주하는 기관차를 멈추기 위해서는 어떤 노력이 필요할까? 우선 개인들이 자신의 일과 관계에서 마주서기가 필요하다. 이 상태로 지속할 것인지, 아니면 폭주하는 기관차에 브레이크를 걸 것인지를! 그렇다고 무작정 직장을 그만두고 푸른 바다로 달려가자는 말이 아니다. 물결치는 해변에 가더라도 마음은 일터에 있는 사람들이 많다. 이제 일터에서도 쉼과 여유의 섬을 만들어야 한다. 이것은 내 마음속에 행복의 바다를 만드는 길이다.

『무엇이 우리의 성과를 방해하는가』의 저자 토니 슈워츠는 그의 책에서, "높은 성과를 꾸준하게 유지하는 비결은 업무와 휴식 사이에서 역동적으로 균형을 잡는 것"이라고 했다. 그러나 직장인들이 자신의 일과 휴식에서 역동적 균형을 만들 수 있을까? 직장에서 직원들은 자신의 휴가를 사용하는 것조차 상사의 눈치를 봐야 한다. 이러한 상황에서 개인 스스로 일과 휴식 시간을 조절하기는 쉽지 않다. 그렇다면 조직은 직원들의 일과 휴식 관리에 관심을 가질까? 이에 대해 토니 슈워츠는 그의 책에서 "대부분의 기업은 재충전을 위해 따로 시간을 투자하는 일을 탐탁지 않게 여긴다"고 적었다. 대부분의 조직들은 개인의 목표 달성에는 치열한 관심을 가지지만, 개인의 휴식과 재충전에는 그만큼 관심을 두지 않는다. 만약 기업들이 직원들의 휴식과 여유에 관심을 기울였다면, 그 많은 사람들이 과로사로 죽지 않았을 것이다.

그럼 대안은 무엇인가? 기업이 이윤창출과 행복추구라는 두 개의 수레바퀴를 굴리기 위해서는 경영진과 구성원들이 함께 조직을 행복 플랫폼으로 만드는 인식 전환과 노력이 따라야 한다. 그렇지 않으면 개인과 조직 모두 일과 생활에서 일어나는 스트레스를 막을 수 없다. 스트레스 기관차의 폭주를 멈추고, 조직을 행복 플랫폼으로 전환시키기 위한 경영진과 직원들의 깨어 있는 결단과 행동이 요구된다. 그것이 바로 비즈니스 마음챙김 혁명이다.

본서는 단지 기업들의 직원복지 차원에서 행복 플랫폼을 강조하는 것이 아니다. 기업의 행복 플랫폼 전환은 지속가능한 성장과 초일류 기업으로 나아가는 길이다. 이제 단위 시간당 노동 투입량이나 노동강도 증가로는 초일류 기업으로 나아갈 수 없다. 7%의 직원들만 몰입하는 조직에서 초일류 기업을 만들 수 없다. 95% 이상 직원이 일과 관계에서 스트레스로 시달리는 직장에서 창조적 도전은 꿈꿀 수 없다. 조직의 경영시스템과 리더십, 직원들의 일하는 방식 모두에서 혁명적 전환이 요구된다. 그 지향점이 바로 행복 플랫폼이며, 실천 방법은 마음챙김 리더십과 경영이다.

여기서 마음챙김이란 '지금 이 순간에 아무런 판단함이 없이 일어나는 모든 것들을 있는 그대로 보고 받아 받아들이는 것'을 의미한다. '아무런 판단함이 없이'라는 의미는 중립적이고 객관적 관점에서 보기를 말한다. 그리고 '있는 그대로 보기'란 현상을 왜곡하지 않고 본질을 알아차리는 것을 뜻한다. 마음챙김의 핵심은 있는 그대로 보고 받아들이는 것으로 객관적이며 수용적 태도와 기억이 중요하다. 마음챙김을 다른 말로 '기억하기' 또는 '마음새김'이라고도 한다. 업무 수행 과정에서 마음챙김이란 지금 하고 있는 일에 주의를 기울이며, 올바른 결과를 만들었던 방법들을 기억하여 현재의 일에 적용하는 것을 의미한다.

마음챙김 명상은 지금 이 순간 일어나는 모든 일에 마음챙김의 태도를 수련하는 명상이다. 오늘날 비즈니스 상황에서 마음챙김의 필요성과 의미는 본서 <1부>에 기술되어 있다. 행복 플랫폼을 만드는 효과적인 수단이 마음챙김 명상임을 인식할 것이다.

마음챙김 리더십이란 '일어나는 모든 일을 있는 그대로 보고 받아들여, 자신과 타인에게 바르고 선한 영향력을 발휘하는 행위'로 정의한다. 마음챙김 리더는 마음챙김 명상 수련을 통해 마음챙김 리더십의 바른 태도인 5가지 바른 길을 체득한다. 마음챙김 리더십 실천의 5가지 바른 길은 본서 <2부>에서 습득할 수 있다.

마음챙김 명상과 마음챙김 리더십의 5가지 바른 길을 수련한 리더는 일선 경영현장에서 마음챙김 경영혁명의 4가지 원리를 실천한다. 4가지 원리란 첫째, 모든 것은 변화하며 변화의 본질을 꿰뚫어 보는 무상無常 경영. 둘째, 변화하는 모든 것은 실체가 없으므로 유연하게 대응하는 무실체성 경영. 셋째, 변화하고 실체가 없는 상황에서 구성원들의 자발성을 이끌어 내는 무위無爲 경영. 끝으로 모든 구성원들의 행복과 안녕을 추구하는 자애慈愛 경영이다. 이러한 마음챙김 경영혁명의 4가지 원리는 본서 <3부>에서 확인할 수 있다.

본서에서 언급한 각 기업의 스토리텔링이나 사례는 필자가 경험했던 사례들을 각색하여 구성한 것임을 밝힌다. 또한 스토리텔링에 사용된 회

사의 사명이나 개인 이름은 본명이 아니다. 그 이유는 고객사에 대한 오
해를 방지하고 사례의 실용성을 담기 위함이다. 현실 조직에 대한 있는
그대로의 성찰이 초일류 조직으로 성장하는데 거름이 되었으면 한다.

　이 책은 명상 안내서나 리더십 이론서가 아니다. 조직 내에서 마음챙
김 명상을 활용한 마음챙김 리더십의 실천에 초점을 둔 책이다. 오늘날
조직에서 발생하는 모든 문제들을 마음챙김 명상을 통해서 해결할 수는
없다. 다만 마음챙김 리더십은 비즈니스에서 발생하는 문제들을 근본적
으로 해결하기 위한 사고와 관점의 혁명적 전환을 돕는다. 또한 리더 스
스로 마음챙김 명상 수련을 통해 사고와 행동의 변화를 체험한다. 이미
국내외 수많은 사례들을 통해 마음챙김 명상이 내면의 변화를 통한 자기
인식력과 통찰력, 자애심을 개발하는 유용한 수단임이 입증되었다. 특히
본서는 기존 리더십이 가지는 한계인 이론적 틀에서 벗어나 리더십 수련
이라는 실천적 방법을 제시하며, 개인의 노력을 통해 탁월한 리더십을 발
휘할 수 있는 역량개발에 도움을 준다.

　이 책은 조직의 경영자와 리더를 위한 책이다. 또한 리더십 개발은 조
직 구성원 모두가 개발해야 할 중요한 역량이다. 조직에서 일하는 모든
사람들에게 자기 내면의 계발과 조직변화를 이끌 수 있는 리더십 개발 방
법과 경영원리를 제공한다. 마음챙김 리더십 실천의 5가지 바른 길은 직
장과 일상생활 모든 영역에서 인간에 대한 상호 존중과 겸손, 자애의 태
도와 철학을 습득하는 유용한 방법이다. 마음챙김 리더십은 하루아침에
이뤄지지 않는다. 명상은 근육을 단련하는 체력 운동처럼 매일 해야 하는
마음 수련이다. 어떤 날은 마음챙김 명상이 잘 될 때도 있고, 어떤 때는 따
분하거나 지루함이 느껴질 수도 있다. 그래도 일주일에 5일 이상, 하루 30
분 이상 꾸준히 수련해야 한다. 2500여 년 전 붓다께서 마지막 유언으로
'방일하지 말고 정진하라'고 말씀하셨듯이, 마음챙김 리더십은 지속적인

수련을 통해 깊이를 더해갈 것이다.

명상은 역사 이래 인류가 수행해온 전통적 마음수련 방법이다. 마음챙김 명상을 최초로 정리하신 분은 바로 붓다이다. 따라서 마음챙김 명상은 붓다의 깨달음과 철학을 바탕으로 하지만, 종교에 상관없이 누구나 할 수 있는 마음수련이다. 기술과 문명이 발달한 디지털 혁명시대에 전 세계 수많은 사람들이 마음챙김 명상을 수련하는 데는 그만한 이유가 있다. 마음챙김 명상 수련을 통한 깨달음이 바로 인류보편적 가치의 실천이기 때문이다.

본서의 마음챙김 리더십은 붓다의 마음챙김 철학과 미국 매사추세츠 대학병원의 존 카밧진 박사가 창안한 MBSR Mindfulness-based Stress Reduction, 마음챙김 기반의 스트레스 감소 프로그램의 명상 수행법을 토대로 한다. 필자가 붓다의 깊고 심오한 철학과 방법론을 완전히 깨우치기 위해서는 더 많은 노력이 필요하다. 그러므로 본서에서 제안한 마음챙김 리더십 실천의 5가지 바른 길과 4가지 경영원리에 대해 독자 여러분들의 애정 어린 지적과 편달을 바랄 뿐이다.

필자가 붓다의 지혜에 눈을 뜨게 해 주신 분은 춘천 제따나와 선원의 일묵 스님과 부산 대원정사의 법상 스님, 그리고 전남대학교 이중표 교수님이다. 코로나19 시대 온라인에서 만난 세 분의 사성제와 팔정도에 대한 가르침은 불교에 문외한이었던 필자를 마음챙김이라는 넓은 바다로 인도해 주셨다. 그리고 MBSR에 대한 방법론과 수행태도를 가르쳐 주신 한국 MBSR연구소의 안희영 소장님께도 거듭 감사를 드린다. 또한 마음챙김 리더십을 직접 강의할 수 있는 기회를 준 중소벤처기업연수원을 비롯한 많은 기업과 기관의 관계자분들에게도 머리 숙여 감사인사를 드린다. 많은 분들의 관심과 도움 속에서 이 책이 나올 수 있었다.

끝으로 본서를 출간해 주신 박영스토리 출판사 관계자분들에게도 감사드린다. 그리고 언제나 지지해 주고 함께해 준 사랑하는 부모님과 아내, 윤환, 유민, 그리고 형제들에게도 고마움을 전하고 싶다. 이 책이 모든 분들에게 행복한 삶과 일터로 가는 길잡이가 된다면 더할 나위가 없다.

"모든 존재들이 행복하고 평온하기를!"

"모든 존재들이 안전하고 건강하기를!"

"모든 존재들이 고통과 슬픔에서 벗어나기를!"

2022년 2월

김 성 완

㈜통코칭 / 마음챙김 리더십 연구소 대표

목 차

제1부 Ⅰ 마음챙김 자기혁명

제1장 / 자기혁신으로 가는 마음챙김

제2장 / 비즈니스와 마음챙김

제3부 | 마음챙김 경영혁명

제 **1** 부

마음챙김 자기혁명

"IT기술과 네트워크의 힘이 진짜 사람의 삶을 바꿔야 하는 거잖아요. '진짜 세상에서의 삶은 페인인데, IT에서만 풍족하다' 그러면 그 패러다임은 끝난 거예요. '진짜로 건강하게 살고 있나? 진짜 삶이 편해졌나? 그래서 행복하고 즐거운가?' 이 질문에 대답할 수 있어야 완성이 되는 거죠."

이 말은 카카오 조수용 전공동대표가 카카오에 들어오면서 한 말이다. 디지털 변혁의 시대에 기술의 힘으로 인류의 삶을 건강하고 행복하게 만들려는 IT업계 리더의 도전적 발언이다. 이런 그의 말은 묘한 울림을 준다. IT기술의 발달이 인간 삶을 행복하고 윤택하게 해야 한다는 본질적 질문에서 인간존중의 진정성을 느낀다. 그것은 불가능을 도전으로 만드는 기업가정신이거나, 디자이너 사장의 똘끼라고 표현할 수도 있다. 이런 리더가 있기에 사람들은 IT가 만드는 세상에 희망을 걸어본다. 조대표는 인간 행복에 기여하는 IT기술의 바탕에는 그가 평상시 수련하는 명상과 요가의 힘이 크다고 말했다. 그는 명상과 요가가 자기 내면을 바라보는 자기 객관화의 힘을 가졌다고 한다. 자기 내면의 변화를 통한 리더십이 개인과 조직을 바른 길로 인도할 수 있을까?

1부는 코로나19 팬데믹 이후 환경의 변화 속에서 바람직한 자기혁신의 방법을 마음챙김 명상에서 찾아본다. 인간 행동은 사고와 감정의 결과이다. 변화하는 세상에서 행복과 성과를 만들기 위해서는 자신의 생각과 태도를 객관적으로 바라보고, 스스로 변화의 길을 찾을 수 있어야 한다. 명상은 제3자의 관점에서 자기 내면을 바라보는 안목을 키워준다. 이러한 대표적 명상법이 마음챙김 명상이다. 마음챙김은 지금 여기에서 아무런 판단함이 없이 일어나는 모든 것을 있는 그대로 보고 받아들이는 것이다. 급변하는 경영환경 속에서 자신과 조직이 직면하는 문제들에 대한 효과적 대응 방법인 마음챙김 자기혁명을 시작해 보자.

제1장

자기혁신으로
가는 마음챙김

마음을 다스리는 일은 행복으로 가는 관문이다. - 삐야닷시 테라

생각회로 바꾸기

가도 죽고 안 가도 죽는다면?

S산업은 자동차 관련 장치와 부품을 생산 판매하는 매출액 5,000억 내외의 현대기아자동차 협력업체이다. S산업에서 팀장 리더십 교육과 신입사원 교육 등으로 수년 동안 강의와 코칭을 진행하였다. S산업은 현대기아자동차 1군 협력업체인 만큼 높은 기술력과 생산성 그리고 안정적인 판매처를 가진 탄탄한 회사다. 직원들 또한 자사 제품과 기술에 대한 자부심이 강했고 인화와 협력의 조직문화를 강조하는 전형적인 중견기업이다.

2013년에 만났던 S산업 팀장들의 제일 큰 고민은 향후 닥쳐올 전기자동차 등 자동차산업의 패러다임 전환에 따른 사업의 변화였다. 당시 S산업은 자동차 미션 등 구동장치 관련 제품이 주력이었다. 내연기관에서 미션은 핵심부품이다. 그러나 전기자동차로 제품 패러다임이 바뀌면서 미

선은 필요가 없어진다. 자사 제품의 소멸이 뻔히 보이는 가운데 사전에 대비를 하지 않으면 회사가 사라질 수도 있다는 위기의식이 강했다. 그만큼 팀장을 비롯한 리더그룹의 문제의식은 강했고, 새로운 것에 대한 도전과 변화의 마인드를 가지고 있었다.

당시 2박 3일 동안 팀장 교육을 진행하면서 S산업 회장님이 직접 방문하여 특강을 진행하였다. 회장님은 S산업 초창기 설립배경부터 회사의 변천사까지 재미있게 이야기했다. 그중에 현대자동차가 2000년대 중반 미국 앨라배마에 현지 공장을 설립할 때, 협력사들과 동반진출을 위한 간담회에서 고 정몽구 회장의 일화 한 대목을 소개했다.

> "우리현대자동차가 앨라배마에 현지 공장을 세우려는 시기에 국내외에서 경제적으로 어려움에 처해있습니다. 우리가 지금 미국에 현지공장을 세우지 않으면 무역장벽으로 살아남기 어렵습니다. 그러나 미국에 현대자동차와 협력사들이 투자를 하려면 경제적 위험을 감수해야 합니다. 한마디로 투자를 하지 않아도 죽고 투자해도 죽을 수 있습니다. 그러면 여러분은 어떤 선택을 하시겠습니까?"

위 고 정몽구 회장의 발언에서 불굴의 도전정신과 전략적 의사결정력을 느낄 수 있다. 만약 독자 여러분이 당시 협력사 사장이었다면 어떤 결정을 했을까요? 물론 현대자동차가 투자하는데 협력사들이 투자하지 않을 수는 없을 것이다. 모기업과 협력사의 관계는 동일체의 특성을 가진다. 결론은 앨라배마 현지 투자로 결정났다. 당시 건배구호가 "가서 죽자"였다고 한다. 한국에 앉아서 죽으나 미국에 가서 죽으나 마찬가지라면 미국에 투자해서 죽는 게 낫다는 판단이었다. 이처럼 경영은 목숨을 거는 절박함 속에서 새로운 도전을 하고 성과를 창출한다. 당시 현대자동차의 투자는 국내외 경제 여건상 어려운 상황이었지만 미국 내 현대자동차 점유율을 높이는 결정적 계기가 되었다.

팀장교육에서 S산업 회장님이 정몽구 회장의 미국투자 일화를 소개한 이유는, 다가올 친환경 자동차 시장의 변화 속에서 팀장들에게 S산업의 과감한 변화와 도전을 요청하기 위해서였다. 전장사업에 대한 기술력과 경험의 부족은 새로운 도전을 해야 하는 직원들을 얼어붙게 하였다. 환경변화 속에서 앉아서 죽으나 가서 죽으나 마찬가지라면, 목숨을 거는 도전만이 살 길임을 강조한 대목이었다. 그렇다면 죽음을 불사하는 변화의 힘은 어디에서 나올까?

생각과 행동의 자동반응 멈추기

새로운 결과나 행동은 새로운 사고와 태도에서 나온다. 이처럼 조직변화와 혁신의 과정에서 리더의 사고와 태도의 중요성을 강조한 이론이 리더십 빙산 이론이다. 『고요한 리더십』의 저자 데이비드 록은 리더십 빙산 모델그림 1-1 참조에서 눈에 보이는 리더의 행동이나 결과는 눈에 보이지 않는 사고와 감정에 영향을 받는다고 강조했다. 즉, 인간 행동의 결과는 그 사람의 생각과 감정에 따라 달라진다는 의미이다. 그러나 일선 현장에서 결과와 행동에 대한 개선을 강조할 때, 사람들의 사고와 감정을 강조하는 경우는 드물다. 왜 그럴까?

그림 1-1 리더십 빙산 모델[1]

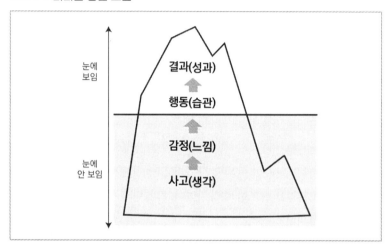

사고와 감정에 대한 중요성을 인식하지 못하는 이유는, 리더십 빙산 모델에서도 보이듯이 눈에 보이지 않기 때문이다. 눈에 보이지 않으면 인지하고 판단하기 어렵다. 그래서 사람의 사고와 감정은 드러나는 행동을 통해서 알 수 있다. 때로 사람들의 행동은 오해를 낳기도 한다. 왜냐하면 동일한 상황에서도 사람들의 생각과 의도는 다르기 때문이다.

예를 들면, 회사에 지각을 한 직원이 있다. 상사가 보기에 지각이 잦은 직원은 불성실하다고 생각할 수 있다. 그러나 실제 사정은 맞벌이 부부라서 아이들을 유치원에 보내고 회사에 출근하다 보니 지각하는 경우가 가끔 발생했다. 이 직원은 가정과 회사에 최대한 충실하기 위해 행동했지만, 상사가 보기에 그 직원은 불성실한 직원으로 판단할 수 있다.

또 다른 이유는 사람들은 자신의 행동이 습관으로 형성되면서, 상황에 따라 일어나는 자동반응을 알아차리지 못하게 된다. 인간은 유사한 상황에서 자신도 모르게 비슷한 행동을 한다. 예를 들어 전날 치과에 갔을 때, 의사가 잇몸을 보호하기 위해 칫솔질 방법을 바꾸라고 강조했다. 그러나 다음날 일어나면 기존과 같은 방식으로 양치질을 해서 또 잇몸에서 피가 나는 상황이 반복되곤 한다. 『고요한 리더십』의 저자 데이비드 록은 사람들의 사고방식을 바꾸는 것이 얼마나 어려운지 다음과 같이 설명하였다.

> "사람들 사고방식을 바꾸는 일이 리더십에서 매우 힘겨운 도전이 되는 이유는, 사람들이 관점을 바꾸지 않으려고 거세게 저항하기 때문이다. 사람들이 사고방식을 바꾸면 온 세상이 무너져 내리라 여기고, 또 어떤 면에서 타당한 이유는, 우리가 심리 지도를 통해 세상을 인식하기 때문이다. 이때는 좀더 은밀하게 접근하는 방법이 필요하다."

데이비드 록은 사람들의 사고방식은 이미 형성된 배선과 같기 때문에 바꾸기가 어렵다고 강조했다. 대신 사람들의 심리 배선을 새롭게 만드는 것, 즉 새로운 생각습관 형성을 강조했다. 어떻게 하면 기존의 생각습관으로 굳어진 자동반응 장치를 끄고 새로운 사고습관을 형성할 수 있을까?

명상은 자기주도 혁신의 길

자기 내면을 변화시키는 명상

조직의 변화와 혁신은 조직 구성원들의 생각과 행동에 달려있다. 그러나 사람의 사고방식과 행동양태는 개인마다 다르다. 이처럼 다양한 사람들의 생각과 행동을 어떻게 변화시킬 수 있을까? 조직 변화와 혁신을 추진할 때 대표적인 방법은 교육이나 과제해결 활동이다. 이 방법은 주로

사원 계층과 과제해결팀을 대상으로 추진한다. 실제 많은 혁신활동 프로그램에서 간과되는 부분은 임원/팀장과 같은 리더그룹이다. 집합교육으로 조직 변화와 혁신의 필요성을 강조할 수는 있지만, 그것을 받아들이는 정도는 개인들의 생각에 달렸다. 리더그룹은 자기 스스로 변화의 필요성을 공감하고 솔선수범함으로써 조직의 변화와 혁신을 주도해야 한다.

리더그룹의 변화주도를 위해 가장 많이 활용되는 프로그램은 코칭과 교육이다. 필자 역시 조직 변화와 리더십 개발을 위해 임원/팀장 대상으로 많은 코칭을 진행하였다. 코칭은 코치와 피코치가 1:1 방식으로 진행하므로 개인적 특성과 환경을 고려한 맞춤식 변화 제안이 가능하다. 또한 리더의 속마음을 일정 부분 공유함으로써 애로사항이나 문제점을 개선하는데 효과가 있다. 그러나 코칭은 보통 3~6개월 기간 내에 진행하므로 개인 행동의 근본적 변화를 가져오는데 한계가 있다. 결국 리더 스스로 행동 변화의 필요성을 기억하며 바뀐 행동의 습관화가 중요하다.

이처럼 자신의 생각과 행동 변화를 기억하고 지속하는 자기혁신 방법으로 명상이 있다. 명상은 동양문화권에서 오랫동안 지속되어온 자기수련 방식이다. 또한 고요와 침묵 속에서 자신을 돌아보며 자기 내면의 힘을 키우는데 유용하다. 명상은 누구의 강요나 간섭 없이 자신의 문제점이나 행동을 반추하고 개선하는 데도 효과적이다. 한 예로 미국 생명과학 회사인 Genentech은 직원 명상 프로그램을 통해 고객만족도가 12% 향상되었으며, 직원 간 갈등 해소나 커뮤니케이션이 50% 향상되었다.

사전적 의미로 명상이란 '고요히 눈을 감고 깊이 생각함'이라고 정의한다. 일반적으로 기업과 같은 조직에서 명상은 '생각에 잠기기', 속된 표현으로는 '멍 때리기'와 같은 부정적 인식이 강하다. 필자 역시 명상에 대해 본격적으로 공부를 하기 전까지는 보통 사람들의 생각과 크게 다르지 않았다. 명상에 대한 인식이 바뀌게 된 결정적 계기는 컨설팅과 코칭의

지도경험에서 한계를 느꼈기 때문이다. 변화와 혁신이란 자기 스스로 필요성과 통찰 없이는 근본적인 변화동력을 얻는데 한계가 있다. 물론 명상만으로 변화와 혁신을 모두 이룰 수 없다. 그러나 명상은 자신과 조직의 문제를 있는 그대로 보고 자각함으로써, 스스로 변화의 길을 찾는 자기주도 혁신이다.

명상에 대한 오해

아직도 많은 사람들은 명상에 대해 부정적인 시각으로 바라본다. 교육 현장에서 마음챙김 리더십을 강의하다 보면 유사한 질문들을 많이 한다. 명상에 대해 갖는 대표적 오해를 세 가지로 나눠 살펴보자. 이 세 가지는 명상에 대한 오해이면서도 명상인들이 경계해야 할 표지석과 같다.

먼저 명상을 하는 집단을 반사회적 사이비 단체로 보는 시각이다. 사실 명상은 오랜 역사적 전통을 가진 마음수련 양식이다. 우리나라에서도 명상 수련을 목적으로 하는 여러 단체들이 있다. 이 중에서 일부 명상단체가 사회적 물의를 일으킨 사건들이 있었다. 대표적인 예로 명상수련원에 들어가서 불필요한 약재 구입을 강요하거나 장기간의 수련비를 내기 위해 재산을 탕진하는 경우, 성적이거나 엽기적인 행위로 인해 신체적 정신적 피해를 입히는 경우 등 반사회적 활동으로 지탄을 받았다.

외국에서 이와 유사한 사례로, 1984년 미국의 인도명상 신도들인 라즈니쉬 명상 단체가 살모넬라 식중독균을 식료품에 뿌린 바이오 테러가 있었다. 또한 1995년 일본 옴진리교에 의해 지하철 독가스 테러가 발생했다. 이 사건으로 13명이 사망하고 6,300명 이상이 피해를 입었다. 이처럼 일부 명상 단체의 신비주의적이며 잘못된 믿음이 결합된 반사회적 행동들은 많은 사람들에게 명상에 대한 불신을 낳았다. 이처럼 명상이 지혜와 자애의 깨달음이 아닌 신비한 영적 체험이나 극단적인 믿음, 정신적 육체적 치료 등의 영리추구는 명상인들이 경계해야 할 제1의 대상이다.

다음은 명상에 대한 종교적 편견과 이단시하는 시각이다. 대표적 예가 명상의 근본 바탕에 불교나 도교적 양식으로 인해 기독교 신자들로부터 터부시되는 경향이다. 그동안 우리나라에서 명상은 불교에서 스님들의 주요 수련 방법인 참선으로, 민간에서는 기수련이나 정신수련 등의 마음수련으로 행해져 왔다. 명상이 갖는 이러한 종교적 색채가 기독교인들에게는 받아들이기 어려운 측면인 것이다.

그러나 기독교에서도 명상과 비슷한 방식의 묵상이 있다. 묵상의 사전적 의미는 '말없이 마음속으로 기도를 드림'이다. 엄밀한 의미에서 명상과 묵상은 차이가 있다. 명상은 자기 내면을 향한 관찰이지만, 묵상은 자기 내면 속에서 하느님을 향한 기도이다. 굳이 따지자면 자기 내면 혹은 하느님이라는 지향점에서 차이가 있다. 그러나 명상이든 묵상이든 자기 내면 속에서 평정과 바름을 찾는 것은 같다. 특히 명상의 방법 중에서도 만트라는 주문을 외면서 하는 명상도 있다. 이처럼 믿음과 방식의 차이는 있지만, 지혜와 자애의 같음을 찾는다면 서로가 공존할 여지는 충분하다고 본다.

세 번째는 명상을 수동적이며 자기중심의 행위로 보는 시각이다. 가만히 앉아서 명상에 빠진 모습이 정적이며 오늘날과 같은 역동적인 환경과는 맞지 않다고 생각하는 사람들도 있다. 예를 들면, 업무시간에 민첩하게 행동해야 하는데 느긋하게 대응하거나, 바쁜 일이 있음에도 업무에 몰입하지 않아서 타인과의 협업에 장애가 된다는 인식이다. 이러한 시각들은 기업체를 경영하는 리더들에게서 많이 나타난다.

명상은 행위 하지 않는 행위이다. 이러한 명상 행위가 정적으로 보일 수 있다. 그러나 명상이 몰입과 안정을 찾아 일과 생활에 활력을 주는 점을 간과하고 있다. 오늘날 북미나 유럽, 아시아의 많은 사람들이 물질과 행위 중심의 세계에서 자기 내면에 대한 관심이 높아지고 있다. 양자과학, 뇌과학과 통합의학의 발달은 명상이 갖는 심리적 안정과 자존감, 행복의 중요성을 일깨우고 있다. 명상이 업무 몰입과 생산성 향상에도 도움이 된다는 인식이 점점 확산되고 있다.

그렇지만 명상에 대한 사람들의 오해를 바꾸기는 쉽지 않다. 이러한 오해를 해소하기 위해서는 먼저, 명상인들의 바른 명상에 대한 노력이 선행되어야 한다. 그것은 명상이 갖는 지혜와 자애의 깨달음을 추구하는 길이다. 또한 명상에 입문하는 사람들이 신비적 체험이나 과도한 믿음으로 인한 반사회적 활동을 하는 것에 대해 스스로 경계의 안목을 가져야 한다.

한편 명상에 대한 부정적 시각들로 인해 명상을 개인이나 조직 차원의 변화와 혁신 수단으로 받아들이는데 장애를 가져왔다. 이러한 명상에 대한 편견과 오해는 명상을 배우려는 사람들에게 혼란을 주고 있다. 명상에 대한 신비적 체험이나 종교적 관점에서 벗어나, 일반인들도 일과 생활 속에서 쉽게 수련하며 활용할 수 있는 바른 명상법이 요구된다.

바르게 명상하는 과정

과학적 기반 위에서 명상을 보급한 대표적 명상가로 미국 매사추세츠 의과대학 명예교수인 존 카밧진Jon Kabat-Zinn 박사가 있다. 그는 1979년부터 마음챙김 기반 스트레스 해소MBSR, Mindfulness-based Stress Reduction 클리닉을 설립하여 환자와 일반인들에게 명상을 보급하기 위해 노력해 왔다. 지금은 전 세계 70여 개의 센터에서 MBSR 프로그램을 운영하고 있다. 우리나라에서도 병원과 심신치료센터, 상담심리연구소 등에서 많이 활용되고 있다.

카밧진 교수는 명상에 대해 다음과 같이 정의한다.[2] 명상은 "현재 순간에 대한 인식과 깨어있는 상태를 체계적으로 추구하는 과정"이다. '현재 순간에 깨어있음'은 사물의 인과관계와 상호 연결성에 대한 깊은 통찰력, 지혜와 밀접한 관련이 있다. 또한 명상이란 "그저 당신 자신이 되는 것이며, 또 당신 자신이 누구인지에 대해 아는 것"이라고 정의했다. 이러한 정의를 볼 때 명상은 종교와 큰 상관이 없고, 명상은 깨어있는 상태로 지혜를 찾는 수단이며 자신의 존재를 인식하는 활동이라고 정의할 수 있다.

한마디로 명상은 마음수련이다. 몸의 근육을 단련하기 위해 헬스장이나 체력단련장을 활용하듯이, 자신의 마음을 바르게 하고 제3자적 관점에서 반조反照하기 위해 꾸준히 명상을 수련해야 한다. 명상은 영어로 'Cultivate'로 '경작하다', '연마하다'라는 뜻을 가진 것도 마음수련의 중요성을 반증한다.

명상을 하는 데는 특별한 노력이나 비용이 들지 않는다. 또한 명상을 하기 위해 깊은 산속이나 명상센터를 가지 않아도 된다. 자신이 편안하고

그림 1-2 명상 과정

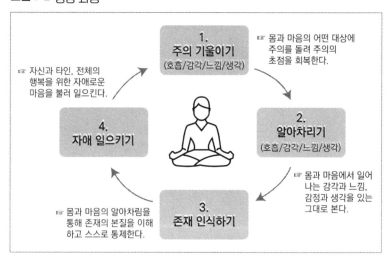

방해받지 않는 공간에 앉아 눈을 감고 호흡에 주의를 기울이는 것에서 시작한다. 이러한 명상 과정을 도식화하면 앞의 <그림 1-2>와 같다.

　명상의 첫 번째 과정은 몸과 마음의 어떤 대상에 주의 기울이기다. 주의 기울이기는 몸과 마음의 어떤 대상에 주의를 돌려 주의의 초점을 회복하는 것이다. 명상을 위해 몸은 앉아 있어도 마음은 사방을 떠돌아다닌다. 명상의 첫 번째 과정은 어떤 대상에 초점을 두어 떠돌아다니는 마음의 주의를 모으는 것이다. 주의의 대상은 몸과 마음 중에서 숨이 들어오고 나가는 호흡, 눈/귀/코/혀/몸의 감각, 즐겁거나 괴로운 느낌, 그리고 생각을 들 수 있다. 이 중에서 처음에는 호흡에 주의를 기울이는 것이 좋다. 호흡은 항상 숨이 들어오고 나가는 과정을 반복한다. 이처럼 호흡은 자신의 몸에서 일어나는 변화를 관찰하는데 용이하다.

　그러나 가만히 앉아 호흡에 주의를 집중하는 것도 쉬운 일은 아니다. 몇 분만 지나면 생각이 과거의 일이나 미래의 계획, 걱정이나 고민 등으로 분주하게 돌아다닌다. 그런 생각들이 일어나면 생각을 억지로 없애려고 하지 말고, 'OO 생각이 일어나는구나'라고 알아차리고 다시 호흡으로 돌아온다. 이 호흡 관찰의 중요성에 대해 카밧진 박사는 '호흡에 목숨을 걸듯이 명상하라'고 했다. 만약 정좌명상이 아니라 걷기명상을 할 경우에는 호흡이 아닌 발에 주의를 기울인다. 또한 가정에서 설거지를 할 때면 주의의 대상을 손에 둔다.

　명상의 두 번째 과정은 몸과 마음에서 일어나는 것을 알아차리기다. 알아차리기는 몸과 마음에서 일어나는 감각과 느낌, 감정과 생각을 있는 그대로 보는 것을 의미한다. 예를 들어 호흡에 주의를 기울인다면, 숨이 들어오면 숨이 들어온다는 것을 확인하고, 숨이 나가면 숨이 나가는 것을 알아차린다. 주의 초점을 코나 배에 두면서 숨이 들어오고 나가는 과정을 파수꾼처럼 관찰한다. 호흡 관찰 과정에서 호흡에 대한 주의를 잃어버리고 다른 생각으로 옮겨가면, '다른 생각이 일어나는구나'라고 알아차리고 다시 호흡에 주의를 기울인다. 그런 마음의 회오리에서 다시 호흡으로 돌아오는 과정을 통해 마음의 안정과 회복력을 얻는다.

명상 과정에서 알아차림이란 지금 눈에 보이는 것이 꽃병이면 꽃병임을 알아차린다. 몸에서 통증이나 뻐근함이 일어나면 '통증이나 뻐근함'이라고 알아차린다. 또는 마음속에서 화가 치밀어 오르면 '화'라고 알아차린다. 그것이 바른지 그른지를 판단하지 말고, 지금 일어나는 현상이 무엇인지 알아차린다. 알아차림이란 지금 여기에서 내 안의 몸과 마음, 주변에서 일어나는 모든 것을 확인하는 것이다.

명상의 세 번째 과정은 존재 인식하기다. 존재 인식하기란 몸과 마음의 알아차림을 통해 존재의 본질을 이해하고 스스로 통제한다는 의미이다. 몸과 마음의 관찰 과정에서 다른 생각이나 감정이 일어나면 다른 생각이나 감정이 일어났음을 알아차리고 지켜본다. 그 과정에서 생각이나 감정이 사라지면, 감정이나 생각이 사라졌음을 알아차린다. 이처럼 몸과 마음에서 일어나는 모든 변화를 알아차리고, 변화하는 존재의 실체 없음을 이해하고 수용한다. 존재의 변화와 무無실체성을 알아차림으로써 안정과 고요함, 통찰과 지혜를 얻는다.

예를 들어 명상을 하는데 갑자기 몸에서 열이 나는 것이 느껴지면 '열감'이라고 알아차린다. 이것이 앞서 명상의 두 번째 단계인 알아차림이다. 몸의 열을 관찰하다 보면 몸의 열이 오르기도 하고 정상을 나타내기도 한다. 이처럼 몸의 온도가 계속 변화하는 속성을 알아차린다. 또는 몸에서 나는 열은 나일까? 내가 아닐까? 열은 몸에서 나지만 나는 아니다. 몸의 열감은 나타나기도 하고 사라지기도 한다. 나타나고 사라지는 변화하는 속성을 알아차림으로써 열감의 무無실체성을 이해한다.

이러한 몸과 마음의 변화와 무실체성을 알아차림으로써 자신과 타인을 비롯한 모든 존재에 대해 제3자의 객관적 시각에서 관찰할 수 있다. 여기서 제3자의 객관적 시각이란 자신의 실체를 거울을 보듯이 있는 그대로 인식한다는 의미이다. 즉, 제3자가 보듯이 자신의 강점이나 약점, 성격이나 태도 등을 본다. 이러한 자기인식을 토대로 자신과 타인, 사물에 대한 자기통제와 공감 능력을 강화할 수 있다.

　명상의 네 번째 과정은 자애 일으키기다. 자애 일으키기란 자신과 타인, 전체의 행복을 위한 자애로운 마음을 불러일으키는 것을 말한다. 자애慈愛란 모든 사람의 행복과 안녕을 바라는 마음이다. 지금 여기에서 일어나는 모든 것을 알아차림으로써 마음의 평정과 존재에 대한 통찰을 통해 지혜를 계발한다. 그 지혜가 온전한 지혜가 되기 위해서는 나와 타인, 모든 존재에 대한 자애심을 바탕으로 한다. 지혜와 자애가 어우러졌을 때 존재에 대한 온전한 깨달음이 일어난다.

　명상 과정에서 자애로움 불어넣기는 호흡 관찰과 함께 시작한다. 숨이 들어오고 나가는 과정에서 나와 타인 모든 존재에게 친절하고 관대하며, 자애롭고 행복한 마음을 불어넣는다. 마음속으로 '내가 행복하고 평온하기를', 또는 '모든 존재가 안전하고 건강하기를'이라고 염원한다. 이러한 자애의 발산을 통해 나 자신뿐만 아니라 타인과 모든 존재에 대한 친절하고 관대한 마음이 충만하게 된다.

　자애로움은 대상에 따라 자신과 타인에서, 사물이나 환경까지 확산될 수 있다. 친절, 관대, 용기, 헌신, 연민, 감사 등 다양한 태도를 계발하여 실제 행동에 적용하며 변화를 가져온다. 개인의 자애로움은 자신의 인식과 태도의 변화를 가져오며 실제 행동의 변화가 자연스럽게 일어난다.

자신과 직면하는 마음챙김 명상

명상을 통한 자기 객관화

많은 경영자들이 비즈니스 현장에서 명상을 활용하고 있다. 그중 한 사람이 국민 모바일 메신저 그룹을 이끌었던 카카오의 조수용 전공동대표이다. 아래 조수용 카카오 대표의 대담 기사[3]는 명상이 경영에 어떻게 활용되는지를 잘 보여준다.

> 김지수 기자: 당신이 하면 다 주목받고 잘 풀리는데, 당신이 늘 말해왔던 조수용 키워드가 있어요. 장난기, 똘끼, 모험, 버티기 이 키워드를 관통하는 공통점이 뭐지요?
>
> 조수용 대표: 일단 남의 시선은 안 중요해요. 나 스스로의 시각으로 나를 자각한다는 거예요. 그런데 나를 객관화하는 힘은 명상에서 와요. 스스로 나를 수술대에 올려놓는 거죠. 요가도 마찬가지예요. 명상과 요가로 정신과 육체를 객관화하다 보면 자연스럽게 장난기, 똘끼, 버티기 정신이 생겨요.

조수용 대표는 자신을 자각하는 힘, 자신을 객관화하는 힘이 명상에서 나온다고 했다. 이처럼 자신을 자각하고 객관화하는 능력은 변화와 혁신의 과정에서 성공의 열쇠이다. 위 기사에서 조 대표는 '선한 사람'과 '사심이 없다'는 표현을 많이 사용했다. 또한 향후 자신의 미래상으로 '인간 행복에 가치를 더하는 사람이 되고 싶다'고 했다. 이처럼 명상을 활용한 자기 객관화의 사고와 태도가 성공적인 사업수행을 이끄는데 큰 도움이 됨을 보여준다. 또한 명상은 일과 삶에 대한 생각과 태도를 바꾸고 리더십을 변화시키는 강력한 수단이다.

명상을 통한 자기 객관화는 자신과 직면하는 효과적인 방법이다. 조
직에서 리더 계층으로 올라갈수록 직원들과 거리는 멀어지고 직언을 하
는 사람도 줄어든다. 많은 회의 석상에서 여러 의견을 개진하지만 최종
결정은 리더가 한다. 참석자들이 리더의 결정에 대해 자신의 의견을 솔직
하게 말하기는 어렵다. 리더 역시 자신의 의견에 반대하는 사람을 좋게
보기는 힘들다. 이러한 상황에서 명상은 제3자적 관점에서 자신을 돌아
보며 의사결정하는 힘을 키워준다.

마음챙김은 의식 있는 삶을 사는 기술

명상은 누구나 배우고 익히기 쉬워 전 세계에 널리 활용되고 있다. 일
반적으로 명상 방법은 크게 두 가지로 나눠 볼 수 있다. 하나는 집중명상
으로, 인도 빨리어로 사마타^{Samadha}라고 한다. 집중명상은 대상을 정해
놓고 감각, 심상, 행위에 집중하는 명상 방법이다. 마음을 하나의 대상, 호
흡에 지속적으로 집중하면, 마음이 자연스럽게 고요해진다. 집중명상은
고요함, 평정, 평화의 마음 상태에 이르는 명상 방법이다.

또 다른 하나는 통찰명상으로, 인도 빨리어로 위빠사나^{Vipassana}라고
한다. 통찰명상은 지혜와 통찰을 계발하는 수행으로 마음챙김 명상으로
불린다. 마음챙김 명상은 호흡, 동작, 감각과 같은 신체, 슬픔이나 기쁨과
같은 느낌, 탐욕이나 분노와 같은 마음, 몸과 마음의 근본적 특성인 법을
알아차리며 주의를 기울이는 명상이다.

마음챙김 명상은 일상적인 생각, 감정, 습관에 끌려들어가지 않으면
서 사물을 있는 그대로를 볼 수 있게 하는 힘을 키워준다. 또한 의식을 초
월적인 상태로 변화시키기 위한 수행이 아니라, 세상을 관계 속에서 바라
보고 일어나는 모든 것들을 알아차리는 명상이다. 따라서 신체적 심리적

이완뿐만 아니라 집중력을 향상시키며, 자신과 세계에 대한 통찰력을 발현하는데 도움을 준다.

집중명상과 마음챙김 명상 방법 중에서 자기 객관화에 더욱 효과적인 명상 방법은 어떤 것일까? 두 명상법 모두 도움이 되지만 통찰과 지혜의 수행인 마음챙김 명상이 더 적합하다. 그럼 마음챙김 명상이 자신과 직면을 통한 자기 객관화에 어떻게 도움을 주는지 좀 더 살펴보자.

마음챙김은 인도 빨리어인 Sati^{Mindfulness, 念}의 우리말이다. 마음챙김 기반의 스트레스 감소 ^{MBSR} 프로그램의 창시자인 존 카밧진 박사는 마음챙김이란, "의도적으로 현재의 순간에 비판단적인 주의를 기울일 때 생겨나는 알아차림"[4]이라고 정의했다. 마음챙김은 마음이 과거나 미래로 가는 것이 아니라 지금 이 순간에 주의를 기울인다. 여기서 '의도적인 주의'란 마음챙김의 대상에 주의를 기울인다는 의미이다. 마음챙김의 대상은 자신의 몸, 마음, 감정이나 생각이 될 수 있고, 자기 주변에서 일어나는 현상일 수도 있다. 또한 의도적인 주의란 단지 하나에 집중하는 것이 아니라, 현재 이 순간에 일어나는 모든 것을 포함한다.

그리고 '비판단적인'이란 판단함이 없는, 주관을 배제한, 객관적인 등의 의미를 가지는 중요한 개념이다. 명상을 할 때 몸의 특정 부위에서 통증이나 간지럼과 같은 느낌이 일어날 수 있다. 그때 발생하는 느낌이 좋은 것인지 나쁜 것인지 먼저 판단하려는 마음이 일어난다. 또한 일상생활에서도 만나는 사람의 생각이나 행동을 판단하려 한다. 이러한 선험적 판단은 오해를 낳고 잘못된 결정을 내릴 수 있다. 명상에서 판단함 없이 주관을 배제하는 태도는 명상뿐만 아니라 비즈니스 현장에서도 유용한 습관이 된다.

또한 마음챙김의 개념에서 '알아차림'이라는 용어가 중요하다. 앞에서 살펴본 명상의 두 번째 단계가 바로 주의 기울이기를 통한 알아차림이었다. 알아차림이란 강력한 앎의 방식이며, 사물을 있는 그대로 보는 것을 의미한다. 이것은 사물의 겉모습만 보는 것이 아니라 본질을 이해하는 중요한 과정이다. 이러한 알아차림은 의도적인 주의 기울이기 수련을 통해 체득할 수 있다.

따라서 마음챙김이란 '지금 여기에서 아무런 판단함이 없이 일어나는 모든 것들을 있는 그대로 보고 받아들이는 것'이라고 정의할 수 있다. 마음챙김이란 존재의 본질을 이해하고 적극적으로 수용하는 자세이다. 카밧진 교수는 마음챙김을 한마디로 "의식있는 삶을 사는 기술"[5]이라고 표현했다. 즉, 매 순간 깨어 있으며 진심을 다하는 삶의 방식이라 할 수 있다.

이러한 마음챙김의 의미를 비즈니스 현장에 적용하면, 일과 생활에서 일어나는 모든 것에 주관을 배제하고, 있는 그대로를 이해하며 수용하는 자세이다. 사전에 대비하지 못한 일이나 문제가 발생했을 때, 마음챙김의 자세는 적극적으로 문제를 수용하며 바른 해결책을 찾는데 도움을 준다. 또한 대인관계나 일상생활에서 일어나는 문제에도 당황하지 않고, 있는 그대로 보고 받아들여 최선의 결과를 만드는데 일조한다. 비즈니스 상황에서 마음챙김의 의미와 활용 방법에 대해 2장에서 자세히 살펴보자.

내면에서 불어오는 마음챙김 혁명

"사업을 시작한 이후로 편안하게 잠을 자 본 적이 없어요."

"코로나 이후 매출도 떨어지는데 앞으로 어떻게 버틸지가 막막해요."

"하루를 직원들과 다투다 보면, '내가 무슨 영화를 보려고 사업을 했나'하는 의문이 들어요."

"이번 달은 직원들 월급을 그럭저럭 입금했는데 다음 달은 또 어떻게 버틸지 모르겠어요."

"주말에 직원들은 쉬라고 하지만 그래도 저는 습관처럼 출근해요. 오히려 혼자 사무실에서 밀린 업무도 보고, 생각하는 시간이 좋아요. 아무도 방해하지 않고, 혼자만의 시간이 그렇게 좋을 수가 없어요."

"답답한 마음에 교회나 절에도 가 보지만 그때뿐이고, 어디 마음을 둘 데가 없어요. 집사람에게는 말도 못해요. 정말 사장 노릇하기 너무 힘이 드네요."

위 이야기는 코로나19 시기 교육현장에서 만났던 중소기업 사장님들의 하소연이었다. 몸과 마음이 모두 지쳐가는 대한민국 중소기업 사장님들의 현주소였다. 어떤 분은 이렇게 버티다 자신도 방 빼고 야반도주할지도 모른다는 허망한 웃음을 지었다. 자신의 청춘과 평생을 바쳐 만들어 온 기업을 이제는 미련처럼 붙들고 있었다. 이들의 지친 몸과 마음에 부활의 생명수는 없을까? 그 길을 마음챙김 혁명에서 찾아보자.

매일 반복되는 업무와 대인 스트레스는 리더의 몸과 정신을 갉아 먹는다. 스트레스는 눈에 보이지 않지만 몸을 병들게 하고 정신을 황폐하게 만든다. 리더가 고집불통이 되고 갑자기 소리를 지르고 화를 내는 것은 자신의 몸과 마음이 병들었음을 반증한다. 단지 자신만이 자신의 병을 모를 뿐이다. 이 땅의 사장들에게는 의도적인 쉼이 필요하다. 브레이크 없는 열차는 탈선하기 마련이다. 몸과 마음에 의도적인 브레이크를 거는 시간이 바로 마음챙김 명상이다. 마음챙김 명상은 의도된 쉼이다. 마음챙김 명상을 통해 자신의 하루를 돌아보고, 내일을 생각하며, 자신의 내면을 반추해 본다. 그 시간이 5분이라도 좋고 15분이면 더욱 좋다. 먼저 아무도 없는 공간에 편안한 자리에 앉아 눈을 감으면 의도된 쉼이 시작된다. 굳이 산속이나 명상센터를 찾지 않아도 편안한 장소에서 정좌를 할 수 있다면, 그곳이 몸과 마음의 안식처가 된다. 자기 내면의 마음챙김은 자신의 사고와 행동을 바꾸는 자기혁명의 동력이 된다.

　또한 디지털 혁명이 주도하는 21세기에 마음챙김 명상은 가장 아날로그적인 생활양식이다. 하루 온종일 사람과 업무를 하면서 남는 시간은 스마트폰 속에서 못 헤어나오지 않는가? 디지털이 가져다 주는 망각과 재미는 24시간 디지털 네트워크에 접속되기를 강요한다. 디지털은 남녀노소를 막론하고 접속과 반응을 요구한다. 사람들 속에서 대화나 휴식이 필요한 때에 스마트폰은 어김없이 손을 내밀고 있다. 디지털 세계에서 빠져나와 자신과 대화하는 쉼의 공간인 마음챙김 명상 시간을 가져보자. 마음챙김 명상이라는 의도적 쉼이 디지털 세계에 빼앗겨 버린 당신의 몸과 마음을 되찾아 줄 것이다.

제2장

비즈니스와
마음챙김

상황을 바꾸려면 내가 먼저 바뀌어야 한다. - 간디

깨어있는 경영을 위한 마음챙김

구글의 아침이 자유인 이유

"우리는 구글이 전쟁사업을 해서는 안된다고 믿는다."[1]

이 말은 미국 구글사의 고위직 엔지니어를 비롯하여 수천명의 직원들이 미 국방부와 공동으로 진행 중인 메이븐 프로젝트 참여 반대 캠페인을 벌이면서 경영진에게 보낸 메일의 한 구절이다. 메이븐Maven 프로젝트란 인공지능AI을 사용해 비디오 이미지를 분석하고 무인 항공기의 타격 목표를 향상하기 위한 무인 타격 로봇 개발 프로젝트다. 이에 구글의 직원들은 '펜타곤의 메이븐 프로젝트에서 철수하고 전쟁기술을 구축하지 않는다'는 발표를 요구했다.

또한 구글의 직원 총회에서도 직원들은 메이븐 프로젝트에 구글의 참여를 놓고 의문을 제시했다. 이에 구글의 사업총괄 책임자는 직원들에게 참여의 당위성을 설명하고 직원들을 안심시키려고 설득하였다. 구글의 군사무기 프로젝트 참여에 반대의사를 표한 일부 직원들은 퇴사했다. 결국 구글의 최고경영자는 메이븐 프로젝트의 연장을 포기한다고 발표했다.

구글 직원의 메이븐 프로젝트 반대 활동은 우리 기업환경에 신선한 충격을 준다. 직원들이 회사가 결정한 정책에 반대의견을 내는 의사표현 문화와 직원총회를 통해 회사의 정책을 공유하고 토론하는 경영 참여 때문이다. 구글은 직원들의 경영 참여, 정책 공유와 토론 문화를 권장한다. 우리나라의 수직적 기업문화에서는 상상하기 어려운 일이 어떻게 일어났을까? 이에 대해 구글의 최고인적자원책임자CHRO이자 인사담당 수석부사장인 라즐로 복은 그의 책『구글의 아침은 자유가 시작된다』에서 다음과 같이 설명하고 있다.

> "당신이 사람은 본질적으로 선하다고 믿는다면, 그리고 당신 회사가 채용과정을 훌륭하게 진행할 수 있다면, 직원들에게 자유를 주는 것을 두려워할 이유는 아무것도 없다. 대중에게 권한을 넘기는 첫 번째 단계는 직원들이 자유롭게 발언할 수 있도록 보장하는 것이다."

라즐로 복의 위 말에서 두 가지 의문이 든다. '구글은 왜 직원들에게 권한을 넘기려고 하는가?'와 '직원들의 자유로운 발언과 권한위임은 어떤 상관관계가 있는가?'이다. 먼저 직원들에게 권한을 넘긴다는 것은 담당 직원에게 결정과 책임의 권한이 있음을 의미한다. 권한과 책임은 한 쌍이다. 많은 직장에서 직원들에게 책임감 있는 행동과 결과를 요구하면서 정작 직원들은 어떤 권한도 없다. 심지어 자신이 휴가 가고 싶을 때조차 갈

수 없다면 그에게 어떤 결정권한이 있을까? 또한 담당 업무의 수행 방법과 진행에 대한 권한이 없다면 그는 능동적으로 행동할 수 있을까? 권한 위임 없이 책임감 있는 행동을 기대할 수 없는 이유다.

그럼 조직에서 직원들에게 권한을 위임하지 않는 이유는 무엇 때문일까? 그것은 조직이 직원들을 신뢰하지 못하기 때문이다. 직원들을 신뢰하지 못하는 이유는 업무 관련 결정이나 책임을 다하기에는 직무경험이나 역량이 부족하기 때문일 수 있다. 또는 직원들을 지시사항을 이행하는 수동적이며 선하지 못한 존재로 보는 견해일 수 있다. 라즐로 복이 말했듯이 직원들을 선한 존재나 능동적 존재로 인식하지 못한다면 일을 믿고 맡길 수 없다. 세 번째는 조직의 리더나 상사가 타인보다 더 많이 알고 잘 할 수 있다는 자만이다. 이것은 앞서 말한 두 번째 이유와 관련이 있다. 내가 더 많이 알고 잘해왔기 때문에 타인은 내 말을 따라야 한다는 인식이 있는 한 위임은 성립될 수 없다. 이처럼 사람을 바라보는 인식의 전환 없이 조직에서의 권한위임은 장밋빛 꿈에 불과하다.

다음으로 자유로운 발언과 권한위임과의 관계에 대해 살펴보자. 말은 자신의 생각과 가치의 표현이다. 자신의 생각과 가치를 자유롭게 표현할 수 있을 때, 일에 대한 주도성과 책임감은 자발적으로 생겨난다. 회의 석상에서 리더만 이야기하고 참가자들은 듣고만 있다면, 회의 주제에 대한 책임과 결정은 말을 하는 리더에게 있다. 참가자들이 자유롭게 토론하고 결정에 참여하는 것은 그 일을 해야 할 주체와 책임이 참가자들에게 있기 때문이다. 리더는 참가자들의 의견을 듣고 스스로 결정하도록 도울 때, 직원들의 자발성과 책임감은 배가 된다.

직원들이 자신의 일에 자발적 참여와 책임감을 가지기 위해서는 조직의 일에 자유로운 발언을 보장하는 수평적 조직문화가 이뤄져야 한다. 그것이 바로 경영진부터 전 직원이 참여하는 구글의 직원총회이다. 구글의 직원총회는 창업 초기부터 직원 수가 수만에 이르는 현재까지 진행되고 있다. 여기서 알 수 있는 것은 직원들이 일의 주체가 되고 책임감을 발휘하기 위해서는 자기 업무에 대한 결정 권한이 있어야 한다는 것이다. 또한 회사는 직원들의 의사결정 권한을 보장하기 위해 업무에 대한 책임과 권한을 직원 개인에게 위임해야 한다. 이 과정에서 직원들은 업무에 대한 아이디어를 제안하고 정책이나 과제에 자발적으로 참여한다. 이것이 바로 구글의 20% 업무 룰이다. 20% 룰은 자신의 업무시간 중에서 20%는 자유롭게 사용할 수 있다는 것이다. 라즐로 복의 책『구글의 아침은 자유가 시작된다』에서 실제로 구글 직원들은 10% 내외의 시간을 자신의 업무 이외의 다른 활동에 사용하고 있다고 한다.

마음챙김은 깨어있는 경영의 실천

실리콘밸리의 많은 기업들이 구글처럼 직원참여와 수평적 문화를 추구하고 있다. 페이스북, 트위터, 에어비앤비 등 기업들은 각자가 맡은 역할에 따라 의사결정을 하고 직원들에게 책임과 권한이 분산된 조직형태를 지향한다. 이러한 수평적 문화와 민주적 경영의 중요성을 일찍이 간파한 대표적인 사람은 미국 심리학자인 에이브러햄 매슬로이다. 매슬로는 인간욕구 5단계설로 우리에게 익숙한 심리학자이다. 일찍이 매슬로는 구글과 같은 기업의 수평적 문화와 직원들의 경영참여를 '민주적 경영' 혹은 '깨어있는 경영'이라고 불렀다. 그의 책『인간욕구를 경영하라』에서 다음과 같이 강조했다.

"만일 민주적인 정치철학이 있다고 하면 깨어있는 경영은 민주주의 철학을 일터에 적용한 것으로서 그 안에 포함될 수 있

을 것이다……. 깨어있는 경영은 유한한 인간이 속세에서 훌륭한
삶을 살고, 현세에 천국과 같은 사회를 이루기 위해 시도할 수 있
는 최선의 방법이라고 말이다…. 깨어있는 경영 및 인본주의적
관리에 대해 이루어지는 모든 실험은 다음과 같은 관점에서 볼
수 있다. 이렇게 집단의 구성원이 형제애로 뭉친 상황에서는 사
람들 하나하나가 직원이기보다는 공동 경영자의 모습으로 변화
한다는 점이다. 그는 공동 경영자처럼 생각하고 공동 경영자처
럼 행동하는 경향을 띠게 된다. 그리고 비상사태에 처하면 회사
내에서 수행되는 다양한 직무 중 필요한 것은 무엇이든 자발적
이고 자동적으로 책임을 갖고 떠맡는 경향을 보인다. 이런 공동
경영자 정신은 시너지와 유사하다. 또한 다른 사람의 이익과 나
자신의 이익이 분리되거나 상충하지 않고 한데 뒤섞여 하나로
통합된다는 것을 알아차리는 것과 같다."[2]

일찍이 매슬로는 직장에서 인본주의적 관리와 깨어있는 경영이 일터
에서 영성을 회복하며, 공동 경영자 정신과 수평적 조직문화를 실현한다
고 강조했다. 매슬로의 견해에서 놀라운 것은 깨어있는 경영을 위해 인간
의 영성을 강조한 점이다. 이 점은 구글의 운영원칙인 '사악해지지 말자'
라는 경영철학과 일맥상통한다. 그러면 자본주의 시대의 기업경영에서
이윤추구의 중요성 못지않게 경영의 윤리성을 어떻게 구현할 수 있을까?
여기에 대해 구글은 회사의 10가지 운영원칙과 인사제도로 직원들의 참
여와 권한위임을 보장하고 있다.

깨어있는 경영의 실천에 대한 답은 구글 직원들이 보여준 깨어있는
마음에서 찾을 수 있다. 회사의 전쟁사업 참여 반대를 경영진에게 제안하
고 토론하는 직원들의 깨어있는 마음이 깨어있는 경영을 가능하게 한다.

깨어있는 직원들이 매슬로가 말한 공동 경영자이며, 조직 구성원들이 만들어내는 진정한 시너지이다. 또한 자신의 일에서 주인으로 깨어있는 것이 일에 대한 마음챙김의 자세라고 할 수 있다.

1장에서 마음챙김은 '매 순간 깨어 있으며 진심을 다하는 삶의 방식'이라고 했다. 깨어있는 경영은 비즈니스에서 마음챙김을 실천하는 경영이다. 또한 마음챙김은 깨어있는 경영을 구현할 수 있는 효과적인 방법이다. 따라서 마음챙김 경영은 비즈니스에서 일어나는 모든 일에 항상 깨어있으며, 구성원들의 자발적인 참여와 헌신으로 성과를 이루는 경영이다.

마음챙김 vs. 마음놓침

자신의 문제를 인식하지 못하는 리더들

몇 년전 D산업에서 사업 실적이 저조하고 조직 내부 갈등으로 팀원의 이직이 많은 팀 리더를 대상으로 리더십 개발 코칭을 요청하였다. 코칭 대상자 중 한 명인 최실장은 D산업 연구소 자동화산업기기 개발실장이다. 자동화산업기기 개발실은 기존 3개의 팀이 합쳐서 1개의 실로 확대 개편된 조직이다. 최실장은 수석부장급으로 임원에 준하는 대우를 받았다. 다음은 그와의 코칭 대화 중 첫 미팅에서 나눈 이야기 일부분을 각색한 것이다. 아래 최실장과의 코칭 대화에서 오늘날 리더들이 겪고 있는 고민과 문제들을 생각해 보자.

김코치: 먼저 바쁘신데 흔쾌히 코칭에 참여해 주셔서 감사합니다. 이번 리더십 코칭이 최실장님의 리더십과 성과향상에 도움이 되었으면 합니다.

최실장: 저도 금번 코칭이 도움이 되었으면 좋겠습니다. 그럼 코칭에서 제가 무엇을 하면 되나요?

김코치: 코칭은 특별한 활동을 하거나 과제를 해결하는 것이 아닙니다. 최실장님께서 현재 고민하고 계신 것이나, 팀 내의 문제나 어려운 점을 함께 대화를 나누면서 해결책을 찾는 과정입니다. 현재 고민하고 계신 것이나 어려운 점이 있으면 어떤 것이 있는지요?

최실장: 어려운 거야 많죠. 제품개발도 늦어지고, 팀원들은 힘들다고 하소연하고, 회사에서는 성과가 나오지 않는다고 독촉을 하고. 몸이 열 개라도 모자랍니다.

김코치: 최실장님 고생이 많으십니다. 제가 듣기로는 회사에서 가장 열정적이며, 실력과 추진력을 겸비한 분이라고 들었습니다.

최실장: 누가 그런 이야기를 하던가요. 부족한 점이 많으니 사업실적도 미흡하고. 늘어나는 것은 고민과 흰머리입니다.

김코치: 최근에 가장 힘들게 하는 것이 있다면 어떤 것이 있나요?

최실장: 우리 실은 기존 3개 팀을 합쳐서 한 개의 개발실로 통합하다 보니 업무관리 범위가 많이 늘어났어요. 그렇다고 별도의 팀장이 있는 것도 아니고 3개의 파트 체제로 운영을 하고 있는데 그중에서 제가 그동안 맡았던 팀은 겸임을 하고 있지요. 나머지 2개의 파트는 기존 팀장들이 전배나 퇴사를 하고 차선임자가 현재 파트장을 맡고 있는데, 기대만큼 추진 속도가 나지 않아요. 세부적인 사항까지 내가 다 결정해 주고 업무지시를 해줘야 하니, 파트장의 역량과 관리 능력 부족이 가장 큰 문제입니다.

김코치: 현재 파트장들에게는 목표설정과 업무분장, 권한위임은 어떻게 되어 있나요?

최실장: 목표는 올해 초에 세웠던 것을 그대로 가져가고 있어요. 일부 통합된 과제나 폐기된 과제는 정리가 되었고요. 업무분장도 기존에 하던 대로 하고 있어요. 파트 업무에 대한 권한은 파트장들이 가지고 있지만 성과평가 권한은 없습니다.

김코치: 팀이 통합된 지 6개월이 지난 것으로 알고 있습니다. 팀원들과 개별적 면담이나 대화는 어떻게 하고 있는지요?

최실장: 일부 직원들과는 면담을 했지만 전 팀원과는 아직 개인 면담을 하지 못했고요. 프로젝트별로 모여서 업무 진행사항과 문제해결 중심으로 주 1회씩 대화를 나

　　　　누고 있습니다.

김코치: 팀원 개인별로 면담을 아직 못하셨군요. 제가 듣기로는 최근에 이직하는 직원이
　　　　갑자기 늘었다는 이야기를 들었습니다. 어떤 이유가 있는지요?

최실장: 팀이 통합되면서 기존 프로젝트 20개 중에서 10개로 축소되었습니다. 그러면서
　　　　전체 32명의 연구원이었는데 최근 3명이 퇴사하였고, 2명이 전배 요청을 해서
　　　　다른 팀으로 전배를 보냈습니다. 퇴사한 3명은 소프트웨어 엔지니어인데, 중단
　　　　된 과제를 하던 직원들입니다. 모두 A파트에서 근무하던 팀원들이었어요. 실력
　　　　도 있는 매니저급 2명과 주니어급 1명이 나갔습니다.

김코치: 퇴사한 분들의 특별한 동기가 있었는지요?

최실장: 기존 과제가 중단되면서 새로운 프로젝트에 투입했는데, 자신들의 전문분야와
　　　　맞지 않다고 하더군요. 그리고 요즘 소프트웨어 인력 모집이 많아 소프트웨어
　　　　전문회사로 이직을 했어요. 저랑은 짧게 이야기했습니다. 나가기로 결정한 후
　　　　라 잡을 수가 없었어요.

　　위 사례는 한 제조회사 개발실을 맡고 있는 최실장의 이야기이지만
대부분의 기업체 리더들이 겪고 있는 문제와 유사하다. 일은 많은데 실제
일할 수 있는 역량 있는 직원들은 부족하고, 스펙이 좋아서 뽑아 놓으면
얼마 지나지 않아 퇴사를 하고, 중간 관리자들은 제 앞가림하기 바빠 전
체를 챙기지 못하고 있다. 그럴수록 리더의 업무는 더욱 가중된다. 전체
프로젝트 관리뿐 아니라 세부적인 문제해결까지 일일이 챙겨야 하는 실
정이다. 요즘 의사결정 단계를 줄이면서 대팀제 방식이 늘어나고, 리더가
관리해야 할 인원이 30명이 넘는 경우도 많다. 업무 범위가 늘어나고 인
원이 많아지면서, 리더들은 장기적 목표나 과제 설정과 같은 거시적 관점
의 관리는 엄두를 내지 못하고 있다.

　　많은 리더들은 리더십 문제에 있어 자신보다는 팀원과 중간 관리자,
타 팀 혹은 회사의 지원 부족 등을 제기한다. 위의 최실장의 사례에서도

파트장인 중간 관리자가 직원들의 프로젝트 관리와 문제해결 능력 부족을 문제로 꼽았다. 조직은 규모가 커지고 할 일이 늘어나는데 기존에 하던 미시적 관리가 지속되고 있다. 경영환경은 글로벌 경쟁과 디지털 업무 환경으로 바뀌고 있는데 아직도 의사결정을 받기 위해서 결재판을 들고 임원실로 들어가는 경우도 많다. 기술은 발달하고 신기술이 현장에 접목되었는데 상사는 아직도 10년 전 자신이 하던 일 방식을 고집한다. 팀원들은 새로 부임한 리더가 어떤 사람인지 이야기도 한번 못했는데 상사는 업무로만 다그친다. 이 상황을 임원 팀장들은 대화를 자주 한다고 하고, 직원들은 대화가 없다고 말한다. 리더와 팀원 간 대화를 하지만 정작 해야 할 말은 제대로 못하기 때문이다.

업무 현장에서 리더들은 최선을 다해서 뛰고 있다. 그러지 않으면 그 자리에 올라갈 수도 없고, 있기도 힘들다. 최선을 다해도 일은 넘쳐나고 조직 내 갈등이나 제품과 서비스의 문제는 산적해 있다. 어디서 해결책을 찾아야 할까?

일터에서 마음챙김과 마음놓침

먼저 리더는 혼자서 일을 다하려는 마음을 버려야 한다. 정작 리더가 해야 할 일은 하지 않고, 직원들이 해야 할 일까지 간섭하지는 않는가? 그렇다면 리더가 꼭 해야 하는 일은 무엇일까? 그 답은 리더와 관리자의 차이에 있다. 일찍이 미국 하버드대 경영대학원의 존 코터 교수는 『변화의 리더』에서 관리의 과잉과 리더십 결핍을 강조하였다. 그가 말하는 관리 기능은 복잡한 상황을 체계적으로 잘 다루는 것이고, 리더십 기능은 변화에 대처하여 조직 또는 집단의 나아갈 길을 찾아내는 것이다. 우선 관리 기능에는 기획, 예산, 조직화, 인력배치, 통제 등이 중요하고, 리더십 기능

에는 방향설정, 인력단합, 동기부여 등이 있다.3

리더가 관리가 아닌 리더십을 발휘하기 위해서는 먼저 일의 방향을 설정하고 역할과 책임을 명확히 해서 업무를 배분해야 한다. 역할과 책임의 구체화는 업무배분에서 끝나는 것이 아니라, 책임이 있는 곳에 권한도 함께 위임해야 한다. 해당 업무의 결정권은 해당 업무를 하는 직원이 책임과 권한을 가져야 한다. 물론 직원이 한 결정에 대해 리더도 함께 책임을 진다. 예를 들어 불이 났는데 화재 현장에서 불을 통제하는 것이 아니라, 상황실에 앉아있다면 제대로 화재진압을 지시할 수 있을까? 기업경영도 마찬가지다. 각 사업부의 사업과제나 신제품 개발의 세부 사항을 상부에서 좌우하는 시대는 지나갔다. 이제 결정은 현장 최일선의 책임자가 결정을 하고 경영진은 그 결정의 적합성을 검증하고 지원하는 시스템으로 바뀌어야 한다.

리더의 기능이 관리에서 리더십으로 바뀌어야 한다고 머리로는 이해가 되는데, 그동안 몸에 배인 관리의 습성은 좀처럼 변하지 않는다. 이 점이 리더들이 말하지 않거나 혹은 간과하는 리더십의 본질적 문제이다. 그러면 리더들의 몸에 배인 습관과 사고를 어떻게 하면 바꿀 수 있을까?

1장에서 살펴본 <그림 1-1 리더십 빙산 모델>을 다시 살펴보자. 리더십 빙산 모델에서 개인의 행동과 태도는 사고와 감정이라는 보이지 않는 영역에 쌓여 있다. 그것은 습관 혹은 자동반응모드의 형태로 은연중에 나타난다. 리더의 행동변화는 사고와 감정, 즉 자기 마음속에 새로운 마음의 배선을 깔아야 한다. 그러기 위해서는 자신을 객관적으로 보고 받아들이는 기술인 마음챙김이 필요하다. 마음챙김 심리학 연구의 대가인 미국 하버드 대학의 엘렌 랭어 교수는 그녀의 책『마음챙김』에서 마음챙김Mindfulness과 마음놓침Mindlessness을 <그림 2-1>과 같이 정의하였다.

그림 2-1 마음챙김과 마음놓침 의미

마음챙김(Mindfulness)		마음놓침(Mindlessness)
삶에서 발생하는 일에 기계적/무의식적으로 반응하는 대신 깨어있는 마음으로 주의를 기울여서 문제를 예방하며 성과를 향상시키는 행동	**VS**	삶에서 발생하는 일에 잠재력을 가둬두고 경직적이며 수동적이고 반복적인 관습에 따라 행동하는 것

엘렌 랭어 교수는 마음챙김이란 "삶에서 발생하는 일에 기계적 무의식적으로 반응하는 대신 깨어있는 마음으로 주의를 기울여서 문제를 예방하며 성과를 향상시키는 행동"이라고 했다. 한편 마음놓침은 "삶에서 발생하는 일에 잠재력을 가둬 두고 경직적이며 수동적이고 반복적인 관습에 따라 행동하는 것"이라고 구분하였다.[4]

마음챙김에 대해 정의가 학자마다 약간씩 차이가 있지만 핵심 의미는 동일하다. 마음챙김은 깨어있는 마음으로 주의를 기울여 일어나는 모든 것을 있는 그대로 보고 받아들이는 것이다. 그 결과로 문제를 예방하고 성과를 향상시킨다. 반면 마음놓침은 기존의 관행이나 습관에 자동반응하는 행동을 말한다. 리더들의 행동 역시 기존 관행이나 습관에 따라 자동반응하는 행동을 스스로 단속할 수 있어야 한다. 문제 상황에서 자동반응하는 행동을 멈추고, 관련 정보를 바탕으로 올바른 해결방향을 살피는 것이 바로 마음챙김의 태도이다.

비즈니스에서 마음챙김의 활용

리더에게 마음챙김이 필요한 이유

기업현장에서 일하는 리더의 일상은 업무와 대인관계에서 발생하는 스트레스의 연속이다. 마음챙김 리더십 강좌에 참석하는 사람들의 교육 참석 동기를 물으면 다음과 같은 답변을 많이 한다.

"직장생활에서 그동안 과중한 업무로 인해 스스로 소진감을 느낄 때가 많다."

"리더로서 몇 년간 업무를 수행하면서 자신에 대한 좌절감을 많이 느낀다."

"회사 업무와 회의로 자신을 위한 시간과 마음의 여유가 없다."

직장인들이 조직 생활을 하면서 가장 많이 느끼는 것은 업무 스트레스, 자신의 소진감이나 좌절감, 심적 여유의 부족, 역량의 한계 이외에도 가족이나 대인관계의 갈등을 많이 이야기한다. 이러한 자신의 심리적, 관계적 문제들을 해결하는데 마음챙김이 도움이 될까? 월터 아이작슨이 쓴 스티브 잡스의 전기 『스티브 잡스』에서 그는 마음챙김 명상 수행에 대해 다음과 같이 회고한 구절이 있다.

"그스티브 잡스는 자신의 집중하는 능력과 단순함에 대한 애착은 선禪 수행에서 나오는 것이라고 생각했다. 그것이 직관을 존중하도록 훈련시키고 주의를 흐트리거나 불필요한 것은 전부 걸러내는 법을 알려주었다."[5]

스티브 잡스가 꼽은 마음챙김 명상 수행이 비즈니스에 주는 효과는 집중력, 단순함 추구, 직관이라 할 수 있다. 미국 실리콘밸리의 많은 경영 자뿐만 아니라 일본의 이나모리 가즈오, 우리나라에서 삼성그룹의 고 이 건희 회장, 카카오의 조수용 대표 등 많은 리더들이 일상생활에서 명상을 수련해 왔다. 또한 오프라 윈프리나 박찬호와 같은 연예인, 스포츠인들도 명상을 한다. 이처럼 많은 경영자와 유명인들이 마음챙김을 하는 이유는 심신의 평안을 통해 일에서도 성취를 이루기 위함이다. 일과 관계에서 오 는 스트레스에 대한 마음챙김 방법은 3장에서 세부적으로 살펴 보기로 한다.

다음으로 비즈니스 리더에게 마음챙김이 필요한 이유는 변화하는 경 영환경과 비즈니스 현상들을 있는 그대로 보기 위함이다. 갑작스런 코로 나19 사태는 많은 기업과 개인들에게 치명상을 입혔다. '코로나19 관련 기업들이 겪는 애로사항'에 대한 설문조사 결과, 매출 감소가 38.1%, 부 품 및 원자재 수급 문제가 29.7%, 수출 애로가 14.8%, 방역용품 부족이 5.3%, 노무인력관리가 4.8%로 나타났다.[6] 코로나19 관련하여 매출 감소 와 해외 수출 애로는 예상되었지만, 부품 및 원자재 수급의 문제는 예상 을 뛰어넘고 있다. 특히 최근 차량용 반도체 수요의 부족으로 자동차 생 산에 차질을 빚고 있다. 또한 요소수의 부족으로 대형 트럭들이 주요소마 다 장사진을 치는 장면이 연출되고 있다. 이 역시 원자재 수급과 글로벌 공급망의 붕괴에 따른 대표적 현상이다.

급변하는 경영환경 속에서 리더는 마음챙김을 통해 일어나는 현상들 을 있는 그대로 보며 문제의 본질을 꿰뚫어 보는 통찰력이 중요하다. 문 제에 대한 통찰력을 갖기 위해서는 관련 비즈니스에 대한 경험과 전문성 이 필요하다. 그러나 문제를 예견하고 대처하기 위해서는 현상을 주의 깊 게 관찰하며, 상황을 객관적으로 파악하는 태도가 중요하다. 마음챙김은 이러한 사려 깊은 태도와 통찰력을 키우는데 효과적인 방법이다.

　비즈니스 리더에게 마음챙김이 필요한 또 다른 이유는 리더 자신의 욕망과 집착에 대한 자기통제이다. 리더는 욕망을 먹고 산다. 사업 번창으로 돈을 벌려는 욕망, 자사 상품을 소비자들에게 많이 알려서 판매하고 싶은 욕망, 직원들이 업무에 적극적으로 임해주길 바라는 마음, 생산 물량의 품질이 우수하고 양질의 제품을 만들고 싶은 욕구 등 다양한 욕망들이 부딪히며 갈등과 성취를 만들어 낸다. 때로 이러한 욕망들이 과욕을 불러와 리더 자신과 조직에 피해를 입히기도 한다. 또는 조직목표를 달성하기 위해 직원들을 장시간 노동으로 내몰거나 심리적 압박을 가하기도 한다. 이 과정에서 직원들과 갈등을 빚기도 하고 심한 경우 인적 물적 충돌 상황까지 발생한다. 리더는 조직의 목표 달성을 위해 어쩔 수 없었다고 항변하지만, 상호 간 신뢰의 상실과 물적 손실은 이미 발생한 뒤였다.

　인간은 자신의 욕망을 실현하기 위한 이기적 존재이다. 자기 내면에 있는 욕망과 이기심을 적절히 통제하지 못하면 내 안의 미친 말들이 마구 날뛸 것이다. 그러지 않기 위해서는 내 안의 평정심과 균형감, 자애의 힘을 키워야 한다. 어떤 사람도 처음부터 악한 사람은 없다. 자신의 비즈니스 상황이나 조건에 따라 욕망이 탐욕이 되기도 하고 화로 돌변하기도 한다. 특히 비즈니스 리더는 매 순간 긴장과 스트레스의 상황에서 자신의 감정을 통제하고 균형감을 찾는 의식적 노력이 중요하다.

　끝으로 비즈니스 리더에게 마음챙김이 필요한 이유는 비즈니스에 대한 전체적이고 유연한 관점을 개발하기 위함이다. 한 예로 최근 비즈니스의 핵심 트렌드인 ESG경영 사례를 살펴보자. 전국경제인연합회에서 실시한 '500대 기업 ESG 준비 실태 및 인식 조사' 결과를 보면, ESG 관련 경영전략 수립에 있어 애로요인으로 ESG의 모호한 개념이 29.7%로 가장 많았고, 자사 사업과 낮은 연관성이 19.8%, 기관마다 상이한 ESG 평가방

식과 추가적 비용 초래가 각각 17.8%로 뒤를 이었다.[7]

　이 조사 결과를 보면 우리 기업들이 ESG경영을 받아들이는 인식수준을 잘 보여준다. ESG경영은 기업에 대한 비재무적 평가 기준이 되는 친환경, 사회적 책임, 지배·구조 개선을 목적으로 한다. 우리 기업들이 'ESG의 모호한 범위와 개념'을 애로사항의 첫 번째로 꼽는 것은 아직 기업의 ESG 경영 방향과 목적을 명확하게 설정하지 못했음을 반증한다.

　또한 '자사 사업과 낮은 연관성'의 항목은 고객확보와 매출증대와 관련하여 ESG경영의 필요성이 많지 않음을 보여준다. 그러나 최근 미국과 EU는 ESG에 대한 기업공시 의무를 강화하거나 법제화를 추진 중이다.[8] 이제 미국이나 유럽에 수출하는 제품들은 ESG 평가기준을 충족하지 못할 경우 수출과 판매가 어려운 상황이 도래하고 있다. 이것은 대기업뿐만 아니라 중소기업들에서도 마찬가지다. 이처럼 급변하는 경영환경에 대한 전체적이고 유연한 시각을 갖지 못할 경우, 치열한 글로벌 경쟁에서 생존하기는 더욱 어려워진다. 마음챙김은 변하는 상황을 있는 그대로, 전체적으로 보며 유연하게 대응할 수 있는 능력을 길러주는 효과적인 방편이다.

비즈니스에서 마음챙김의 의미

　미국의 하버드대학교 심리학 교수인 엘렌 랭어 교수는 마음챙김 mindfulness에 대한 실증적 연구를 통해 복잡한 시대에 마음챙김이 성과향상과 집중력, 창의력, 리스크 관리, 관계향상에도 도움이 된다고 강조했다.[9] 자신이 하는 일에 대해 매 순간 비판적인 알아차림을 이어갈 때, 일은 내가 되고 미래가 된다. 일에 대한 마음챙김은 스스로를 동기부여한다. 또한 자신의 업무에 대한 몰입과 창의력을 발휘하여 새로운 가치를 만드는데 큰 기여한다.

엘렌 랭어 교수의 연구결과를 토대로 비즈니스 현장에서 경험한 마음 챙김이 주는 의미는 다음과 같다. 마음챙김 명상그림 1-2 명상 과정 참고의 첫 번째 과정인 '주의 기울이기' 수련은 일과 생활의 매 순간을 몰입하는 집중력을 키울 수 있다. 오늘날 많은 직장인들은 다양하고 많은 일들을 수행하다 보면 매 순간 집중력을 잃기 쉽다. 주변의 소음이나 다양한 볼거리는 일에 대한 집중을 방해한다. 매 순간 깨어있는 마음으로 주의를 기울이는 마음챙김은 일과 생활에서 일의 의미를 알아차리고 주의집중의 힘을 향상시킨다.

마음챙김 명상의 두 번째 과정인 '알아차리기' 수련은 일어나는 모든 일에 대한 통찰의 힘을 길러준다. 이러한 통찰력은 리더로 하여금 발생한 문제뿐 아니라 발생이 예견되는 일에 대한 직관력을 키워준다. 사물이나 현상을 있는 그대로 바라보고 받아들임으로써 자신의 편견이나 선입견에서 벗어나, 객관적 관점에서 관찰하고 그 의미를 찾는다. 마음챙김의 통찰은 진흙이 들어간 물 잔 속에서 진흙이 내려앉아 맑은 물을 보는 것과 같다.

마음챙김 명상의 세 번째 과정인 '존재 인식하기' 수련은 일어나는 모든 존재의 본질을 이해하고 통제력을 키워준다. 존재의 본질을 이해하는 과정에서 문제나 현상을 바라보는 지혜가 생긴다. 그것은 공식적인 마음챙김 명상 과정이나 순간순간의 알아차림을 통해서도 생길 수 있다. 일례로 마음챙김 일하기는 자신의 과업에 대한 집중뿐만 아니라 문제를 해결하는 지혜를 얻을 수 있다. 주어진 과업을 해결하기 위해 마음을 집중하면 문제에 대한 창의적 아이디어나 문제해결의 단초를 발견한다. 많은 경영자나 전문가들이 마음챙김 명상을 하는 이유도 자신이 맡은 일에 마음챙김을 할수록 업무성과 향상에 큰 도움을 주기 때문이다.

끝으로 마음챙김 명상의 네 번째 과정인 '자애 일으키기' 수련은 나와 타인 전체에 대한 자애로움을 불러온다. 마음챙김의 주의 기울임과 통찰은 지혜로움과 자애로움으로 나타난다. 특히 자애로움은 나와 타인이 둘이 아니라 긴밀히 연계되어 있고 전체 속에서 하나임을 느끼게 한다. 이러한 자애로움은 자신에게는 자기통제와 자존감을 형성하는 긍정적 에너지를 불러온다. 또한 타인과 조직 전체에 배려와 친절, 사랑을 불러일으킨다. 비즈니스 현장에서 갈수록 치열해지는 경쟁은 약육강식의 냉혹한 일터로 변질시키고 있다. 오늘날 직장생활에 사랑과 친절이 함께하는 행복한 일터로 만들 수 있는 열쇠는 바로 자애로움이다. 이러한 자애로움을 키우는 동력이 곧 마음챙김이다.

　　비즈니스 현장에서 마음챙김 일하기는 개인에게 자존감 향상을 통한 동기를 부여하며, 일에 대한 집중과 통찰력을 향상시키고, 타인과 전체에 대한 자애심으로 원만한 대인관계와 행복한 일터를 만드는 핵심 동력을 제공한다. 또한 일에 대한 자기내면의 집중과 통찰은 조직 성과를 향상시킨다. 이처럼 일과 생활에서 마음챙김을 통해 심신의 치유나 스트레스 감소 효과를 넘어, 개인의 리더십 역량을 향상시키고 비즈니스 경쟁력을 강화하는데 유용하다. 비즈니스에서 마음챙김 활용 방법은 <3부 마음챙김 경영혁명>에서 세부적으로 다루기로 한다.

제3장

위기와 스트레스에서 마음챙김

우리가 상황을 있는 그대로 받아들이는 이유는 그 상황이 일어나길 원해서가 아니라, 이미 일어나고 있기 때문이다. - 샤우나 샤피로

위기 상황에서 마음챙김

기업경영에서 돌발상황은 피할 수가 없다. 지금 유행하고 있는 코로나19 사태를 누가 예견이나 했겠는가? 코로나19 발생 초기에는 기존의 사스나 메르스처럼 일시적으로 발생했다가 종식될 것으로 생각하였다. 그러나 이제는 코로나19와 함께 살아야 하는 시대로 넘어가고 있다. 이처럼 외부 환경의 문제는 전 국민의 안전과 생계에 심각한 타격을 줄 뿐만 아니라 기업경영에도 천문학적인 손실을 입혔다. 특히 여행이나 숙박업, 음식점, 실내 스포츠업, 교육서비스업 등 사람들이 만나서 즐기고 생활하는 비즈니스에 엄청난 타격을 미쳤다. 당분간 여행 숙박업 등 서비스산업의 줄도산은 피하기 어려울 전망이다. 결국 불확실한 돌발상황을 사전에 대비하고 어떻게 대응하느냐가 지속가능한 성공을 만드는 핵심이다.

그림 3-1 기업경영의 불확실성 요인

비즈니스 불확실성은 어디서 오는가?

많은 경영자나 리더들은 불확실한 상황 역시 통제할 수 있다고 생각한다. 그래서 직원들이나 타인의 의견을 듣기보다는 자신의 생각과 판단을 중심으로 의사결정을 한다. 이러한 독단적 결정은 추후 위기나 돌발상황이 발생했을 때 조직을 위험에 빠뜨리거나 돌이킬 수 없는 손실을 안긴다.

기업경영의 돌발변수에 대응하기 위해서는 먼저 어떤 불확실성 요인이 있는지를 알아야 한다. 기업경영에서 가장 빈번하게 발생하는 돌발변수는 정치적 요인이다. 정치가 경영에 미치는 영향은 상수로 고려해야 한다. 대표적인 사례가 2016년 2월에 발생한 개성공단 중단과 같은 정책적 결정이다. 특히 우리나라는 남북한 분단으로 인한 이슈가 기업경영과 경제에 심각한 영향을 미친다. 개성공단을 만들고 기업들이 입주할 때만 해도 전면 중단은 절대 없다는 남북한 합의가 있었다. 그렇지만 당일 갑작스러운 개성공단 폐쇄 발표로 입주 기업들은 몸만 간신히 빠져 나왔다. 당시 입주기업들의 피해액은 1조가 넘는다고 추산되었다. 이외에도 기업경영에 영향을 미치는 정치요인 사례로 미중 간의 갈등, 일본의 무역보복, 중동전쟁 등 다양한 사건들이 있다.

이러한 대내외 정치적 요인 이외에도 정부의 정책이나 규제 등과 같은 법규들의 제/개정도 중대한 영향을 미친다. 대표적인 정책이 태양광 사업 활성화 정책이다. 신재생 에너지 분야의 투자를 활성화한다는 명목하에 신규 설비나 관련 장비를 도입했는데 제도 정비나 정책이 지연 혹은 변경되어 투자한 자산과 제품들이 쓸모 없어지는 상황이 발생했다. 이처럼 정치와 제도의 변화는 리더의 의사결정을 어렵게 하는 대표적 요인이다.

기업경영의 두 번째 불확실성 요인은 경제적 요인이다. 경제적 요인은 정치적 요인보다 빈번하지 않지만, 발생하면 기업의 생존에 엄청난 영향을 미친다. 대표적인 사례가 1997년 IMF사태와 2006년 리먼 브라더스 사태를 들 수 있다. IMF사태로 당시 기업의 1/3이 사라지거나 막대한 피해를 입었다. 미국에서 발생한 리먼 브라더스 사태는 1997년 IMF사태와 비할 정도는 아니지만 우리나라 수출기업들에게 타격을 입혔다. 그 외에도 2002년의 카드대란은 금융권의 부실로 가계뿐만 아니라 제조업 분야까지 영향을 미쳤다.

이외에도 환율이나 국제금융, 주식과 부동산의 변동 등 경제적 요인들도 기업경영에 영향을 미친다. 최근 코로나19로 기업들의 주가가 하락하자 동학개미 운동으로 주식을 구매하는 행위들이 벌어지기도 했다. 또 다른 사례로는 LG화학의 전지사업분야의 분리 독립을 위한 주주총회에서 국민연금관리공단이 반대의사를 표명한 것이다. 국민연금관리공단은 우리나라의 많은 기업들에 투자하는 기관투자가다. 이런 기관투자가들은 대체로 기업에 투자를 하지만 경영에는 관여하지 않거나 중립적 입장을 취했다. 이제 정부투자기관들도 주주 입장으로 기업경영에 참여하고 의사 결정권을 행사하는 주주자본주의를 강화하는 한 대목이라고 볼 수 있다.

기업경영에 대한 세 번째 불확실성 요인은 사회문화적 요인이다. 사회문화적 요인들은 이전부터 기업들의 마케팅, 신상품 개발 및 판매 등에 활용되어 왔다. 이러한 사회문화적 요인들은 소비자의 행동이나 선호도 변화에 영향을 받는다. 향후 우리나라의 가장 큰 사회문화적 변화요인은 인구감소와 노령인구의 증가이다. 이미 우리 사회는 생산가능인구가 감소하는 고령화 사회로 접어들고 있다. 지방 인구는 가파르게 감소하는 반면 서울과 수도권을 중심으로 인구이동이 집중되는 거대도시화 현상도 가속화되고 있다.

인구 감소는 기업에서 일할 인력 수급에 심각한 문제를 낳는다. 오늘날 사람들은 어렵고, 더럽고, 힘든 3D 업종은 기피한다. 또한 중소기업이라는 이유로 취업을 꺼리고 공무원 시험에 인재들이 몰리고 있다. 대학에서 학생들에게 물어보면 공대생의 40%, 인문계열 학생들의 60% 정도가 공무원 시험을 준비하는 것으로 나타났다. 이런 현상은 대학도서관에서 학생들이 보고 있는 책을 보면 알 수 있다. 예전에는 토익과 같은 영어나 전공 서적이 많았다면 요즘은 공무원 수험서적들이 압도적으로 많다. 또 다른 사회문화적 요인의 사례로 직장 내 신세대 직장인들의 공정이나 젠더, 갑질과 같은 사회적 가치에 대한 문제들을 들 수 있다. 이러한 사회문화적 요인으로 발생하는 문제들은 사람들의 의식과 행동에 밀접한 영향을 미친다.

기업경영의 네 번째 불확실성 요인은 기술적 요인이다. 기업은 새로운 기술이나 공법, 프로세스, 구조가 나타났다가 사라진다. 기존의 사용하던 기술이나 제조방식은 금세 구닥다리가 된다. 기술의 변화속도가 점점 빨라지고 있다. 특히 최근 코로나19 사태로 비대면 방식이 활성화되면서 온라인상에서의 작업이나 대면이 활발해지고, 디지털 기술을 활용한 화상회의, 온라인 교육, 온라인 판매, 온라인 플랫폼 등의 비즈니스 활동은 더욱 가속화되고 있다. 일하는 방식도 회사에 모여서 일하는 방식에서 집에서 일하는 재택근무, 선택적 근로와 같은 유연근무방식이 활성화되고 있다. 디지털 트랜스포메이션이나 언택트 비즈니스가 코로나19로 인해 선택이 아니라 필수적 환경이 된 세상이다. 이처럼 기술의 변화와 발전이 급속하게 진행되는 상황에서 새로운 디지털 비즈니스를 준비하지 않는 기업은 더 이상 경쟁력을 가지기 어렵다.

끝으로 기업경영의 불확실성 요인은 자연재해이다. 대표적인 사례가 최근 전 세계를 휩쓸고 있는 코로나19 사태이다. 코로나19는 기존의 지진, 태풍, 가뭄, 해일과 같은 일시적 재해가 아니라 장기적이고 전 지구적 고통을 수반한다. 바이러스의 공격은 무차별적으로 대상과 존재를 가리지 않는다. 코로나 역시 기후변화라는 환경변화 속에서 동물로부터 인간에게 전염된 감염병이다. 또한 지구온난화는 공기오염, 해수면 상승, 잦은 기후변화 등의 많은 사회경제적 피해를 낳고 있다. 기업경영자들도 이러한 자연재해를 심각하게 여기고 대비해야 할 시점이다. 이러한 비즈니스 불확실성에 대비하는 효과적인 방법은 무엇일까?

불확실성에 대한 마음챙김

전 세계적인 코로나19 위기 상황에서 각국들은 앞다투어 국가 또는 지역 봉쇄령을 내렸다. 해외 수출을 위해 계약서에 사인을 해야 하는데, 고객과 만날 수가 없으니 계약을 하지 못하는 초유의 사태가 발생하고 있다.

혹은 지역사회 감염이 확산되면서 공장이나 건물 전체가 갑자기 봉쇄되는 상황이 발생하기도 한다. 제품을 팔지 못하니 매출이 급격히 줄어들고, 직원들은 사무실 봉쇄로 일을 못하니 생산성은 갈수록 떨어지게 된다.

이러한 돌발 상황에서 경영자나 리더는 어떻게 해야 할까? 비상상황을 대비해서 비상 매뉴얼을 만들어 놓았지만, 바이러스에 의한 비즈니스 단절에는 속수무책이다. 이러한 위기 상황에 마음챙김은 효과적인 대응책이 될 수 있을까?

위기나 돌발 상황이 발생하면 사람들은 당황하거나 혼란에 빠진다. 여러 문제들이 동시다발적으로 터지면서 리더는 정신을 차릴 수 없는 지경에 이른다. 먼저 리더는 위기 상황을 있는 그대로 봐야한다. 상황을 있는 그대로 보기 위해서는 리더 스스로 마음챙김의 자세 확립이 중요하다. 당장 손실이 발생하고, 생산라인이 멈추고, 개발이나 영업이 계획대로 진행되지 못하면서 조직과 사람들은 혼란의 도가니로 빠져들어 간다. 이러한 위기나 돌발 상황에서 가장 먼저 취해야 할 일은 평정심을 찾는 것이다. 마음을 진정시키고 상황과 문제에 집중한다. 그리고 현재 일어나는 상황에 대해 정확한 문제점과 원인을 파악한다. 이처럼 자신과 조직이 직면한 상황에 대해 있는 그대로 보고 핵심 문제를 알아차리는 마음챙김의 자세가 무엇보다 중요하다.

그다음은 위기 상황이 가진 전체성과 상호 연관성을 파악한다. 핵심 문제가 무엇인지 파악했다면, 단기적 혹은 장기적 관점에서 처리할지, 전체 상황에 대한 통찰이 필요하다. 일반적으로는 문제 상황에 따라 단기적 조치를 먼저 취한 뒤에, 장기적 관점에서 문제를 해결하는 수순으로 나아간다. 그러나 위기나 돌발 상황에서 긴급한 조치는 24시간 혹은 48시간 이내에 이뤄져야 한다. 긴급한 문제나 위기 상황에서 비즈니스 골든타임은 3일 72시간 이내 대응을 강조한다. 짧고 긴박한 상황, 정보가 완벽하지 않은 상황에서 조치를 취하기란 쉽지 않다. 마음챙김은 상황이 가진 맥락과 연결성을 파악하여 문제의 원인을 파악하고 대비책을 마련하는데 도움을 준다.

끝으로 위기나 돌발상황을 해결하기 위해 객관적이며 이타적인 관점에서 대비책을 수립한다. 왜냐하면 위기 상황일수록 자기 조직이나 소속 부문의 생존을 위해 내부적 관점 혹은 조직 이기주의적 사고가 팽배할 수 있기 때문이다. 자기 조직의 책임을 면하기 위해 다른 이유를 찾거나 손쉬운 해결책을 제시할 수도 있다. 그럴 때일수록 핵심문제와 해결책에 대해 객관적 관점과 조직 전체의 시각에서 문제를 해결하는 것이 중요하다. 또한 문제 상황이 내부뿐 아니라 외부 고객이나 협력사, 사람과 관련된 문제일수록 이타적利他的 관점에서 해결책을 마련해야 한다. 특히 외부 고객이나 사람과 관련된 문제는 사람의 감정이나 정서와 관련이 깊다. 그러한 상황에서 고객이나 사람을 배려하지 못하면 또 다른 문제를 불러일으킬 수 있다. 마음챙김이 가진 자애의 마음은 리더로 하여금 이타적 해결책을 우선적으로 취하게 한다. 이처럼 불확실한 위기 상황에서도 마음챙김은 리더들에게 문제 상황을 있는 그대로 보고, 그 상황이 가지는 전체성과 상호 연관성을 파악하여, 객관적이며 이타적인 대비책을 세우는데 큰 도움을 준다.

리더의 비인격적 행위와 마음챙김

2014년 12월 5일, 미국 존 F. 케네디 국제공항을 출발하여 인천공항으로 향하던 대한항공 여객기가 출발을 위해 이동하던 중 갑자기 램프 유턴한 뒤 출발이 40여 분이나 지연된 일이 발생했다. 바로 '대한항공 땅콩회항 사건'이다. 당시 사건은 퍼스트 클래스석에 탑승했던 조현아 부사장이 객실 승무원의 마카다미아넛견과류 일종 서비스를 위해 "드시겠느냐"는 질문에, "무슨 서비스를 이렇게 하느냐"고 따지며 승무원에게 내리라고 소리를 지른 것에서 발단이 되었다. 조부사장은 승무원이 과자를 봉지째 건넨 것을 문제 삼은 것이다. 결국 비행기는 기수를 돌려 승무원 대신 사무장을 내려놓고 다시 이륙하였다. 이 사건에 대해 영국의 ≪가디언≫은 '땅콩 분노nuts-rang로 조사 받게 된 대한항공 임원'이라는 제목으로 상황을 보도했다. 이 사건은 전 국민의 공분을 쌓고, 해외 언론에서도 우리나라의 기업문화를 비판하는 기사를 쏟아냈다.

또한 이와 유사한 갑질 행태들이 사회적 공분을 일으켰다. '라면상무 사건'은 한 기업체 임원이 항공기 승무원에게 라면을 끓여 달라는 요구가 받아들여지지 않자 폭언과 폭행을 한 사건이다. 또 다른 사례로 원청 기업이 협력업체 직원에게 가한 갑질 사건이다. 대표적인 사례가 남양유업 영업직원이 대리점에 유제품 강매와 폭언을 가한 남양유업 대리점 갑질 사건이다. 이 사건으로 남양유업의 회사 이미지는 추락하고 영업 손실이라는 엄청난 피해를 낳았다. 남양유업은 이 사건 이외에도 다른 그릇된 행동들이 문제가 되면서, 회사 경영권까지 위협받는 사태에 직면하게 되었다. 이처럼 기업 내부와 외부에서 발생하는 리더의 비인격적 행위의 원인과 마음챙김 대응법을 살펴보자.

비인격적 행위의 원인

조직에서 리더가 비인격적 행위를 하는 첫 번째 이유는 개인의 성격이나 특성에서 찾을 수 있다. 대표적인 예로 외부의 자극에 쉽게 흥분하거나 감정조절이 잘 되지 않는 경우이다. 일반적으로 성격은 어렸을 때 형성되지만, 교육이나 타인과의 상호 작용을 통해 감정 조절과 상황 대처

능력을 습득하게 된다. 그러나 이 역시 개인차가 크고 성장기를 거치면서 가정과 사회에서 제대로 교육받지 못할 경우 일탈적 행동이 발생한다. 특히, 리더가 자신의 감정과 행동을 통제하지 못하는 상황에서 조직 내부나 외부의 견제가 이뤄지지 않을 경우, 일탈 행위의 빈도수는 높아질 수밖에 없다.

　리더의 비인격적 행위의 두 번째 원인은 조직문화적 요인에서 찾을 수 있다. 국무조정실에서 실시된 '국민의 갑질에 대한 인식' 설문조사 결과를 보면, '권위주의 문화'가 36.9%, '개인의 윤리의식 부족'이 26.5%, '가해자에 대한 처벌 부족'이 18.8% 순으로 나타났다.[1] 특히 우리나라 기업문화는 상명하복의 수직적 위계질서가 강하며, 리더를 절대 권력자로 인식한다. 위 설문조사에서도 '갑질을 당한 경우의 대처방안'으로 '그냥 참았다'라고 응답한 사람이 63.3%로 가장 많았다. 이처럼 상사의 권위적 행동이 광범위한 상황에서 직원들은 참고 견딜 수밖에 없다.

　또한 지금의 리더들도 사원일 때 참고 견디며 지내왔기 때문에, 권위적 행위나 폭언과 같은 비인격적 행동이 자신도 모르게 튀어나온다. 이런 행태가 반복되면서 비인격적 행동은 습관이 되고 조직에 손해를 끼치는 상황으로 발전하게 된다. 따라서 리더의 강압적 행동이나 폭언 등의 비인격적 행위를 용인하는 조직풍토를 바꾸지 않고서는 리더의 일탈은 계속될 것이다.

　리더의 비인격적 행위의 세 번째 원인은 경쟁이나 위기와 같은 경영 환경적 요인에서 찾을 수 있다. 상호 경쟁이 심화되고 돌발적인 위기 상황이 닥치게 되면 모든 생명체는 생존 모드로 전환한다. 갈수록 치열해지고 빠르게 변화하는 상황에서 리더 역시 정신을 차릴 수 없을 지경이다. 이러한 위급한 상황을 돌파하기 위해 리더는 권위적이며 독선적인 태도를 보이거나, 폭언이나 강압적 행동을 할 때도 있다. 예를 들어 미수금이 늘어나고 부채가 증가하는 경영압박 속에서 리더의 마음은 타들어 간다. 이런 상황을 제대로 모르는 직원들의 작은 실수나 문제가 리더의 감정을 폭발하게 할 때가 있다. 물론 이처럼 위급한 상황이라도 타인의 마음을 해치는 행위가 정당화될 수는 없다.

종합하면 리더의 비인격적 행위는 개인적 성격이나 특성, 조직문화, 그리고 환경적 요인에서 기인함을 알 수 있다. 이 세 가지 요인들은 서로 분리되어 있기보다는 각 요인들이 서로 영향을 미치면서 증폭되는 경향이 있다. 경영환경이 악화되는 상황에서 조직 차원의 문제, 즉 생산성이나 수익성과 같은 문제가 발생할 경우, 조직 차원에서 문제를 회피하거나 개인이 잘못을 인지하지 못할 때 감정의 뇌관은 폭발한다. 이러한 악조건 속에서도 리더가 감정을 통제하고 인격적 행동을 할 수 있는 방법은 무엇일까?

비인격적 행위를 방지하는 마음챙김

리더의 권위적이며 비인격적 언행을 막기 위해서는 개인과 조직 차원에서 대책이 필요하다. 먼저 조직적 차원에서 비인격적 행위를 방지하기 위해서는 제도와 교육적 접근이 필요하다. 먼저 리더가 비인격적 폭언이나 행동을 할 경우 처벌을 공식화함으로써, 조직 전체에 명확한 신호를 줄 필요가 있다. 상급자라고 하더라도 하급자, 또는 외부 고객이나 협력사에 강압적 행동이나 폭언을 하면 엄격한 제재에 처해진다는 점을 인식할 필요가 있다. 제도적 벌칙조항은 가장 빠르며 가시적인 효과를 낳는다.

조직 차원에서 비인격적 행위를 방지하기 위한 또 다른 방법은 비인격적 행위의 심각성과 피해를 인식시키는 교육이나 코칭 프로그램을 실시하는 것이다. 조직문화 차원에서 비인격적 행동을 배격하고 그 결과 발생하는 폐단을 정확하게 알리고 회사의 제도로 벌한다는 점을 강조한다.
또한 비인격적이며 권위적인 언행으로 지적받거나 예견되는 리더에게는
1:1 코칭을 통해 생각과 행동을 교정할 필요가 있다. 구성원들이 비인격
적 행위로 인식하는 리더의 언행 유형은 다음 <표 3-1>과 같다.

표 3-1 구성원들이 지각하는 리더의 비인격적 언행 유형2

1. 나를 비웃는다.
2. 나의 생각이나 내가 느낀 것이 멍청하다고 말한다.
3. 나의 의견을 묵살한다.
4. 사람들 앞에서 나를 깎아내린다.
5. 사행활을 침해한다.
6. 과거 실수나 잘못을 들춘다.
7. 업무에 많은 노력을 기울였는데도 인정해 주지 않는다.
8. 자신이 곤란한 상황을 면하기 위해 나를 비난한다.
9. 약속을 어긴다.
10. 다른 이유로 화가 났으면서 나한테 화를 낸다.
11. 나에 대해 부정적인 이야기를 다른 사람에게 한다.
12. 나에게 무례한 행동을 한다.
13. 내가 동료들과 상호 작용하지 못하도록 한다.
14. 나에게 무능하다고 한다.
15. 거짓말을 한다.

　　그렇다면 리더의 비인격적 행위를 막기 위한 개인적 차원의 마음챙김
방법은 무엇일까? 먼저 일상생활에서 자기인식력을 강화한다. 자기인식
Self-awareness이란 자신의 사고나 감정, 타인에 끼치는 영향, 강점이나 약
점, 지향성, 가치관 등 자기 내부에 있는 것을 충분히 깨닫는 것이다. 한마

디로 자기인식이란 '자신을 아는 것'이다. '자신을 안다'는 의미는 자신에
대해 있는 그대로 보고 받아들이는 것이다. 일반적으로 사람들은 자신의
강점이 좋아 보이고 단점은 싫어하는 경향이 있다. 그러나 자신의 강점도
나고 단점도 나다. 많은 리더들의 사고와 행동에서 쉽게 볼 수 있는 태도
는 어떤 일에 쉽게 흥분하거나 주도권을 잡고 자신의 뜻대로 일하고 싶어
하는 욕망이다. 이것은 많은 리더에게서 보이는 열정, 도전성, 자신감, 추
진력과 같은 강점이다. 그러나 이러한 강점들이 상황에 따라 절제되지 않
고 무분별하게 발휘될 때 강점은 문제점으로 바뀔 수 있다. 자신의 감정
을 제어하지 못하고, 지나치게 독선적이며 타인의 마음을 상하게 하는 언
행으로 나타난다.

　　리더는 자신의 마음속에 잠재되어 있는 욕망과 존재에 대해 제3자적
시각에서 보는 자기절제의 미덕을 키워야 한다. 자신의 욕망과 존재를 있
는 그대로 보고 받아들이는 대표적 수단은 마음챙김 명상이다. 마음챙김
명상은 지금 여기에서 아무런 판단함이 없이 몸과 마음에서 일어나는 모
든 것들을 있는 그대로 보고 받아들이는 과정이다. 마음챙김 명상의 방법
에 대해서는 <2부>에서 자세히 다룰 것이다. 마음챙김 명상의 핵심은
자신의 호흡에 주의를 기울이면서 자신의 몸과 마음에서 일어나는 감각
과 느낌, 감정, 생각과 사고작용을 있는 그대로 보고 알아차리는 것이다.
가급적 정해진 시간과 자신만의 장소에서 자신을 알아차리는 공식명상을
수행하는 것이 효과적이다. 이러한 자기인식의 통찰을 통해 자기절제와
타인과 전체에 대한 자애심慈愛心이 강화된다.

　　또 다른 방법은 돌발 상황에서 의식적 멈춤으로 마음의 공간을 마련
한다. 위기나 돌발 상황에서 리더의 비인격적 언행은 자신의 생각이나 감
정이 통제되지 않는 상황에서 발생한다. 대한항공 여객기에서 대기업 임
원이 라면을 끓여 달라는 요구가 받아들여지지 않자 승무원에게 화를 낸

이유는, 자신의 지시나 명령이 거부당했다는 권위에 대한 거부로 여겼기 때문이다. 그 순간 그는 자신의 생각과 감정을 통제하지 못하고 화를 폭발하였다.

이처럼 자신의 권위나 자존심에 상처를 입었다고 생각하는 일들은 일상생활에서도 흔히 일어난다. 부모와 자식 간, 직장에서 상사와 사원 간, 고객과 직원 간 다양한 상황에서 벌어진다. 고속도로를 달리고 있는데 갑자기 옆에 있는 차가 깜박이도 켜지 않고 차 앞에 끼어드는 경우를 생각해 보자. 뒤 따라오던 운전자는 갑작스러운 위급 상황에 화가 머리꼭지까지 뻗친다. 이때 경적을 울리거나, 육두문자를 내뱉거나, 차를 급가속하는 경우까지 발생한다. 모두 자신의 감정이나 생각을 통제하지 못하고 자동 반응하는 경우이다. 이것은 2장에서 살펴본 마음놓침의 상황이며, 감정 모드가 자동반응상태로 전환된 경우다.

자신의 감정이나 생각이 자동반응하는 마음놓침을 방지하기 위해서는 자신의 감정이나 생각에 마음챙김 상태를 유지해야 한다. 이때 효과적인 방법은 위기나 돌발 상황에서 자신의 감정이나 생각이 흥분되고 화가 났다는 것을 알아차려야 한다. 그렇다면 자신의 감정이나 생각 상태를 알아차리는 가장 빠른 방법은 무엇일까? 바로 생각과 감정을 멈추고 마음의 빈 공간을 마련하는 것이다. 마음의 빈 공간은 자신의 감정이나 기분의 변화를 알아차리고 즉흥적인 자동반응을 방지하는데 도움을 준다. 또한 감정과 생각의 멈춤을 통해 마음놓침에서 마음챙김의 상태로 전환한다.

불안이나 흥분된 감정이나 생각을 멈추고 빈 공간을 만드는 효과적인 수단은 자신의 호흡에 주의를 기울이는 것이다. 일반적으로 어떤 일에 화가 났거나 흥분될 때, 호흡을 크게 몇 번하면 마음이 가라앉는 경험을 해보았을 것이다. 비즈니스 상황에서도 마찬가지다. 자신의 가치나 생각과 다르다고 강압적 언행이 튀어나오려고 할 때, 큰 숨을 몇 번 들이쉬고 내

뱉으며 호흡에 주의를 기울이면 자신이 화가 났음을 알아차린다. 그러면 화나 흥분이 가라앉고 주변이 보이면서 타인의 이야기가 들리기 시작한다. 상황 개선을 위한 말이나 행동은 그다음에 해도 늦지 않다.

끝으로 위기나 돌발 상황에서 리더의 비인격적 언행을 방지하는 효과적인 방법은 상대방이 잘 되기를 바라는 이타적利他的 커뮤니케이션이다. 급박한 상황에서 상대방의 생각이나 의도를 제대로 파악하지 않고 즉흥적인 말이나 행동을 하는 경우가 많다. 그럴 때 한 말이나 행동이 또 다른 화근을 만든다. 이것을 방지하는 방법은 상대방을 하급자나 협력업체 직원이라는 구별 없이 모두에게 항상 이타적인 마음을 가지고 대화하는 습관이 중요하다.

특히 신세대 직장인들은 조직 구성원 간에 상호 존중과 공정, 자율과 같은 가치들을 중요하게 여긴다. 그들은 나이가 많거나 직급이 높다고 직원들에게 막말이나 일방적으로 지시하는 행위를 인정하지 않는다. 이와 같은 현실에서 비인격적 언행은 상대방의 마음을 상하게 할 뿐 아니라, 심한 경우 고소나 처벌에 처해질 수 있다. 대한항공 땅콩 회항으로 조현아 부사장은 형사상 처벌을 받았고, 대한항공은 항공법 위반으로 법적제재까지 받았다. 회사의 규정과 절차를 내세우기 위해서는 그것을 전달하는 커뮤니케이션에서도 상대방을 배려하고 인정하는 이타적 커뮤니케이션이 병행되어야 한다. 상대방을 존중하고 잘 되기를 바라는 마음으로 대화할 때, 상대방도 그의 말이나 지시를 온전히 받아들인다.

리더의 스트레스와 마음챙김

몇 년 전 어느 기업에서 임원에 대한 코칭 요청이 들어왔다. 보통 임원 코칭은 신임 임원 코칭을 하기에 연초에 많이 진행한다. 물론 수시로 발령이 난 경우 특별히 진행할 때도 있다. 회사에서는 그 임원의 조직이 몇 년째 성과가 부진하고 직원들의 이직이 늘어나서 담당 임원인 오상무에 대한 리더십 코칭을 요청했다. 다음은 연구개발 부서장인 오상무와의 코칭에서 나눴던 대화이다. 오늘날 리더들의 고민과 문제점을 생각해 보자.

김코치: 최근 연구개발팀을 이끌면서 어떤 어려움이 있습니까?

오상무: 우리 팀이 신제품을 개발하는 연구개발팀인데 개발 역량을 제대로 갖춘 연구원이 부족해요. 신입 연구원이 들어와도 제대로 실력을 발휘하려면 3년은 지나야 하는데 최근에 신입 연구원의 이직이 늘어나고 있어 고민입니다.

김코치: 연구개발 역량강화를 위해서는 실력 있는 연구원을 채용하거나 육성해야 하는데 채용하기는 쉽지 않을 것이고, 결국 신입이나 경력 연구원을 키워야 하는데 그들이 제대로 적응을 못하고 이직하는 것이 핵심문제라고 볼 수 있네요. 그럼 연구원들이 이직하는 핵심 원인은 어디에 있다고 생각하십니까?

오상무: 현실적으로는 급여가 중요하지만, 기본적으로 연구원들은 일을 통한 성장과 만족에 있다고 봐요. 그런데 개발한 신제품이 제대로 성능을 구현하지 못하거나 매출로 이어지지 못하면, 누군가는 책임을 져야 하고 개발 프로젝트를 축소하거나 폐기하죠. 그러면서 성공보다는 실패의 경험이 누적되면서 조직에 흥미를 느끼지 못하고 떠나는 경우가 많죠.

김코치: 그럼 사업이 잘되고 신제품 판매가 잘 이뤄지면 연구원들의 이직이 줄 것이라고 보시는지요?

오상무: 아무래도 개발한 신제품의 판매가 잘 돼서 사업이 잘되면 성과급도 늘어나고 일에 대한 만족도도 높아지겠죠. 근데 최근 3년간 우리 부서가 개발한 제품들의 판매가 점차 하락하고 개발 프로젝트가 중단되는 경우가 생기니 연구원들은 힘이 빠지죠. 작년에 연구개발을 축소하면서 인력들의 이직이 좀 많았죠. 신규로 인력을 충원했는데 아직은 많이 부족합니다.

김코치: 그렇군요. 아무래도 사업성과가 부진하면 담당 부서장의 고민이 많아지죠. 그래도 이 위기를 돌파해야 하는데 어떤 대책이 있습니까?

오상무: 사업이 부진한 것은 연구개발부서만의 책임은 아니죠. 영업과 마케팅이 함께
　　　고민해야 하는데 원팀플레이One Team Play가 잘 안되는 것 같아요. 그래서 올
　　　해 초에 영업과 마케팅, 연구개발이 모두 모여 태스크 조직을 만들어서 한계돌
　　　파 프로젝트를 진행했지요. 제가 총괄 지휘하고 있는데 그러다 보니 우리 팀 업
　　　무도 약간씩 놓치는 부분이 있더군요.

김코치: 그럼 연구개발팀도 이끌고 태스크 조직도 지휘하려면 상무님이 많이 바쁘시겠
　　　습니다. 어떤 어려움이 제일 크신지요?

오상무: 태스크 팀을 만들어서 초기 단계에서 동시 병렬적으로 진행하려 했지만, 영업
　　　이나 마케팅 조직에서 역량 있는 멤버를 보내줘야 하는데 주니어급 인력들을
　　　보내줘서 속도감 있게 진행하지 못한 것이 제일 어려운 문제였죠. 한 사람이 두
　　　개의 조직에 소속되어 일하니 그들도 힘들 거예요. 그리고 우리 팀 과제는 각 파
　　　트장들에게 위임을 했지만 어렵다는 이야기만 올라오고. 그럴 때 제가 감정을
　　　잘 통제해야 하는데, 일이 제대로 진행되지 않으면 화부터 올라와서 큰 소리를
　　　치는 경우가 가끔 있었죠. 사실 파트장들과 연구원들만의 책임이 아닌 줄 알지
　　　만 일을 진행하려면 어쩔 수 없더군요.

김코치: 코칭 전에 인사팀에서 오상무님의 리더십에 대한 이야기를 들었습니다. 팀원들
　　　에게 강압적인 지시나 명령으로 팀원들의 의견을 잘 반영하지 않는다는 평가가
　　　있더군요.

오상무: 저도 압니다. 인사팀에서야 그렇게 평가를 하겠죠. 그러나 제품을 개발하는 연
　　　구개발팀은 제대로 개발이 안되면 끝이에요. 제품개발이 잘 안되거나 매출이
　　　부진하면 실패에 대한 책임은 결국 영업이나 연구개발부서가 지는 거예요. 지
　　　원부서 사람들이 그것을 알까요?

　오상무와의 코칭이 종료된 지 1년이 지난 시점에 그에 대한 소식을 들
었다. 오상무가 심혈을 기울여 직접 상품기획과 마케팅을 진행한 제품이
아직 고전 중이라는 이야기를 들었다. 더 안타까운 일은 오상무의 건강이
나빠져서 병원에 입원했다는 점이다. 당시 오상무와의 코칭 대화에서 그
가 가장 눈빛을 밝혔던 때는, 연구원 시절 늦게까지 남아서 제품개발에

대해 선배들과 토론하며 이야기를 나눴던 시절이라고 했다. 자신의 청춘
이 묻어나는 연구실로 다시 돌아와 열정적인 그의 모습을 볼 수 있기를 기
원해 본다.

업무 스트레스에서 마음챙김

많은 직장인들이 일을 하면서 스트레스를 받는다. 특히 조직을 책임
지는 리더는 일반 직원들보다 스트레스의 강도가 더 높다. 실제로 조직
내 임원들에 대한 스트레스 설문조사 결과를 보면, 대기업 임원의 46%가
우울증이나 스트레스 증후군으로 병원치료를 받은 경험이 있다고 한다.[3]
리더들을 육체적 혹은 정신적으로 힘들게 하는 업무 스트레스의 원인과
대책에 대해 살펴보자.

스트레스 현상을 처음으로 발견한 사람은 1936년 캐나다 맥길대학교
한스 셀리에 박사이다. 그는 스트레스란 '어떤 압력이나 요구에 대한 유
기체의 불특정 반응'이라고 정의했다. 스트레스 유발 자극이 외부 사건뿐
만 아니라 유기체 내부의 생각이나 감정일 수도 있다는 점에서 복잡해진
다. 또한 그는 스트레스 상황에 적응하려는 시도가 실패하면 질병이 생긴
다고 강조했다.[4] 이러한 스트레스 개념을 조직에 대입해 보면, 직장의 업
무 활동 과정에서 유발되는 자극에 대한 불특정 반응이라고 할 수 있다.

그렇다면 리더들이 스트레스를 받는 원인은 무엇일까? 한 언론사의
설문조사 결과를 보면, '부하직원이 일을 못할 때'가 29.6%로 가장 높았
고, 다음은 '스스로 한계를 느낄 때'가 21.4%, '업무 문제로 책임져야 할
때'가 14.3%, '상사에게 질책을 받을 때'가 10.2%로 나타났다.[5]

이러한 설문조사 결과는 위의 오상무의 사례와 유사하다. 특히 임원
의 경우 성과나 실적에 따라 자신의 직이 걸려 있기 때문에 업무 스트레스

의 강도는 더욱 높다. 오상무 역시 가장 큰 문제가 연구개발 팀원들의 역량 문제를 지적했다. 성과를 내기 위해서는 문제를 해결할 수 있는 역량 있는 인재가 필요하다. 그러나 업무가 제대로 진행되지 못할 때, 리더는 해당 직원들에게 화를 내거나 조급함을 드러내게 된다.

이와 같이 리더가 업무 추진과정에서 스트레스를 받게 될 때 효과적인 마음챙김의 방법은 무엇일까? 긍정심리학의 대표적 연구자인 마틴 셀리그먼 박사는 이러한 스트레스에 대해 '문제는 스트레스 유발 자극 자체가 아니라, 자신이 그 문제를 어떻게 바라보고 다루는가에 달려있다'고 강조했다. 또한 존 카밧진 교수는 그의 책 『마음챙김 명상과 자기치유』에서 사람들이 스트레스에 효과적으로 대처하기 위해서는 자신의 내부와 환경에서 '무엇이 진행되고 있는가'에 대해 알아차리는 것이 중요하다고 강조했다.

셀리그먼과 카밧진 교수의 견해를 종합해 보면, 스트레스에 대한 효과적 대처법은 먼저 '스트레스를 어떻게 바라보고 이해하는가'이다. 즉, 스트레스는 당사자의 수용에 따라 달라진다. 리더의 하루 일과를 보면, 회의나 보고의 연속이다. 또한 문제가 발생하면 해결방안을 강구하고, 목표 달성을 위해 추진 과제를 점검한다. 일을 하다 보면 하루도 조용한 날이 없다. 늦은 귀가와 불규칙한 식사, 업무 관련한 스트레스는 리더의 정신적 육체적 건강을 해친다. 이런 상황에서 자신의 일에서 발생하는 스트레스를 없애기 위해서는 문제 상황을 있는 그대로 바라보고 그 결과를 수용하는 태도가 필요하다. 특히 코로나19가 전 세계를 휩쓰는 상황에서 일부 업종을 제외하고 대부분의 업종은 실적 부진과 목표 미달성의 결과를 낳았다. 고객을 만나지 못하는 상황에서 직원들을 닦달한다고 매출을 억지로 만들 수도 없다. 최선을 다하되 결과를 받아들이는 것이 스트레스를 줄이는 첩경이다.

다음은 리더 스스로 마음의 여유를 가져야 한다. 이런 말을 하면 일부 독자는 속 편한 이야기를 한다고 생각할 수 있다. 실적 압박이 강한 현실에서 여유란 사치라고 생각할 수 있다. 목표 달성을 다그쳐도 시원치 않을 판에 여유있게 생각하라는 말은 현실을 모르는 인사로 낙인 찍힐 수 있다. 그러나 급할수록 돌아가라는 말이 있다. 돌발 상황이 발생하고 위급할수록 개인이 혼자서 할 수 있는 일은 생각보다 많지 않다. 조직은 조직으로 일하는 시스템을 만들어야 한다. 여유란 개인에서 나오는 것이 아니라 조직 시스템에서 나온다. 리더가 여유를 가지기 위해서는 일의 목표가 명확해야 하며, 팀원 각자의 업무가 역할과 책임에 따라 명확히 배분되어야 한다. 또한 직원들이 과업을 수행할 수 있는 환경과 자원을 마련해야 한다. 이러한 업무체계가 구축되면 직원들은 알아서 일을 하며, 자연스럽게 책임과 권한이 위임되고, 최선을 다하는 조직 분위기가 만들어진다.

위의 오상무의 사례에서 보듯이, 자신이 많은 일을 할 수밖에 없는 환경에서 리더는 고달플 수밖에 없다. 더구나 리더 자신이 기존 팀 이외에 동시에 태스크 조직을 맡는 경우 어려움은 더욱 가중된다. 자신이 태스크 조직에 올인하기 위해서는 기존 팀의 과업은 중간 관리자들에게 위임해야 한다. 많은 리더들이 바쁘고 시간이 부족하다는 인식하에 서둘러 결과를 만들려고 한다. 그 결과 리더 자신이 일에 깊숙이 뛰어드는 경우가 많다. 조직의 리더는 축구로 치면 감독과 같은 역할을 한다. 리더는 자신을 선수로 오인하는 순간 선수와 감독, 코치의 역할은 뒤죽박죽이 되고 자신이 지휘하고 자신이 일을 하는 우스꽝스러운 상황을 연출할 수 있다. 리더에게 주어진 가장 중요한 역할은 일의 방향을 정하고 배분해서, 일의 진행 여부를 파악해 지원하는 일이다. 그다음 팀 업무를 지원하는 시스템을 구축한다.

이처럼 일과 스트레스의 상황에서 마음챙김은 조직의 전체 상황과 현재의 시스템, 구성원들의 역량과 역할을 있는 그대로 보고 대비책을 만드는데 일조한다. 일이 잘못된다고 화를 내거나, 조급하게 서두르면 더 큰 화를 만들 뿐이다. 스트레스 상황에서 마음챙김은 리더에게 자기통제와 마음의 공간을 만드는 힘을 제공한다.

관계 스트레스에서 마음챙김

조직에서 리더의 핵심 임무는 사람들이 일을 잘 할 수 있도록 여건을 조성하는 것이다. 위 오상무의 사례에서도 조직 간의 협업을 이끌어 내는 것과 사람들이 스스로 일하도록 동기부여하는 것의 어려움을 호소했다. 직원들이 스스로 일하도록 하기 위해서는 업무 시스템이나 프로세스와 같은 하드웨어 측면을 잘 갖추는 것도 중요하다. 이 점은 앞의 <업무 스트레스에서 마음챙김>에서 강조하였다. 또 다른 하나는 직원들을 동기부여 해서 스스로 일하게 하는가에 달렸다. 사람들을 동기부여하는 핵심 스킬이 바로 커뮤니케이션이다.

마음챙김은 혼자서 자신의 내면을 다스리는 것만은 아니다. 일상생활에서 살아있는 마음챙김이 되기 위해서는 지금 이 순간에 일어나는 상황에 대처하는 것이 핵심이다. 리더가 상황에 잘 대처하기 위해서는 마음챙김 상태에서 대화를 진행해야 한다. 마음챙김 말하기의 구체적인 내용은 <8장 바르게 말하기>의 내용을 참고 바란다. 여기서는 대인관계에서 마음챙김 대화 프로세스를 중심으로 살펴보자.

마음챙김 대화의 첫 번째는 상대방의 이야기에 주의를 기울이는 것이다. 모든 커뮤니케이션의 출발은 경청에서 시작한다. 많은 대화 모습을 보면 서로가 먼저 자신의 의견을 내세우기 위해 바쁜 모습을 볼 수 있다. 실제 회의나 모임에서 직원들과의 대화를 보면, 상사는 일방적으로 말하고 하급 직원들은 수동적인 자세로 듣는 모습을 자주 본다. 상대방이 자신의 말을 수용하는 첫 단추는 먼저 상대방의 이야기를 잘 들어주는데 있다.

표 3-2 마음챙김 대화 프로세스

1단계	경청	상대방의 이야기에 주의를 기울인다.
2단계	관찰	자신에게 일어나는 생각을 관찰한다.
3단계	연결고리	상대방의 의견과 내 생각의 연결고리를 알아차린다.
4단계	말하기	천천히 간결하게 말한다.
5단계	마음챙김	내 생각과 감정을 마음챙김하며, 상대방에게 주의를 기울인다.

　또한 경청은 상대방 이야기의 핵심 내용과 생각, 감정 등을 알아차릴 수 있는 중요한 정보를 제공한다. 이러한 정보와 사실관계를 제대로 파악하지 못하면 타인의 이야기를 오해하거나 상황에 대한 그릇된 이해를 가져와 잘못된 판단을 내릴 수 있다. 지금부터 대화과정에서 내 생각을 말하기 전에 우선 멈추고 타인의 이야기에 귀를 기울이는 습관을 만들어 보자. 당신은 경청을 통해 상대방의 마음을 움직일 수 있는 보물을 찾을 것이다.

　둘째, 대화과정에서 자신에게 일어나는 생각을 관찰한다. 상대방의 이야기를 귀 기울여 듣다 보면, 순간순간 말하고 싶은 욕구가 일어난다. 그때 말하고 싶은 욕구를 잠시 누르다 보면 말이 아닌 자신의 생각을 볼 수 있다. '아 새로운 아이디어가 떠오르는 구나', '내 속에 방어하고자 하는 욕구가 있구나', '내가 답답해하는 무엇인가 있구나', '이 문제를 돌파하고자 하는 의욕이 앞서구나' 등 다양한 자신의 속마음과 마주치게 된다.

　자신의 생각을 관찰하는 것은 상대방의 이야기에 주의를 기울이면서 동시에 일어난다. 때로는 상대방의 이야기는 듣지 않고 자신이 말하고 싶어하는 것만을 생각할 때도 있다. 그럴 때 내 마음속에 말하고자 하는 욕구가 강함을 알아차리는 것이 중요하다. 혹자는 '생각이 일어났다가 사라지면 말하고 싶은 것을 놓칠 수 있지 않느냐'며 걱정하는 분들도 있다. 때로는 말하고 싶은 생각을 잊을 수도 있다. 그러나 일어났던 생각을 잊어버리는 것보다 더 큰 문제는 잘못된 생각을 말하는 것이다. 상황과 상대방의 의사를 바르게 이해하고 내 생각이나 의견을 정확하게 전달하는 것이 더욱 중요하다.

마음챙김 대화의 세 번째는 상대방의 의견과 내 생각의 연결고리를 알아차리는 것이다. 여기서 연결고리란 대화의 맥락을 파악하는 공통 분모를 의미한다. 리더가 직원들과 대화를 하면서 가장 답답해하는 것은 팀원들이 리더의 말을 제대로 이해하지 못할 때이다. 일반적으로 리더에게 야단을 맞거나 잘못을 지적당하게 되면, 직원들의 뇌는 방어적 자세를 취해 생각의 회로가 작동하지 않는 경향이 있다. 이것은 머리를 한대 맞은 것처럼 정신이 멍해지는 현상과 비슷하다. 또는 해결책을 찾지 못해 갈팡질팡하는 복잡한 상황에서는 서로가 이해할 수 있는 공통의 주제에 대해 말하는 것이 중요하다.

가끔 대화를 하다 보면 이야기가 늘어지거나 관심 영역이 다를 경우, 대화의 주제를 바꾸려고 다른 의견을 꺼낼 때도 있다. 이때 상대방은 자신의 이야기가 무시당했다는 느낌을 받을 수 있다. 대화를 전환하거나 자신의 의견을 제시할 때, 대화의 맥락을 살펴서 공통의 주제로 말하는 것이 성공적인 대화의 핵심이다. 나의 생각과 상대방의 말 속에서 연결고리를 찾는 가장 효과적인 방법은 상대방의 이야기를 잘 듣고 자신의 생각이 무엇인지를 알아차리는 마음챙김에 있다.

그다음은 대화의 맥락을 파악하여 천천히 간결하게 말한다. 자신의 의견을 전달하기 위해서는 앞서 3가지의 과정, 경청 – 관찰 – 연결고리

찾기의 단계를 거친 후에 자신의 의견을 말한다. 혹자는 대화의 과정에서 언제 경청하고 관찰하고 연결고리 찾아서 말하느냐고 답답해할 수 있다. 그러나 대화의 핵심이 상대방이 이해하고 수용하여 실천하는데 있다면, 오해나 강압적 언행이 오히려 역효과를 가져옴을 직시해야 한다.

　마음챙김 말하기의 핵심은 천천히 간결하게 말하는데 있다. 자신의 주장을 유창한 표현이나 미사여구를 사용해서 장황하게 말하는데 있지 않다. 그것은 정치적 언술일 뿐이다. 리더는 자신의 의견을 명확하고 간결하게 말하고 정제된 표현을 사용해야 한다. 왜냐하면 미사여구를 사용하여 말이 많아지면, 지시사항이나 문제와 원인을 혼동하는 경우가 발생한다. 간결하고 핵심을 찌르는 말이 리더의 언어다.

　마음챙김 대화의 마지막 단계는 대화의 과정에서 자신의 생각과 감정을 마음챙김하며, 상대방의 이야기에 주의를 기울여야 한다. 앞의 4단계는 대화의 과정에서 순차적으로 반복된다면, 다섯 번째 단계는 마지막뿐 아니라, 대화의 순간순간에 반복적으로 이뤄진다. 자신의 말을 상대방이 제대로 이해하고 있는지 확인하며, 대화의 물꼬가 풀리지 않으면 다시 상대방의 이야기에 경청하고 다시 연결고리를 찾아야 한다. 이런 반복적 순환의 의미가 5단계에 들어가 있다.

　이러한 마음챙김의 대화 자세는 자신의 감정과 생각을 이해하며, 동시에 상대방의 동의와 협력을 이끌어 내는 힘을 내포한다. 또한 대인관계 마음챙김 대화법은 하급 직원뿐만 아니라 상급자와 이야기를 할 때에도 효과적이다. 특히 상급자의 경우 그의 이야기가 주는 의미를 제대로 파악하고 이야기의 연결고리를 찾아서 말한다면, 어떤 상황에서도 당황하지 않고 그 상황에 적합한 최적의 대안을 제시할 수 있다. 이처럼 마음챙김 의사소통의 핵심은 상대방의 의견에 주의를 기울이며, 타인과의 대화에서 자신의 생각과 감정을 알아차리는데 있다.

제 2 부

마음챙김 리더십 혁명

"자네 그동안 우리 회사에서 영업을 하면서 배운 것이 고작 그런 것뿐인가? 우리 회사의 생명이 무엇인가? 신용이 아닌가. 그런데 약의 효과를 빨리 내기 위해 마약 성분을 섞는다는 것은 소비자를 속이는 행위이고, 더 나아가 국민의 건강을 크게 해치는 일이네. 자네, 당장 사표를 쓰게!"

이 말은 유한양행의 창업주 고 유일한 박사가 당시 자사의 네오톤토닉이라는 강장제에 마약 성분을 추가하면 효험이 증대한다는 일부 직원들의 의견을 단호히 책망하며 했던 말이다. 당시 원기를 회복시켜준다는 약품 중에는 마약 성분이 포함된 약이 많이 유통되고 있었다. 유일한 박사는 회사의 작은 이익을 추구하기 위해 고객의 신뢰와 국민건강이라는 조직가치를 버리는 그릇된 행동을 단호히 배격하였다. 기업이 바른 길을 가기 위해서는 리더와 구성원 모두의 바른 생각과 행동에 달렸다.

2부의 핵심 내용은 마음챙김 리더십 모델과 실천 수단으로 5가지 바른 길(5正道)을 제시한다. 마음챙김 리더십은 마음챙김 명상 수련을 통해 '주의집중, 통찰하기, 지혜롭기, 자애롭기'라는 리더십의 4가지 축을 정립한다. 또한 비즈니스 현장에서 마음챙김 리더십의 실천 방법으로 '바르게 보기, 바르게 생각하기, 바르게 일하기, 바르게 말하기, 그리고 바르게 행동하기'라는 5가지 바른 길을 제안한다. 마음챙김 리더십이 기존 리더십과 다른 점은 마음챙김 수련을 통해 바른 리더십을 체득하는데 있다.

2부의 각 장 도입은 Y정공 신사장의 이야기를 통해 마음챙김 리더십의 핵심 내용을 이해할 수 있도록 스토리텔링 방식으로 구성하였다. 또한 마음챙김 리더십 실천의 5가지 바른 길을 습득하는데 도움이 되는 마음챙김 명상 방법과 실습 안내문을 각 장별로 배치하였다. 2부에서 마음챙김 리더십의 4가지 축과 5가지 바른 길을 통해 마음챙김 리더십을 체득하길 바란다.

제4장

마음챙김이 만드는 리더십 혁명

모든 준비는 끝날 것이다, 우리의 마음만 준비된다면. – 셰익스피어

마음챙김 리더십이란?

신사장이 명상 수련을 하는 이유

Y정공을 창업한 신사장은 인천에서 20년 넘게 기계부품 제조업을 해 왔다. 직원은 생산직을 포함해 15명이고 매출액은 50억 원 규모의 중소기업이다. 최근에는 경기가 좋지 않아 조업과 중단을 반복하고 있다. 코로나19가 서비스업뿐만 아니라 제조업 전반을 덮치고 있다. 신사장은 매일 아침 6시30분에 회사로 출근한다. 아무도 없는 빈 공장에서 당일 작업물량을 확인하고 자재 현황을 파악한다. 어제도 확인했던 사항인데 오늘 또 확인을 한다. 당분간은 주문한 물량을 맞출 수 있는데 앞으로가 더 걱정이다. 부품 재고가 바닥을 드러내 앞으로 주문이 와도 만들지 못하기 때문이다.

공장을 둘러본 신사장은 사무실로 돌아와 회의실 옆에 있는 창의룸에 들어간다. 창의룸은 명상실 이름이다. 신사장은 벌써 3년째 아침마다 30분간 명상과 간단한 요가를 해오고 있다. 신사장이 휴식과 재충전을 위해 찾아간 기업체 연수프로그램에서 마음챙김 명상을 배웠다. 그는 이전에는 명상을 왜 하는지 이해하지 못했다. 할 일 없는 사람이 가만히 앉아 멍때리는 것이 명상이라고 생각했었다. 그러나 3일 동안의 마음챙김 명상교육을 받으면서 명상에서 오는 평안과 행복을 깨닫게 되었다. 그다음부터 매일 30분에서 1시간씩 명상 수련을 해오고 있다. 다음은 신사장과 명상에 대해 나누었던 이야기의 한 대목이다.

김코치: 신사장님께서 매일 명상 수련을 하시는 특별한 이유가 있으신지요?

신사장: 특별한 이유보다는 몇 년 전부터 몸이 예전 같지 않다는 생각이 들었어요. 그때 우연히 명상 연수 프로그램이 있어 며칠 쉴 겸 참가했는데, 명상을 하다 보니 내 안에 있는 끝없는 걱정과 불안을 조금씩 내려놓는데 도움이 되었어요. 작은 기업이라도 경영을 하다 보면 문제도 생기고 갈등도 발생하거든요. 그때 마침 몸도 마음도 불편하고 힘들었는데 명상을 하면서 마음의 짐을 내려놓는 법을 배우게 되었죠. 그러다 보니 육신의 고통도 조금씩 나아졌고요. 육십이 넘는 나이에 몸이 아프지 않으면 거짓말이죠.

김코치: 명상이 몸과 마음의 치유에 도움된다는 점은 이해되지만, 혹시 기업경영에도 도움이 되는지요?

신사장: 명상이 기업경영에 도움이 되느냐는 질문은 좀 애매모호하네요. 어떤 측면에서는 직접 도움이 되기도 하고 간접적으로 도움을 주기도 합니다.

김코치: 어떤 측면이 직접 도움이 되는지요?

신사장: 우리는 명상룸을 창의룸이라고 지은 것도 문제가 있거나 어려움이 예상되면 생각해서 아이디어를 찾자는 의도에서 창의룸이라고 지었어요. 저도 그랬지만 처음에는 많은 사람들이 명상은 할 일 없는 사람들이 하는 것으로 생각했죠. 사실 명상을 할 때는 할 일이 없어요. 그냥 앉아있거나 요가동작을 할 때가 많죠. 그렇지만 명상을 하거나 요가를 하다 보면 불현듯 어떤 아이디어가 떠올라요. 때

로는 명상에서 하나의 과제에 집중하다 보면 해결안이 떠오를 때도 있어요.

김코치: 그렇다면 명상이 간접적인 도움을 주는 경우는 어떤 때인가요?

신사장: 처음에는 명상을 저 혼자 조용히 하다가 몇몇 직원들이 제가 명상하는 것을 보게 되었죠. 관심 있는 직원들이 함께 해도 좋으냐고 하기에, 점심시간에 희망하는 직원들도 같이 하게 되었지요. 이제 관심 있는 직원들이 늘어나 명상룸이 작을 정도죠. 경영자 입장에서 보면 사장과 직원이 함께 공감대를 형성하고 같이 할 수 있는 활동이 중요해요. 예전에는 술이나 밥도 많이 먹었지만, 이제는 종치면 집에 가기 바빠요. 저녁에 어떤 행사를 하는 것이 많이 조심스럽죠. 명상을 하다 보면 젊은 신입 직원이나 여사원들도 같이 명상을 하면서 느꼈던 점이나 여러 이야기를 함께 나눌 수 있는 분위기를 만들 수 있어 좋습니다.

김코치: 말씀을 들어보면 명상이 기업경영에 도움을 주는 것은 문제나 갈등이 있을 때 해결할 수 있는 아이디어를 찾는데 도움이 된다는 점. 그리고 관심있는 직원들과 함께 할 수 있는 활동이나 공감대를 형성하는데 좋다는 말씀이군요. 혹시 이 점 이외에 명상을 통해 변화된 것이 있는지요?

신사장: 사실 명상을 하면서 가장 많이 바뀐 점은 나 자신과 타인을 대하는 태도가 달라졌다는 점입니다. 예전에는 어떤 일이 풀리지 않거나 문제가 생기면 화를 내거나 다그치는 경우가 많았죠. 그러다 보니 술도 늘어나고 화병도 생기게 되었죠. 근데 화를 낸다고 다 해결되는 것이 아니더군요. 오히려 내 몸과 마음이 망가지고, 직원들의 마음을 상하게 하더군요. 명상을 통해서 마음을 다스리고 모두에게 유익한 답을 찾게 되었죠. 그리고 직원들의 잘못이나 문제도 그들의 입장에서 좀 더 생각하게 되더군요. 물론 모든 것이 그렇지는 않아요. 아직도 화를 내거나 다그치는 경우도 있어요. 그렇지만 예전보다 화를 내는 횟수가 줄어들고 나 스스로 그렇게 노력하려는 마음과 자세가 달라졌다고 할까요?

김코치: 마지막 말씀이 명상을 하는 핵심이라 생각됩니다. 명상이 직접적인 문제해결에 도움도 되지만, 일을 대하는 생각과 태도의 변화, 즉 상대방의 입장을 이해하는 마음, 전체적인 관점에서 문제를 해결하려는 자세가 중요하다는 점, 저도 공감합니다.

　　일반적으로 명상은 개인의 심신 건강을 위해 많이 수련한다. 그런 명상을 기업현장에 접목하는 시도가 조금씩 늘어나고 있다. 위 중소기업을 운영하는 신사장의 사례는 마음챙김 명상이 경영자나 관리자의 리더십에 어떻게 도움을 주는지 보여주는 좋은 사례이다. 물론 명상 그 자체가 기업경영에 직접적인 솔루션을 제시하지는 않는다. 그러나 명상은 사람들의 생각과 행동을 변화시켜 기업 경영과 조직문화에 혁신을 가져온다. 이처럼 마음챙김 리더십은 조직의 근본적 변화를 불러오는 엔진과 같다.

마음챙김 리더십은 바르고 선한 영향력

　　리더십에 대한 정의는 학자마다 다양하다. 그중에서 상황적 리더십을 주창한 폴 허쉬와 켄 블랜차드는 리더십은 '주어진 상황 하에서 개인이나 집단의 목표 달성을 위한 활동에 영향을 미치는 과정'이라고 했다. 또한 미국의 리더십 대가인 존 맥스웰은 한마디로 리더십은 '영향력'이라고 정의했다. 종합하면 리더십은 주어진 목표를 달성하기 위해 타인에게 미치는 영향력이라고 할 수 있다. 자신의 영향력의 원이 얼마나 큰가에 따라 개인이 미치는 리더십의 범위는 달라진다. 진정한 리더십은 단지 직책이나 위치에서 나오는 것이 아니라 개인이 가지고 있는 인성과 전문성, 태도, 사고와 행동 모든 면에서 나온다. 그 사람이 가지는 영향력의 크기가 리더십의 힘을 결정한다.

　리더십은 타인에게 영향을 미치지만 강제성이 아닌 스스로 따르고자 하는 마음을 이끌어 내는 것이다. 따라서 리더십은 기술이 아니라 종합예술에 가깝다. 구성원들이 조직의 경영자나 관리자의 지시를 따르는 것은 단지 그가 상사나 직책자이기 때문만은 아니다. 상사라고 해도 잘못되거나 권한을 벗어나는 지시는 거부할 수 있다. 그러나 부하 직원의 입장에서 상사의 그릇된 지시를 거부하고 싶지만, 현실에서는 따를 수밖에 없다. 그러한 상황에서 제대로 된 결과를 만들기는 어렵다.

　여기서 알 수 있는 것은 리더십은 영향력이지만 스스로 따르는 영향력, 즉 자발적 수용을 이끌어 내는 것이 핵심이다. 마음챙김 리더십은 이처럼 구성원들의 자발적 수용을 이끌어 내는데 포커스를 둔다. 앞서 1장에서 마음챙김이란 '지금 여기에서 아무런 판단함이 없이 일어나는 모든 것들을 있는 그대로 보고 받아들이는 것'이라고 했다. 마음챙김은 앉아서 명상을 할 때만 마음을 챙기는 것이 아니다. 밥을 먹을 때나 출근할 때나 일을 할 때나 항상 마음챙김의 자세로 생활함을 의미한다. 마음챙김이 생활 습관이 되면, 비즈니스에서 일어나는 일에 대한 깨달음과 공감을 이끌어 내는 힘을 가진다. 일찍이 스티브 잡스는 평소 마음챙김 명상에 대해 다음과 같이 말했다.

"마음을 관찰하다 보면 마음이 고요해지고, 마음에 더 미묘한 것들을 들을 수 있는 공간이 생긴다. 그때 바로 직관이 피어나기 시작하고, 더 명료하게 사물을 보게 되며, 더 현재에 집중할 수 있게 된다."[1]

스티브 잡스는 마음챙김 명상을 통해 마음의 평온이 공간을 만들고, 그 속에서 직관과 집중의 힘을 얻게 된다고 강조했다. 애플의 혁신적 제품에는 스티브 잡스가 마음챙김 명상을 통해서 길러진 아이디어가 녹아있다.

마음챙김을 통해 형성되는 리더십이란 무엇인가? 마음챙김 리더십이란 '일어나는 모든 것을 있는 그대로 보고 받아들여, 바르고 선한 영향력을 발휘하는 행위'라고 정의할 수 있다. 앞서 리더십은 영향력이라고 했다. 마음챙김 리더십의 영향력은 바르고 선한 영향력이다. 리더가 '바르고 선한 영향력을 발휘해야 한다'는 말은 윤리 교과서에 나오는 평범한 말처럼 들릴 수 있다. 그러나 그 단순한 '바르고 선함'을 지속적으로 행위하기 어려운 이유는 무엇 때문일까? 신문의 사회면을 보면 일상생활에서 관행이라는 이름으로 묵인되거나, '남들도 다하는데 나 하나쯤이야'라는 무심결에, '어쩌다 보니 그렇게 됐다'라는 무의식적 행위 등 다양한 무심코 사건들이 난무한다. 지위고하를 막론하고 발생되는 무의식적 그릇된 행위를 어떻게 멈출 수 있을까? 항상 깨어있는 마음과 선한 의도를 스스로 가꾸는 마음챙김의 태도가 그릇된 행위를 멈출 수 있다.

비즈니스 상황에서 마음챙김 리더십의 의미에 대해 세부적으로 살펴보면, 먼저 마음챙김 리더는 비즈니스 현상을 '있는 그대로 보기' 위해 일어나는 모든 것들에 주의를 기울여야 한다. 혹자는 모든 일에 주의를 기울이면 신경쇠약에 걸리지 않느냐고 반문할 수 있다. 물론 마음챙김을 한다고 신경쇠약에 걸리지 않는다. 신경쇠약이란 '불안이나 공포의 상황에서, 자신의 마음을 놓친 상태에서, 정신없이 허둥거리는 과정에서, 정신을 잃고 극도의 피로의 상황에 내몰리는 것'을 말한다. 오히려 신경쇠약은 마음놓침의 대표적 상태다.

마음챙김 리더는 경영현장에서 일어나는 모든 것을 오감을 통해 자연스럽게 알아차린다. 어떤 때는 일어나는 현상이나 문제에서 걱정이나 불안의 마음이 생길 수 있다. 마음속에 불안이나 공포가 느껴지면 먼저 마음속에 불안과 공포가 일어난다는 것을 알아차린다. 그리고 불안과 공포를 불러오는 원인을 관찰한다. 그 불안과 공포가 막연한 두려움인지, 아니면 실제로 가시화될 확률이 높은 일인지를 객관적 시각에서 바라본다. 이처럼 마음챙김은 일어나는 어떤 일이라도 그 실체를 꿰뚫어 보며 담담히 받아들이는 힘을 가진다.

마음챙김 리더십에서 '받아들인다'라는 의미는 마음챙김의 과정을 통해 그 현상을 수용한다는 의미이다. 일반적으로 수용을 수동적 태도라고 생각하기 쉽다. 예를 들어 회사에서 생산한 제품이 불량이 나서 고객 클레임으로 막대한 손실이 발생했다고 하자. 그 상황을 받아들인다는 것은 조직의 손실을 그냥 감수한다는 의미가 아니라, 손실 발생을 수용하면서 동시에 대응하는 적극적 의도를 포함한다. 이러한 수용과 대응의 과정에서 통찰의 힘이 생긴다. 어떤 문제를 수용하면서 회피할 경우 불안과 공포가 따라온다. 그러나 마음챙김의 받아들임은 불안과 공포를 수용하면서, 문제 현상의 핵심 원인과 대안을 찾는 의도도 같이 일어난다.

마음챙김 리더십의 '바른'의 사전적 의미는 '말이나 행동 따위가 사회적인 규범이나 사리에 어긋나지 아니하고 들어맞다'라는 뜻이다. 한마디로 '사리에 맞다'란 의미이다. 마음챙김 리더십을 행하는 리더의 행동이나 의사결정은 규범이나 사리에 맞아야 한다. 이러한 바른 의사결정이나 행동은 구성원들을 설득하거나 동기부여를 통해 목표를 달성하는데 효과적이다. 이처럼 마음챙김의 바른 리더십은 리더에게 지혜와 자기통제의 힘을 키워준다. 마음챙김 명상에서 바른 의사결정은 효과적인 대안을 선택하는 지혜를 의미한다. 또한 올바른 사업 수행의 측면에서 볼 때 '바른'은 거짓이나 가짜, 허위 등 그릇된 사고나 행동을 방지하는 자기통제의 역할을 포함한다.

끝으로 마음챙김 리더십에서 '선함'이란 불선不善의 반대 의미이다. 여기서 불선不善이란 악한 말과 행동과 생각을 모두 일컫는다. 이러한 불선不善의 근원은 개인의 탐욕과 성냄 그리고 어리석음이라 할 수 있다. 따라서 선함이란 개인의 사욕이나 화냄 없이 지혜로운 말과 행동, 생각이다. 이러한 선함의 근원은 모든 사람의 행복을 바라는 자애심과 괴로움, 고통에서 벗어나기를 바라는 연민의 마음에서 나온다.

마음챙김 리더십 혁명은 인간개발이자 경제개발

지금까지 모든 혁명은 외부 세계나 환경을 바꾸는 시도였다. 그러나 외부 세상을 바꾸고자 하는 모든 시도들은 결국 실패로 돌아갔다. 세상을 제패했던 알렉산더 대왕이나 칭기즈칸도 자신들의 사후에 제국은 분열과 멸망의 길을 걸었다. 한때 잘나가던 기업들도 마찬가지다. 지속가능한 성장과 번영의 열쇠는 외적인 힘이나 물질이 아닌 내면의 가치와 마음에 달려 있다. 리더십 개발에서도 전문 지식과 스킬보다 모든 것을 객관적으로 보는 지혜와 자애의 마음이 핵심이다. 많은 리더들이 직원들과 조직의 변화를 요구하지만, 정작 문제의 핵심은 리더 자신임을 인식하지 못한다. 진정한 조직변화는 리더 자신의 변화이며, 그 출발점은 의식 변화에서 시작한다.

마음챙김 리더십 혁명은 마음챙김을 통한 참된 인간개발과 경제개발을 말한다.[2] 이러한 마음챙김을 통한 의식개발 – 인간개발 – 경제개발의 과정을 도식화하면 <그림 4 – 1>과 같다. 마음챙김 리더십 혁명은 마음챙김을 통한 자신의 의식개발에서 시작한다. 마음챙김은 지금 여기에서 일어나는 모든 것들을 있는 대로 보고 받아들이는 것이다. 이 단순한 행위를 통해 자기 내면을 객관적으로 바라보며 욕구와 동기를 알아차린다. 자기 내면에서 일어나는 생각과 감정을 꾸밈없이 있는 그대로 이해함으로써 나와 타인 전체를 객관적으로 판단하는 통찰력을 키운다.

　마음챙김 리더십의 의식개발은 기존의 지식과 역량의 행위 중심 축에서 지혜와 자애의 마음 축으로의 전환이다. 마음혁명은 보이지 않지만 개인의 태도와 행동을 통해 나타난다. <그림 1 – 1 리더십 빙산 모델>에서 보듯이, 마음챙김 리더십 전환은 자기 내면의 바탕인 사고와 감정의 변화를 통해 행동과 결과를 변화시킨다.

그림 4-1 마음챙김을 통한 인간개발과 경제개발

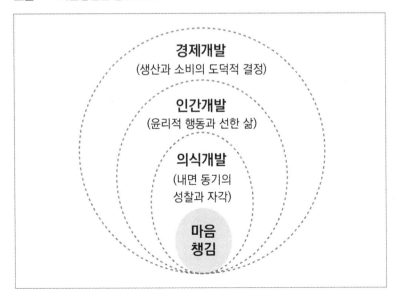

이러한 마음챙김 리더의 의식개발은 자신의 행동과 삶을 변화시킨다. 마음챙김 리더십은 자기 내면의 성찰과 자각을 통해 바르고 선한 영향력을 발휘한다. 자신의 마음속에는 크게 탐욕과 의욕 두 가지가 있다. 인간의 탐욕과 성냄, 어리석음은 이기적이며 비윤리적 행동을 낳는다. 이것은 경제학 원론에서 나오는 '인간은 이기적 존재'라는 명제로 합리화된다. 본래 인간은 이기적이지도 비이기적인 존재도 아니다. 인간의 행위는 상황과 조건에 따라 달라질 뿐이다. 이처럼 탐욕과 성냄, 어리석음이라는 이기적 마음은 욕망 충족의 행동을 불러온다. 결국 인간사회의 온갖 병폐는 이러한 이기적 마음에서 비롯된다.

반면 개인의 의욕과 자기통제, 통찰은 지혜와 참된 행복을 추구하며 윤리적 행동과 선한 삶을 낳는다. 이 과정은 <그림 4-1>에서 마음챙김을 통한 의식개발은 마음챙김 리더십이라는 인간개발로 나아간다. 즉, 마음챙김의 내적 성찰과 자각은 개인의 윤리적 행동과 선한 리더십을 개발하는 출발점이다. 개인의 윤리적 행동과 선한 삶은 인간을 이기적 존재가 아닌 이타적 존재로 승화하는 근본적 전환이 일어나게 한다. 이러한 이타적 존재로의 전환이 바로 마음챙김 리더십 혁명이다.

마음챙김 리더의 윤리적 행동과 선한 영향력은 생산과 소비의 경제적 활동에서 도덕적 결정을 이끈다. 이 과정은 <그림 4-1>의 마음챙김 리더십에 의한 경제개발을 의미한다. 경제는 인간사회의 핵심이다. 마음챙김 리더의 이타적 행동은 생산과 소비의 경제 활동에도 영향을 미친다. 조직에서 이 과정은 모든 존재에 대한 행복과 공생을 바라는 지혜와 자애의 마음을 배양한다. 또한 자율과 위임의 마음챙김 경영혁명을 가져온다. 마음챙김 리더십을 통한 경제개발은 <3부>의 마음챙김 경영혁명과도 연결된다.

마음챙김이 리더십 혁명을 불러오는 이유는 리더 내면의 성찰과 자각

이 이타적 존재로의 의식 전환을 가져오기 때문이다. 이러한 마음챙김 의
식혁명은 지혜와 자애의 마음챙김 리더십을 개발하고, 조직을 행복 플랫
폼으로 변화시킨다.

마음챙김 리더십의 4가지 축

　지금까지 리더십 이론은 머리로 이해하는데 초점을 두었다. 그러나
리더십은 가슴으로 이해하고 몸으로 익혀야 현실에서 제대로 된 영향력
을 발휘할 수 있다. 마음챙김 리더십은 마음으로 이해하고 몸으로 수련하
는데 역점을 둔다. 리더십을 몸과 마음으로 체득할 때 일상생활에서 행동
으로 나타난다.

　리더십을 수련하는 이유는 개인의 관점과 태도가 행동으로 나타나기
때문이다. 개인의 관점과 태도는 선천적으로 타고나는 것도 있지만, 후천
적으로 개발되고 영향을 받는 요인이 더 많다. 리더십에 대한 관점과 태
도를 개발하기 위해서는 많은 시간과 노력이 필요하다. 짐 콜린스가 레벨
5 리더십[3]에서 강조한 '개인적 겸양'과 '직업적 의지'는 지속적인 마음수
련의 영역이다.

　마음챙김 리더십은 마음챙김 명상을 기반으로 한다. 앞서 1장에서 살
펴본 명상의 4가지 과정그림 1-2 참고을 토대로 '마음챙김 리더십의 4가지
축'을 도출하였다. 마음챙김 명상 과정의 첫 번째 과정인 주의 기울이기
를 통해 '주의집중'의 힘을 키울 수 있다. 두 번째 과정인 알아차리기는 리
더에게 '통찰'의 힘을 배양한다. 세 번째인 존재 인식하기는 리더에게 '지
혜'의 힘을 개발한다. 마지막 네 번째 과정인 자애 일으키기는 리더에게
'자애심'을 불러일으킨다. 마음챙김 리더십의 4가지 축은 명상 과정의 각
요인과 연결되면서, 상호 영향을 미친다.

그림 4-2 마음챙김 리더십의 4가지 축

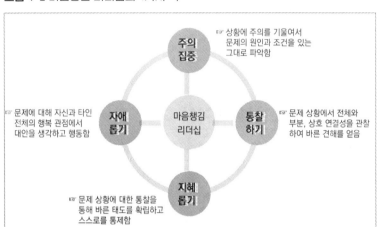

마음챙김 명상을 통해 개발된 주의집중, 통찰하기, 지혜롭기, 자애롭기를 마음챙김 리더십의 4가지 축으로 구성하면 <그림 4-2>와 같다. 마음챙김 리더십은 4개의 축을 기본 프레임으로 한다. 마음챙김 리더십은 마음챙김 명상 수련을 통해서 체득한다. 다음에서 마음챙김 리더십의 4가지 축과 수련 방법에 대해 살펴보기로 한다.

마음챙김 리더십 1축: 주의집중

마음챙김 리더십의 첫 번째 축은 상황에 대한 주의집중이다. 일상에서 발생하고 처리해야 할 다양한 일들에 주의를 빼앗겨 마음이 산란할 때가 많다. 대표적인 증상이 조그마한 자극에도 짜증을 내거나 화를 내는 경우다. 반대로 어떤 일에 너무 집중하다 보면 주변에서 일어나는 다양한 문제들을 인식하지 못하는 경우도 있다. 이처럼 일어나는 다양한 문제들에 적절한 주의를 기울이기가 쉽지 않다. 특히 중요한 의사결정을 내려야 할 때, 마음을 잡지 못하고 온전히 문제 상황에 주의를 기울이지 못하면 그릇된 결정을 내리기 쉽다. 그만큼 리더에게 일어나는 다양한 상황에 대한 현명한 주의 기울이기는 일을 올바르게 수행해 나가는 첫 걸음이다.

사람들은 어떤 일을 결정하기에 앞서 문제 상황에 관한 정보를 모은다. 그러나 많은 정보와 이야기들을 제대로 이해하지 못할 경우, 오히려 잘못된 편견에 빠질 수 있다. 마음챙김 리더십에서 '주의집중'은 상황에 주의를 기울여서 문제의 원인과 조건을 있는 그대로 파악함을 의미한다. 문제나 사물을 있는 그대로 보기란 문제의 핵심 원인과 조건을 찾는 것이다. 이때 리더는 어떤 편견이나 판단함 없이 있는 그대로 중립적으로 보고 들어야 한다.

주의집중을 위한 효과적인 방법은 앞서 1장에서 살펴본 마음챙김 명상 과정의 '주의 기울이기' 방법을 활용할 수 있다. 그러나 업무를 보면서 정좌명상 자세로 주의 기울이기는 불가능하다. 그때는 잠시 앉거나 선 자세에서 호흡을 가다듬고 숨이 들어오고 나가는 것에 10초 동안 주의를 기울여 본다. 여기서 주의집중은 어떤 하나의 일이나 생각에 집중하는 것이 아니라, 일어나는 모든 것을 있는 그대로 보고 알아차리는데 있다. 마치 돋보기로 햇빛을 모을 때 집중된 부위가 타버리듯이, 한 곳에 생각을 모으다 보면 하나의 생각에 빠져버릴 수 있다. 전체적 관점에서 문제 상황에 관한 다양한 정보를 있는 그대로 보고 편견 없이 받아들이는 중도적 태도를 갖춰야 함을 잊지 말아야 한다.

마음챙김 리더십 2축: 통찰하기

마음챙김 리더십의 두 번째 축은 상황에 대한 주의집중을 통한 바른 통찰이다. 2축은 문제로부터 핵심 원인을 파악하고 대안을 모색하는 통찰의 과정이다. 이러한 통찰은 상황에 대한 객관적인 정보와 이해를 통해 얻어진다. 또한 통찰은 문제나 상황에 대한 주의 깊은 알아차림에서 나온다.

일반적으로 상황에 대한 그릇된 판단을 하는 이유는 문제의 핵심 원인이나 조건을 잘못 파악하거나, 해결방안을 선정하는데 독단이나 편견에 의해 결정하기 때문이다. 문제의 원인이나 조건을 제대로 파악하기 위해서는 문제를 있는 그대로 보고 확인하는 주의집중이 요구된다. 그렇다면 문제 상황에 대한 독단이나 편견에 빠지지 않기 위해서는 어떡해야 할까?

독단이나 편견에 빠지지 않는 효과적인 방법은 먼저 타인의 의견이나 주장을 편견 없이 경청한다. 아무런 판단 없이 타인의 의견에 주의를 기울이다 보면, 자신의 생각이나 견해의 차이를 발견할 수 있다. 또한 올바른 판단을 하기 위해서는 문제 상황을 전체적 관점에서 상호 연관성을 볼 수 있어야 한다. 이처럼 통찰은 전체성Wholeness 속에서 나온다. 전체는 부분들의 결합으로 이뤄지며, 부분은 그 자체로 자립적 존재이다. 또한 전체는 부분의 연결에 따라 변화될 수 있다. 따라서 전체를 보기 위해서는 부분을 보아야 하며, 부분을 볼 때도 전체를 고려해야 한다.

그런데 전체를 보기 어려운 것은 왜일까? 그것은 문제가 조건과 상황에 따라 변화하기 때문이다. 전체를 본다는 것은 문제의 전체 상像을 알아차리는 것이다. 사물과 마찬가지로 문제 역시 전체와 부분의 모습은 다르다. 예를 들어 품질 불량의 경우 몇몇 작업자의 부주의로 인한 문제로 파악될 수 있다. 그러나 품질 불량을 조직 차원으로 확대해 보면, 작업표준을 준수하지 않거나 불량 검출 시스템이 구축되지 못했기 때문일 수 있다. 이처럼 문제의 전체성과 부분의 상호 연결성을 제대로 보는 힘이 통찰력이다.

마음챙김 리더십에서 '통찰하기'는 문제 상황에서 전체와 부분, 상호 연결성을 관찰하여 바른 견해를 얻는다. 리더가 문제나 사물에 대한 전체와 부분, 그리고 조건에 대한 통찰이 생기면 의사결정이 용이하다. 문제에 대한 전체적 통찰을 통해 해결방안을 찾고 실천할 수 있다. 효과적으로 통찰하는 방법은 앞서 1장에서 살펴본 명상 과정의 '알아차리기'이다. 명상 과정에서 알아차림은 몸의 감각기관인 눈, 귀, 코, 혀, 몸과 마음을 통해 다양한 현상들을 보고, 듣고, 냄새를 맡고, 맛보고, 접촉하고, 생각 등을 확인하는 것을 말한다. 예를 들면, 지금 눈앞에 화분이 보이면 '화분'이라고 알아차린다. 바깥에 차 소리가 들리면 '차 소리'라고 알아차린다.

　알아차림의 반대는 산란함이다. 마음이 산란해지면 차 소리가 들려도 차 소리를 알아차리지 못한다. 회사가 위기에 빠져 있는데도 경영진은 기존의 업력과 성과를 과신해서 고객과 시장의 변화를 놓치는 경우가 있다. 고객들이 자사 제품을 떠나 경쟁 제품으로 넘어가는데도 변화를 알아차리지 못할 때가 많다. 명상을 통한 알아차림 수련은 비즈니스 현장에서 일어나는 다양한 문제 현상의 본질을 알아차리는 데도 큰 도움을 준다. 이러한 통찰을 통해 비즈니스 상황에서 발생하는 문제의 본질을 있는 그대로 볼 수 있는 바른 견해를 얻는다.

마음챙김 리더십 3축: 지혜롭기

　마음챙김 리더십의 세 번째 축은 상황에 대한 통찰을 통해 문제해결의 지혜를 얻는다. 모든 문제의 초점은 올바른 해결방안을 찾는데 있다. 간단한 문제는 문제에 대한 알아차림을 통해 바로 해결안이 떠오른다. 그러나 복잡한 문제는 핵심 원인을 알아차렸더라도 해결방안을 찾기가 쉽지 않다.

　예를 들어 회사의 매출이 지속적으로 감소하는 상황에 직면했다고 하자. 매출감소의 원인으로 다양한 문제들을 지적할 수 있다. 세부 원인으로 제품이나 서비스의 불량이나 하자, 고객들의 클레임이나 반품의 증가, 충성

고객의 이탈률 증가, 경쟁사의 신제품 등장 및 시장 잠식, 물류나 영업비용
의 증가 등을 들 수 있다. 그러나 겉으로 드러나는 이러한 문제들의 핵심 원
인을 다시 볼 필요가 있다. 예를 들어 제품이나 서비스의 불량이나 고객 클
레임이 증가하는 이유는 무엇인가? 경쟁사의 신제품 출시에 비해 자사의 차
별화된 제품과 서비스를 제공하지 못하는 것은 무엇 때문인가? 진정한 통찰
은 눈에 보이는 것 이외에 눈에 보이지 않는 이면을 알아차리는데 있다.

　　마음챙김 리더십의 세 번째 축인 '지혜롭기'는 문제 상황에 대한 통찰
을 통해 바른 태도를 확립하고 스스로를 통제함을 의미한다. 여기서 바른
태도란 문제 상황에 대한 통찰을 통해 길러진 바른 견해를 바탕으로 해결
방안에 대해 바르게 생각하고 행동하려는 의지를 말한다. 또한 '스스로를
통제한다'는 의미는 리더 자신의 말과 행동에 대해 겸손하고 절제하는 태
도이다. 이러한 자기통제를 통해 문제나 상대에 대한 불쾌한 감정이나 생
각을 통제할 수 있는 리더십이 생긴다. 또한 업무 현장에서 리더의 간섭
을 최소화하며, 권한위임과 자율적 수행을 강화하는 기제가 된다. 문제에
대한 리더의 자기통제는 문제해결을 위한 구성원들의 참여와 공감대를
형성한다. 마음챙김 리더십의 지혜롭기는 문제해결에 대한 바른 태도와
자기통제의 힘을 키워준다.

　　마음챙김 리더십의 지혜롭기를 계발하는 효과적인 방법은 1장에서 살
펴본 명상 과정에서 '존재인식하기' 수련이다. 명상 과정에서 존재인식이
란 존재에 대한 본래의 성질을 이해하고 스스로 통제함을 의미한다. 예를
들어 내 안에서 느껴지는 불만이나 성냄의 근본 원인에는 내 안에 있는 과
도한 기대나 욕망에서 비롯됨을 알아차린다. 과도한 기대나 욕망은 자신과
타인을 힘들게 하고 사기를 떨어뜨려서 분노나 소극적 대응으로 나타난다.

　　특히 리더의 입장에서는 경기도 어렵고 적자가 계속 쌓이는데 한가롭
게 일하는 직원들을 보면 답답할 수 있다. 위기를 돌파할 수 있는 새로운

해결방안을 제안하거나 새로운 고객을 발굴하기 위해 동분서주하길 기대하지만, 눈에 보이는 직원들의 행동은 느긋하기만 하다. 이러한 인식들이 회의 석상에 참석한 직원들을 향해 분노의 화살이 날아간다. 속도 모르고 야단을 맞은 직원들은 갑자기 웬 날벼락이라며 눈을 내려 깔고 묵묵부답이다. 직원들은 말이 없고 리더의 메아리 없는 함성만 회의장에 울려 퍼질 뿐이다.

　명상을 통한 몸과 마음에 대한 주의 깊은 관찰 속에서 마음의 고요와 평정이 다가온다. 그 속에서 기존에 자신의 몸과 마음에서 알지 못했던 새로운 깨달음이 일어난다. 그 새로운 깨달음이 바로 지혜이다. 비즈니스 상황에서 문제는 대부분 위기나 위험을 내포한다. 비즈니스 문제나 위기 상황에 처할 때 평정심을 유지하기가 쉽지 않다. 극도의 불안과 긴장은 현실도피적 일탈이나 위법 행동으로 나타날 수 있다. 반대로 마음챙김 수련을 거친 리더는 불안과 위기 속에서도 평정을 찾고, 문제의 핵심 원인에 대한 균형 있는 해결책을 찾는다. 그것이 바로 마음챙김 수련을 통해 걸러진 리더십의 힘이다.

　마음챙김의 지혜롭기는 리더로 하여금 문제 상황에 대한 바른 통찰을 통해 효과적인 해결안을 찾는 과정이다. 이러한 과정에서 바른 태도와 자신에 대한 통제력을 강화시켜 직원들의 자발적 참여와 아이디어를 촉발시킨다. 마음챙김 리더의 지혜로운 태도와 자기통제는 직원들의 자발적인 참여와 헌신으로 집단지성Collective Intelligence을 발휘하는 중요한 동인이 된다.

마음챙김 리더십 4축: 자애롭기

마음챙김 리더십의 네 번째 축은 자신과 타인 전체에 대한 자애로움이다. 자애慈愛란 모든 사람들이 행복해지기를 바라는 방식으로 사람들에게 이익과 행복을 주려고 바라는 마음이다. 자애는 마음챙김의 가장 바탕이 되는 이타심利他心의 표현이다. 마음챙김 리더십은 지혜로움과 자애로움을 바탕으로 한다.

마음챙김 리더십의 '자애롭기'는 문제에 대해 자신과 타인, 전체의 행복 관점에서 대안을 생각하고 행동한다는 뜻이다. 리더가 문제 상황에 대한 바른 통찰을 통해 지혜로운 해결방안을 마련했더라도 실행 과정에서 자애로움이 없으면, 직원들의 자발적 참여와 헌신을 이끌어내기 어렵다. 많은 기업들이 위기 상황에서 최적의 대안을 마련해서 실행했음에도 불구하고, 위기를 극복하는 조직이 있고 그렇지 못한 회사들도 있다. 그 차이는 무엇 때문일까? 사람을 움직이는 힘은 바로 마음이기 때문이다. 평상시 직원들에 대한 애정과 신뢰가 형성되지 못했다면 위기 상황에서 직원들의 자발적 동참을 촉발하기는 어렵다. 이처럼 직원들에 대한 애정과 신뢰가 곧 자애로움이다.

문제 상황에 대한 해결방안이 실행단계에서 실효성을 발휘하기 위해서는 리더의 자애로움이 바탕이 되어야 한다. 리더의 자애로운 행동은 직원들의 문제에 대한 해결과 실행을 촉진시킨다. 구성원들도 리더의 자애로움을 느낄 때 자발심이 일어나고 자율 경영이 이뤄진다. 또한 리더의 자애로움은 조직 내 타인과의 소통이나 협업을 이끌어 내는데 효과적이다. 특히 문제가 조직 내부뿐만 아니라 외부 조직이나 지역사회와 관련된 문제의 경우 자애로움은 문제해결의 중요한 열쇠가 될 수 있다.

미국의 경영학자 톰 모리스는 그의 책『Beautiful CEO Good Company -윤리경영 WIN의 법칙』에서 다음과 같이 강조했다.

"비즈니스의 본질을 남의 주머니에 있는 돈을 내 주머니로 옮기는 일로 봐서는 안 된다. 우리는 비즈니스를 하나의 행위 예술, 사람들이 행복하게 살기 위해 파트너십을 발휘할 수 있는 구조를 창조하고 서로 따뜻한 관심으로 보아야 한다."

비즈니스의 세계는 강자가 이기고 약자가 지는 정글의 법칙을 닮았다. 그러나 비즈니스의 세계가 정글만이 아닌 이유는 아름다운 경영을 하고자 하는 기업들이 있기 때문이다. 최근 코로나19 사태와 같은 바이러스의 위험성을 이전부터 강조하면서, 바이러스 퇴치 투자에 힘써왔던 빌 게이츠와 같은 기업가도 있다. 그는 자신의 재산 중에서 1조 원에 가까운 돈을 투자하면서 바이러스 백신 개발에 투신해 왔다. 또한 가난한 나라나 부유한 나라 모두에게 치료할 수 있는 치료제와 백신 개발을 강조하는 선한 리더의 표상을 보여준다.

이러한 자애롭기를 습득하는 효과적인 방법은 9장의 자애명상 수련을 참고하길 바란다. 또한 일상생활에서 직원들에 대한 말과 행동에서 수련할 수 있다. 대표적인 예로는 직원들에게 경어를 사용하는 것도 유용하다. 특히 우리나라의 직장은 상명하복의 수직적 관계가 강하다. 이러한 상하관계 속에서 리더가 직원들에게 하대를 하는 경향이 많다. 상대방을 존중하는 한마디 말이 바로 자애로움의 표현이다. 또 다른 방법은 경청과 질문이다. 경청은 상대방의 말을 귀담아 듣는 자세이다. 상대방의 말을 잘 듣고 상대방의 아이디어를 끄집어 내는 질문도 자애로움의 표현이다.

마음챙김 리더십의 4가지 축은 마음챙김 명상 수련을 바탕으로 비즈니스 활동 속에서 길러진다. 이러한 마음챙김 리더십의 4가지 축은 다음에서 기술하는 마음챙김 리더십 혁명으로 가는 바른 길의 실천을 통해 이뤄진다.

마음챙김 리더십 혁명으로 가는 바른 길

마음챙김 리더십 혁명의 비즈니스 효과

마음챙김 리더십 혁명의 사례로 미국의 식품회사 제너럴밀스의 부사장인 제니스 마투라노의 사례를 보자. 그녀는 『생각의 판을 뒤집어라 Finding The Space to Lead』에서 마음챙김 리더십을 개발한 이유에 대해 다음과 같이 말했다.

> "조직의 리더였던 나는 목표를 달성하는 힘을 기르고, 더 큰 책임을 맡고, 생활 속에서 만나는 사람들과 더 깊은 관계를 맺고, 마음의 평온을 더 오래 유지하고 싶어서 마음챙김 수련을 했다. 그러므로 내가 개발한 마음챙김 리더십 수련은 스트레스 완화와 건강증진 프로그램의 일환이 아니라, 사람들을 리드하는 또 다른 방법이 될 것이다."

마투라노는 자신이 수행한 마음챙김 명상을 통해 자신의 내면을 개발하는 힘을 느꼈으며 그것을 업무에 적용한 결과, 마음챙김 리더십으로 발전했다. 마투라노가 강조한 마음챙김 명상의 중요성은 목표 달성의 힘, 책임감, 대인관계, 마음의 평온으로 정리할 수 있다. 마투라노의 말처럼 마음챙김 리더십은 거창한 방법론이 아니다. 자기 내면의 개발을 통해 조직에서 업무력과 대인관계, 마음의 안정을 찾는데 있다. 내면의 변화는 겉으로 드러나지 않는다. 보이지 않는 내면의 변화가 타인과 조직 전체로 스며들고 스스로 움직이는 역동을 만들어 간다. 마음챙김 리더십 혁명은 모든 존재가 스스로 변화하고 그 변화와 공존하는 마음혁명이다.

그렇다면 마음챙김 리더십 혁명이 비즈니스에 가져오는 효과는 무엇일까? 먼저 개인 차원에서 심신의 안정과 자기통제력을 키울 수 있다. 마음챙김 리더십 역시 마음챙김 명상을 기반으로 하기에 업무와 대인관계에서 오는 스트레스를 줄이고 몸과 마음의 평온을 찾는데 도움을 준다. 이러한 심신의 안정과 평온은 자신에 대한 절제와 겸손의 힘을 키운다.

또한 마음챙김 명상을 통해 개발된 평온과 자기통제의 힘은 타인과의 대인관계에서도 효과를 발휘한다. 마음챙김 리더십은 타인의 말과 행동을 배려하고 공감하는 태도를 중시한다. 이러한 배려와 공감은 마음챙김의 특성인 자애와 연민에서 나오는 이타심利他心을 강화한다.

직원에 대한 배려와 공감은 직원들이 스스로 결정하도록 하는 위임과 자율의 동기부여를 의미한다. 특히 마음챙김 리더십에서 위임과 자율은 무위無爲의 동기부여라고 할 수 있다. 여기서 무위는 아무것도 행하지 않는 의미가 아니라, 조건에 따라 스스로 이뤄지는 것을 말한다. 이것은 메마른 땅에 비가 오면 빗물은 스스로 물길을 내는 것과 같다. 무위의 동기부여에서 리더와 직원은 더 이상 상사와 부하의 관계가 아니다. 같은 길을 가는 파트너로서 서로가 도움을 주고 받는 동반자 관계이다. 이처럼 마음챙김 대인관계는 서로를 존중하는 윈윈win-win 파트너십을 바탕으로 한다.

끝으로 조직 차원에서 마음챙김 리더십 혁명의 효과는 개인의 경계를 넘어 조직 차원의 변화 수용과 협력을 일으킨다. 마음챙김 리더의 개인 차원에서 형성된 평온과 자기통제, 대인관계에서 만들어진 배려와 공감, 이타심과 무위의 동기부여는 조직 차원에서 변화의 수용과 협력을 낳는다. 제니스 마투라노는 『생각의 판을 바꾸어라』에서 문제를 제기하는 동료에게 다음과 같이 말했다.

"보십시오, 우리에게 좋은 아이디어가 없는 것 같지는 않습니다. 우리에게는 있습니다. 우리는 영리하고 창조적인 사람들입니다. 하지만 누군가가 새로운 아이디어를 제안할 때면 꼭 어떤 일이 생기네요. 테이블에 앉은 모든 사람이 동시에 달려들어 한마디씩 하네요. '그걸 할만한 돈이 없습니다.' '경영진은 절대 그걸 받아들이려고 하지 않을 겁니다.' '십여 년 전에도 비슷한 것이 있었죠.' '너무 오래 걸립니다.' 등등. 한숨 돌리며 그 아이디어가 쓸만한 건지 살펴보기도 전에 아이디어가 죽고 마는 겁니다."

마투라노가 제기한 회의에서 부정적인 발언들은 우리 조직들의 회의 모습과도 흡사하다. 그러나 조직의 문제에 대해 사람들이 차츰 각성하면서 스스로 문제를 제기하고 대안을 찾으려는 모습은 마음챙김의 힘이 구성원 전체로 확산됨을 보여준다. 변화의 힘이 확산되기 위해서는 구성원 상호 간의 강력한 연대감과 전체적 시각이 중요하다. 그러한 끈끈한 상호 연결성과 전체성을 바탕으로 변화에 대한 수용과 협력을 강화하는 강한 연결고리를 만든다. 이처럼 비즈니스 현장에서 마음챙김 리더십을 발휘하기 위해서는 먼저 마음챙김 리더십 혁명으로 가는 5가지 바른 길의 실천이 필요하다.

마음챙김 리더십 실천의 5가지 바른 길

마음챙김 리더십이 기존 리더십과 다른, 가장 큰 차이점은 단지 이론으로서 존재하는 것이 아니라 마음챙김 명상 수련을 통해 리더십 역량을 키우는데 있다. 많은 리더십이 이론으로는 존재하지만 실천방법으로 구체화된 사례는 드물다. 그러나 마음챙김 리더십은 마음챙김 명상 수련을 통해 자신을 인식하고 타인과 전체에 대한 통찰, 지혜와 자애심을 기른다. 이러한 수련 과정을 통해 경영 현장에서 리더는 마음챙김에 기반한 바른 말과 행동이 이뤄진다.

마음챙김 명상 수련을 통해 마음챙김 리더십의 4가지 축인 주의집중, 통찰하기, 지혜롭기와 자애롭기를 개발한다. 또한 탁월한 리더가 되기 위해서는 기존 리더십의 강점과 약점을 있는 그대로 보고 바꾸기 위한 노력이 필요하다. 마음챙김 리더십 혁명은 바른 태도가 바른 결과를 만들고, 그릇된 태도가 그릇된 결과를 가져온다는 인과의 법칙을 따른다. 따라서 비즈니스 성공을 꿈꾸는 사람들의 균형 있는 리더십 수련 방법으로 마음챙김 리더십 실천의 5가지 바른 길을 제안한다. 마음챙김 리더십 실천의 5가지 바른 길正道은 바르게 보기, 바르게 생각하기, 바르게 일하기, 바르게 말하기, 바르게 행동하기이다. 마음챙김 리더십의 4가지 축과 5가지 바른 길을 토대로 마음챙김 리더십 실천 모델을 구성하면 <그림 4－3>과 같다.

그림 4-3 마음챙김 리더십 실천 모델

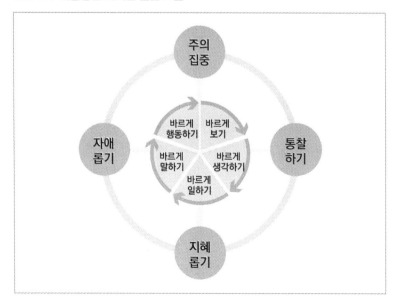

이 5가지 바른 길은 마음챙김 리더가 비즈니스 현장에서 지켜야 할 실천 계율과 같다. 리더는 5가지 바른 길을 실천함으로써 구성원들로부터 신뢰와 존경을 받을 뿐만 아니라, 성과 향상과 행복한 일터를 만들 수 있다. 비즈니스 현장에서 마음챙김 리더십을 발휘하기 위해서는 바른 리더십 습관을 갈고 닦아야 한다. 성공하는 조직에는 겸손과 자애, 지혜를 겸비한 마음챙김 리더가 있다. 마음챙김 리더십 실천의 5가지 바른 길은 성과와 행복의 균형 있는 리더십을 형성하는 지름길이다.

마음챙김 리더십 혁명으로 가는 5가지 바른 길은 불교의 8정도에서 리더십 행위에 핵심이 되는 5가지 요소를 추출하였다. 8정도는 불교의 기본 교리로 고통의 원인인 탐욕과 성냄, 어리석음을 없애고 깨달음의 세계로 나아가는 8가지 실천수행을 말한다. 붓다는 불교 경전인 ≪초전법륜경≫에서 8정도에 대해 다음과 같이 설명하였다.

> "이것은 괴로움의 소멸로 인도하는 도道 닦음의 성스러운 진리이다. 바로 8가지 구성요소를 가진 성스러운 도, 즉 바른 견해正見, 바른 사유正思惟, 바른 말正語, 바른 행위正業, 바른 생계正命, 바른 정진正精進, 바른 마음챙김正念, 바른 삼매正定이다."

마음챙김 리더십 실천의 5가지 바른 길은 불교의 8정도를 비즈니스 관점에서 재해석하여 구성하였다. 불교의 8정도가 괴로움의 소멸로 인도하는 도道 닦음이라면, 마음챙김 리더십 실천의 5가지 바른 길은 자신과 조직을 성과 향상과 행복 일터로 이끄는 실천 방법이다.

불교는 수행의 종교다. 올바른 깨달음의 길을 가려는 사람들은 8정도를 수행한다. 마찬가지로 성공 비즈니스를 꿈꾸는 리더는 마음챙김 리더십 실천의 5가지 바른 길 수련을 통해 바른 리더십 태도를 형성할 수 있다. 마음챙김 리더십 실천의 5가지 바른 길은 마음챙김 리더십의 4가지 축을 기반으로 바르게 보기, 바르게 생각하기, 바르게 일하기, 바르게 말하기, 바르게 행동하기의 5가지 바른 태도를 계발한다. 다음 장부터 5개의 장에 걸쳐 마음챙김 리더십 실천 5가지 바른 길의 수련 방법에 대해 살펴보기로 한다.

제5장

[마음챙김 리더십 실천1]
바르게 보기

마음챙김은 모든 선한 것의 뿌리이다. - 조셉 골드스타인

비즈니스 의사결정과 바르게 보기

의사결정에서 마음챙김의 활용

리더의 일상은 의사결정의 연속이다. 좋은 일이든 문제 상황이든 적시에 올바른 결정을 내리는 것이 리더의 핵심 일이다. 만약 리더에게 '경영활동에서 가장 어려운 일이 무엇이냐'고 묻는다면, 대부분 의사결정이라고 대답한다. 다양한 상황과 조건에서 올바른 결정을 내리기란 여간 힘든 일이 아니다.

다음은 인천 Y정공 신사장과 비즈니스 상황에서 의사결정의 어려움과 마음챙김 명상에 대해 나눈 대화의 한 부분이다. 비즈니스 의사결정과 실행 과정에서 명상 활용법을 생각해 보자.

김코치: 사장님의 하루 일과 대부분은 결정을 내리고 확인하는 일이라고 생각됩니다. 기업체를 운영하면서 의사결정하기 어려운 대표적인 일은 무엇인지요?

신사장: 모든 의사결정이 다 어렵지요. 가장 어려운 결정이라면 투자 의사결정이라고 생각합니다. 저희 같은 작은 회사에서 신제품 개발에 투자하기란 쉽지 않습니다. 국내 원청 기업에서 오더 주는 물품을 기한 내 제작해서 판매하는 것이 전체 매출의 80%를 차지합니다. 그 외에 해외 바이어가 요청하는 부품 매출이 20%를 차지합니다. 작지만 저희 업체도 특수 가공부품에 대해서는 자체 개발을 추진해서 해외 바이어들에게 직접 제품소개서를 보냅니다. 많지는 않지만 3년 전부터 매출이 조금씩 발생하고 있어요. 아직 규모가 작고 해외수출이다 보니 물류비와 관세 등을 고려하면 남는 것은 별로 없어요. 그렇지만 열심히 개발해서 레퍼런스를 쌓고 있어요.

김코치: Y정공에서 해외 수출도 하세요? 대단하십니다. 저는 국내 기업에만 납품하는 것으로 알고 있었는데 그렇지가 않는 모양입니다.

신사장: 5년 전부터 해외 바이어 요청 제품을 만들어 수출하면서 신제품에 대한 개발 요청이 가끔씩 들어옵니다. 이런 거 만들어 주면 팔아 주겠다는데 안 할 이유가 없죠. 신제품이 잘 팔리기만 하면, 매출도 올리고 대기업 의존도도 낮출 수 있어 일거양득一擧兩得 이지요.

김코치: 신제품이 잘 팔리기만 하면 대박이지만, 신제품을 만들기까지 개발비도 많이 들어가고 만든다고 해서 잘 팔릴지 알 수도 없지 않습니까?

신사장: 그렇죠. 저희 같은 작은 회사가 신제품 개발비로 1억을 책정하는 것은 쉬운 결정은 아니죠. 개발비는 날릴 수도 있지만 개발을 위해 사람을 빼는 것은 더욱 어려운 일이었죠. 기술부서의 유능한 사원을 빼야 하니 기술팀장은 반대를 하죠. 그렇지 않아도 사람이 없어 납품할 제품을 생산하기도 빠듯한 것이 현실이에요. 처음에 신제품 개발을 맡은 이과장의 역할이 컸죠. 기존 제품 제작보다 신제품 개발에 열정을 가지고 매달렸어요. 양산에 문제가 생기면 가서 해결해 주고, 다시 올라와 사원 한 명과 같이 제품개발에 거의 1년을 매달렸어요. 시간은 가는데 성과는 나오지 않으니 공장장과 기술팀장은 신제품 개발을 포기하자고 주장했죠. 거기에 경영관리팀장마저 자금 부족을 이유로 개발중단을 거

들고 나섰죠.

김코치: 그럼 공장장과 다른 팀장들의 반대를 어떻게 극복하셨는지요?

신사장: 그때 제가 김코치님에게 배운 현대자동차 정몽구 회장의 미국진출 사례를 직
　　　　원들에게 설명했죠. 중소기업인 우리가 대기업의 영원한 하청으로 살다가 같이
　　　　죽을 것인가 아니면 우리 나름의 제품을 가지고 미래의 생존 길을 만들 것인지
　　　　를 선택하라고 했죠. 한 시간이 지난 뒤 회의장에 다시 들어가 팀장들의 의견을
　　　　들었어요. 직원들도 알고 있었죠. 대기업의 마진이 갈수록 박해지고 언제든지
　　　　가격을 이유로 중국 기업으로 돌아설 수 있는데 우리도 살 길을 찾아야 했던 것
　　　　이죠. 팀장들도 어렵지만 신제품 개발을 지원하겠다고 약속했죠. 그 덕택으로
　　　　6개월의 시간이 걸려 신제품 개발을 마무리 하고 해외 바이어에게 제품 소개서
　　　　를 보내 수출의 활로를 열었죠. 작년부터 그 제품의 매출이 조금씩 늘어나고 있
　　　　어요. 그리고 우리 회사 제품에 대한 인지도도 한결 높아졌죠.

김코치: 신제품 개발과 판로 개척까지 1년 6개월 이상이 걸렸는데, 직원들이 지원해 준
　　　　다고 해도 사장님의 마음 고생이 심했을텐데 어떻게 극복하셨어요?

신사장: 신제품 개발을 하면서 만든 것이 바로 창의룸입니다. 그 방이 처음에는 신제품
　　　　을 연구개발하는 공간이었습니다. 연구개발하다가 어려움에 닥치거나 아이디
　　　　어가 막히면 잠시 휴식을 취하면서 직원들과 함께 명상을 하곤 했어요. 원래 아
　　　　침에 제가 명상을 하던 공간이었기에 룸의 한편에 요가 매트가 놓여 있었어요.
　　　　명상 CD도 있었죠. 개발이 막힐 때마다 명상을 하면서 아이디어와 해결 포인트
　　　　를 생각했어요. 이상하게 혼자 할 때보다 직원들과 함께 할 때 서로 아이디어
　　　　도 잘 나오고 어려운 문제도 해결되었죠. 특히 명상을 하면 대화 중에는 보이지
　　　　않던 문제의 본질이 보이고 직원들이 말하고 싶은 본래의 목소리가 들렸습니
　　　　다. 또한 너무 제 위주의 강요와 고집을 반성하기도 했죠. 모두 김코치님이 전해
　　　　주신 마음챙김 명상이 어려움과 갈등을 해결하는 촉매제가 되었죠.

마음챙김 의사결정에서 바르게 보기

위 신사장의 사례에서 보듯이 마음챙김 리더십은 마음챙김 명상을 하는 과정에서 자연스럽게 발현된다. 마음챙김 명상은 마음챙김 리더십을 체화하는 효과적인 수련 방법이다. 다른 리더십과 달리 마음챙김 리더십은 명상 수련을 통해 지혜와 자애를 개발하는 실천적 리더십이다.

비즈니스 리더의 핵심 일은 모든 사안에 결정을 내리는 것이다. 마찬가지로 이 세상을 살아가는 모든 사람도 순간순간 결정을 내리며 살아간다. 대학입시를 준비하는 고등학생은 진학하고자 하는 대학을 선택하고, 대학을 졸업하는 대학생은 취업과 진학에 대해 선택한다. 직장인들도 자신이 맡은 분야에서 해야 할 일들을 결정한다. 가정에서 일하는 주부 역시 저녁 식사를 준비하기 위해 요리와 찬거리를 결정한다.

이처럼 우리 삶은 결정의 연속이다. 매일 진행하는 결정을 잘 할 때도 있고 어처구니없는 결과를 만들기도 한다. 대표적인 예가 주식투자이다. 주식투자를 할 때 돈을 버는 비결을 모두가 안다. 주가가 떨어졌을 때 사서 높은 가격일 때 팔면 된다. 그런데 그게 어렵다. 기업과 시장 정보의 제한으로 반대의 결정을 할 때가 많다. 가격이 오를 때 들어가서 떨어질 때 나오는 경우가 많다. 객관적 정보나 사실에 기초하기보다는 남들이 투자의 대열에 뛰어들거나 주가가 오른다고 언론에 나올 때, 대부분의 사람들이 투자에 뛰어든다. 그러다 상투를 잡고 들어가서 나올 때를 못 찾고 주춤하다 제대로 팔지도 못한다. 이러한 일들이 비단 주식투자에만 있을까? 조직에서 의사결정도 이와 마찬가지다. 모두가 4차 산업혁명을 이야기하고, 인공지능과 바이오, 로봇이 미래를 이끌어 갈 것이라고 판단해서 많은 기업들이 미래 기술 투자대열에 뛰어들고 있다. 코로나19 여파로 제약과 바이오 부문의 인기는 끝을 알 수 없는 지경이다. 분명한 것은 산이 높으면 골이 깊듯이 오른 것은 떨어지기 마련이다.

의사결정은 심리전이다. 누가 마음의 중심을 잡고 최적의 시점을 알아차리고 상황에 맞는 판단을 하는가에 달렸다. 자신의 마음을 수련하고 에너지를 모아 순간순간에 최선을 다하는 것이 바로 마음챙김 리더십의 실천이다.

비즈니스 리더들에게 의사결정은 정보의 홍수나 그와 반대로 부족한 상황에서 이뤄진다. 그때 자신이 보고 싶은 것만 보거나 아는 것만 보고 판단할 때, 결정적 오류가 발생한다. 알지 못하는 상황에 대한 그릇된 정보, 혹은 알고 있었던 사실에 대한 왜곡된 인식이 판단을 흐리게 한다. 일과 생활에서 마음챙김의 자세는 잘못된 상황인식을 벗어나 사물의 본질과 문제 상황의 조건을 꿰뚫어 보는 의식적 노력이다. 바르게 보기는 사물을 보고 싶은 대로 보는 것이 아니라 있는 그대로 보는 것이다. 마음챙김 리더의 효과적 행위는 바르게 보기에서 시작한다.

비즈니스 현상 바르게 보기

GE의 위기와 인식의 전도

120년의 역사를 가진 GE는 미국 최고 기업 중 하나다. GE의 중흥기를 이끈 대표적 CEO가 잭 웰치이다. 잭 웰치는 1981년에서 2001년까지 20년간 GE를 이끌면서 연간 8%의 외형성장과 연간 수익률 23%의 경이로운 기록을 남긴 경영자이다. 최근 100년간 다우존스 500기업에 선정되었던 GE가 다우존스 지수에도 빠졌을 뿐아니라, 잭 웰치가 퇴임할 당시 주당 55달러의 주가가 2020년 기준 10달러 내외로 떨어졌다. 산술적으로 기업가치가 1/5로 축소되었다. 미국 최대 기업으로 추앙받던 GE가 이렇게 쇠락하게 된 이유는 무엇일까?

미국의 파이낸셜 타임즈FT는 2018년 10월 6일자에서 GE의 몰락 원인으로 인수합병M&A을 통한 문어발식 사업확장과 시장환경 변화를 예측하지 못한 점을 꼽고 있다. 아울러 잭 웰치의 성공방식이 독이 되어 돌아왔다고 평가했다. 사실 많은 기업들에서는 과거의 성공방식이 미래의 실패를 만드는 씨앗이 되곤 한다.

그렇다면 잭 웰치가 이끌던 GE의 성공 경영방식은 무엇일까? 중앙대학교 박찬희 교수는 잭 웰치의 성공 경영방식으로 4가지를 꼽고 있다.[1] 첫째, 업계 1위 혹은 2위가 아니면 정리하는 고강도 구조조정. 둘째, 워크아웃이라 불리는 내부혁신에 이은 사업확대. 셋째, 식스시그마로 상징되는 경영 혁신과 사업 포트폴리오 전환. 넷째, 이러한 변화를 뒷받침하는 경영자 선발 및 보상체계를 들고 있다.

1990년대와 2000년대까지 GE의 경영방식은 우리 기업들의 경영에서 표상과 같았다. GE의 식스시그마는 대표적인 경영혁신의 도구였으며,

인수합병M&A을 통한 구조조정은 기업성장의 돌파구였다. 또한 조직 내부의 치열한 경쟁을 통한 성과주의와 리더 육성 정책은 인재육성의 핵심이었다. 이러한 경영방식은 지금도 많은 기업경영에서 활용되고 있다. 그만큼 경영관리의 효과가 컸던 잭 웰치의 경영방식에서 어떤 문제가 있었던 것일까?

GE의 성공과 쇠락에서 배울 수 있는 핵심은 시장과 환경의 변화를 제대로 보아야 한다는 점이다. 이것은 앞에서 살펴본 '비즈니스는 변화한다'라는 무상無常의 통찰이다. 영원한 성공은 없다. 오히려 과거의 성공원리들이 새로운 변화와 혁신의 물결을 가로막고 있었다. 잭 웰치 재직 시 최대의 성과를 냈던 사업부가 GE캐피탈이었다. GE의 금융부문은 잭 웰치 이후 무리한 사업확장으로 방만한 경영의 진원지였다. 방대한 투자와 보이지 않던 부실이 나타났던 와중에 2008년 미국발 금융위기는 GE의 금융부문에도 직격탄을 날렸다. 금융부문의 부실이 더욱 표면으로 드러나면서 금융부문의 사업 위기는 GE 전체의 위기로 확산되었다. 잭 웰치 다음으로 CEO로 부임한 제프리 이멜트 등 경영자들도 세계금융위기와 투자 실패의 연속으로 GE의 부실을 막지 못했다.

그렇다면 잭 웰치 이후의 경영자들은 왜 GE 위기를 극복하지 못했을까? 위기 극복의 대표적인 실패 사례로 2015년 프랑스 알스톰의 인수를 꼽을 수 있다. GE는 알스톰 인수에 101억 달러약 11조 4천억 원의 거금을 들여 인수하였다. 높은 인수가격도 문제지만 알스톰은 당시 떠오르던 신재생 에너지 분야보다는 석탄, 가스, 원자력 발전소와 같은 전통적 에너지 분야의 전력사업자였다. 신재생 에너지 분야의 가격경쟁력이 높아지면서 기존 에너지 산업시장은 약세를 면치 못했다. GE 역시 거대한 투자를 했지만 성과보다는 경영악화를 가속화하는 계기가 되었다.

이처럼 시대와 환경의 변화를 제대로 읽지 못하면 개인과 조직에게 위기가 찾아온다. 그렇다면 개인과 조직이 환경의 변화를 제대로 보지 못하는 이유는 무엇일까? 그 이유를 알아보기 전에 아래 그림을 유심히 살펴보자. <그림 5-1>은 1915년 덴마크 심리학자 에드가 루빈이 고안한 '루빈의 잔'이라는 그림이다. 이 그림에서 무엇이 보이는지 다음 글을 읽기 전에 다시 한번 유심히 보자.

그림 5-1 루빈의 잔

어떤 사람은 술잔 모양의 그림이 보인다고 한다. 또 다른 사람은 두 사람이 마주보는 얼굴이 보인다고 한다. 또는 술잔 모양과 마주보는 두 얼굴이라고 답하는 사람도 있다. 이와 같은 그림을 다의도형多義圖形 ambiguous figures 이라고 한다. 다의도형이란 반전도형이라고도 불리는데, 하나의 도형이 관찰방법에 따라 두 가지 이상의 의미로 볼 수 있는 도형을 말한다. 이처럼 나타난 현상에 대해 어떤 시각에서 보느냐에 따라 하나에 집착할 수도 있고 양쪽 모두를 볼 수도 있다. 그렇다면 사람들이 하나의 시각에 빠져드는 이유는 무엇일까?

그에 대해 붓다는 인간의 마음을 왜곡하는 3가지 전도에 대해 언급하였다. 그것은 인식의 전도, 마음의 전도, 견해의 전도이다.[2] 이 3가지 전도에 빠져 있을 때 사람들은 거꾸로 인식하고 거꾸로 생각하고 거꾸로 보게 된다. 이 세 가지 왜곡 중에서 가장 심각한 것은 바로 견해의 전도이다. 한쪽으로 견해가 강해질수록 반대쪽 의견은 경시하거나 거부하는 편향을 낳는다.

GE의 실패에서도 외부 경영환경 변화를 인식하지 못하는 인식의 오류가 있었다. GE의 경영진은 새로운 변화를 꿰뚫어 보지 못했으며, 그 변화의 연결고리를 파악하지 못하는 거대한 사일로에 갇혀 있었다. 이처럼 일어나는 모든 변화에 대해 바른 인식과 견해를 갖추는 것이 중요하다.

비즈니스 변화와 현명한 주의 기울이기

비즈니스는 적자생존의 세계이다. 적자생존이란 일반적으로 가장 강한 자가 살아남는 정글의 법칙으로 알려져 있다. 그러나 다윈이 『종의 기원』에서 말한 적자생존은 환경변화에 가장 잘 적응하는 생물이나 집단이 살아남는다는 의미이다. 적자생존의 의미를 비즈니스에 적용해 보면, 시장환경과 고객의 니즈 변화에 가장 잘 대응하는 조직이 살아남는다. 여기서 핵심은 시장환경과 고객 니즈의 변화를 정확하게 꿰뚫어 보는 것이다.

시장에는 다양한 경쟁사와 새로운 제품이나 서비스가 출현한다. 먼저 경쟁사의 움직임과 동향에 주의해야 한다. 또한 시장에 출시되는 제품이나 서비스의 트렌드, 소비자의 반응을 면밀하게 관찰해야 한다. 여기에 추가적으로 고려해야 할 요소는 기술의 발달과 사회문화적 요인이다. 새로운 기술은 기존 제품군을 흡수하거나 대체해 버린다. 대표적인 예가 온라인 마켓이다. 온라인 유통망은 기존 유통점이나 도소매망을 배제하고 생산자와 소비자를 직접 연결함으로써 직거래를 가능하게 한다.

또한 비즈니스 세계는 각 조직들이 긴밀하게 연결되어 있다. 조직은 각 하부 조직들로 구성되며, 각 하부 조직들은 다양한 구성원들이 서로 협력하여 일을 수행한다. 한마디로 비즈니스란 변화하는 시장환경에서 상호 긴밀하게 연결되어 경쟁과 협력이 이뤄지는 장이다. 이러한 비즈니스 환경을 꿰뚫는 핵심 요인은 무엇일까? 그것은 바로 변화變化이다. 변화란 사전적 의미로 '사물이 어떤 상태에서 다른 상태로 이행함'을 의미한다. 변화는 모든 존재의 근본 특성이다. 변화하지 않는 존재는 없다. 개울가에 흘러가는 시냇물도 똑같은 물이 아니다. 비 온 뒤 개울엔 흙탕물이 흐른다. 같은 물처럼 보이지만 앞서 흘러간 물과 뒤에 오는 물은 다른 물이다.

　매일 비즈니스의 상황 변화를 실감하는 주식시장을 예로 들어보자. 일반적으로 주식은 현재 시장 상황의 선행적 의미를 가진다. 어떤 기업에 실제 위기가 오지 않았는데도 투자자들이 주식을 팔아 주가가 급락하는 경우가 있다. 반대로 코스닥의 이름 없는 기업에 어느날 갑자기 투자자들이 몰리면서 상종가를 치는 경우도 있다. 같은 기업이라 하더라도 기업의 상황에 따라 주가는 춤을 춘다. 그러다가 업황이 좋지 않으면 폭락을 면치 못한다. 최악의 경우에는 부실에 허덕이다 기업 문을 닫는 상황까지 몰리기도 한다.

　이처럼 조직의 내부와 외부에서 벌어지는 다양한 상황의 실체를 제대로 보려면 어떻게 해야 할까? 먼저 비즈니스 상황이 항상 변화한다는 무상無常의 특성을 꿰뚫어 봐야 한다. 그렇다면 항시 변화하는 시장과 고객의 상황을 꿰뚫어 보려면 어떻게 해야 할까? 우선 비즈니스 상황의 추세와 패턴을 읽을 수 있는 사업에 대한 전문성이 필요하다. 비즈니스 전문성이란 관련 사업을 수행하는데 필요한 기술이나 관리에 대한 전문 지식과 스킬을 의미한다. 사업의 대상인 제품이나 서비스를 구현하는데 필요한 전문 기술을 이해하지 않고는 변화의 특성을 알아차리기 쉽지 않다.

만약 리더가 관련 분야의 전문 기술이나 관리 역량이 부족하다면 꾸준히 학습해야 한다.

비즈니스의 무상을 꿰뚫어 보기 위한 또 다른 하나는 현상에 대한 현명한 주의 기울이기가 필요하다. 오늘날 우리는 정보의 홍수 시대를 살고 있다. 인터넷과 다양한 매스 미디어의 발달은 필요한 정보를 쉽고 빠르게 얻을 수 있다. 그러나 너무나 많은 정보의 바다에서 어떤 정보가 진실하고 어떤 정보가 허위인지 판단하기 쉽지 않다. 또한 리더가 자신의 선호나 편견에 의해 자기 주장을 강하게 펼치거나 발생한 문제를 왜곡하여 인식하는 경우, 사실을 있는 그대로 보지 못하고 왜곡할 수 있다. 따라서 리더는 일상에서 일어나는 다양한 현상에 현명한 관찰과 주의 기울임을 통해 왜곡 없이 사물을 판단하고 받아들이는 노력을 해야 한다.

다음은 변화하는 비즈니스 상황의 실체를 바르게 보기 위해서는 문제 상황의 원인과 결과를 제대로 파악해야 한다. 모든 문제는 발생의 원인이 있고, 원인에 따른 결과로 나타난다. 때로는 문제 상황을 만든 결과의 원인을 잘못 파악하여 또 다른 오류를 낳기도 한다.

한 회사의 신제품 개발일정이 반복적으로 지연되는 사례를 예로 들어 보자. 영업팀에서는 신제품의 출시를 계속 재촉한다. 개발팀장은 팀원들을 다그치지만 개발일정은 자꾸 연기된다. 마지못해 개발팀은 제품의 품질과 특성에 대한 완전한 검증을 마치기 전에 서둘러 제품을 양산하게 된다. 그런데 고객에게 인도된 제품이 실제 사용 과정에서 심각한 하자가 발생한다. 고객은 제조사에 제품에 대한 클레임을 제기하고 보상을 요구한다. 회사는 문제에 대한 책임을 논하면서 제품개발팀에 책임을 묻는다. 제품개발팀은 초기 영업팀으로부터 잦은 스펙의 변경과 단납기로 충분한 개발시간을 확보하지 못했다고 항변한다.

이 사례에서 개발팀의 책임이 크다. 그러나 근본 원인은 개발팀에 있다고 할 수만은 없다. 많은 회사들이 신제품 개발에서 발생하는 문제의 핵심 원인은 신제품 개발 프로세스와 개발역량을 제대로 확보하지 못했기 때문이다. 개발 문제는 한 팀의 문제가 아니다. 비즈니스 상황에서 문제는 전체가 연결되어 있으며, 문제를 해결할 수 있는 필요한 자원과 역량을 확보해야 한다.

　이처럼 비즈니스에서 발생하는 문제 상황의 원인과 결과를 제대로 파악하기 위해서도 비즈니스 변화의 속성인 무상無常을 꿰뚫어 보는 현명한 주의 기울이기가 중요하다. 현명한 주의 기울이기는 다양한 문제와 이해관계자들의 의견 속에서 핵심 원인을 찾아서 대안을 모색하는 통찰이다. 바르게 보기는 변화 상황에 대한 현명한 주의 기울이기와 인과에 대한 통찰로 이뤄진다.

[마음챙김 명상 수련1] 정좌명상

바르게 보기와 정좌명상

　변화하는 비즈니스 상황을 바르게 보기란 말처럼 쉽지가 않다. 빠르게 변화하는 경영환경과 넘쳐나는 정보들 속에서 마음은 산란해지고, 주의 기울이기는 몇 초를 넘지 못한다. 문제의 원인은 찾았지만 해결안은 기존의 한계를 벗어나지 못한다. 이 속에서 리더는 과거의 성공 사례를 찾고 해결방안을 답습하곤 한다. 굴뚝경제시대에는 이러한 방식이 통용되었다. 추격자 입장에서는 베스트 프랙티스를 찾아서 모방하면 해결이 되었다. 그러나 21세기 초일류를 지향하는 조직에서는 새로운 게임의 룰을 만들어야 하고, 최신의 기술로 무장한 신생기업과 경쟁사를 앞질러 가야 한다.

초일류 조직으로 가는 바른 길은 외부에 있는 것이 아니라 자기 안에 있다. 애플의 스티브 잡스는 "마음을 관찰하다 보면 마음이 고요해지고 마음에 더 미묘한 것들을 들을 수 있는 공간이 생긴다"고 말했다. 스티브 잡스는 초일류 제품을 만들기 위해 시장조사나 트렌드 분석에 얽매이기 보다는, 자신의 마음속에서 해답을 찾으려고 했다. 답은 이미 있었지만 산란하고 불안한 마음에서는 보이지 않았을 뿐이다. 비즈니스에 마음챙김 명상이 필요한 이유는 답이 외부에 있는 것이 아니라, 자기 안에 있기 때문이다.

바르게 보기란 외부의 환경변화를 있는 그대로 보는 것뿐만 아니라, 자기 안의 불안과 산란해진 마음을 가라앉히고 마음이 드러낸 바른 길을 보고 받아들이는 것을 말한다. 이러한 바르게 보기를 일상생활에서 체험할 수 있는 가장 효과적인 방법이 바로 마음챙김 명상이다. 특히 정좌명상은 마음챙김 명상의 바탕이 되는 기본 명상이다. 이러한 정좌명상을 통해 일상에서 일어나는 변화를 있는 그대로 관찰하고, 몸과 마음의 반응을 알아차리며 마음이 가리키는 바른 길을 통찰하는 힘을 키울 수 있다.

정좌명상의 기본 자세

정좌명상은 가장 기본이 되는 공식명상으로 앉아서 하는 명상을 말한다. 마음챙김 명상이란 현재의 순간에 아무런 판단함이 없이 몸과 마음에서 일어나는 모든 것을 알아차리는 마음수련 과정이다. 명상은 어떤 곳에 도달하기 위해 하는 것이 아니며, 현재 자신이 있는 곳에 머무르기를 강조한다. 명상은 일상생활에 바쁜 현대인들이 현재 자신이 있는 곳에 몸과 마음을 제자리로 돌려 안정을 찾고 사물을 넓은 시각으로 볼 수 있도록 평온하고 안정된 상태를 이루게 한다. 이러한 명상을 통해 자기 내면의 인내와 집중, 명료함과 균형감, 현존과 자기수용을 개발하는데 유익하다.

정좌명상을 하기 위해 먼저 가만히 앉아 있을 수 있는 공간과 시간을 마련한다. 명상의 자세는 의자나 방바닥에 방석을 깔고 앉는다. 의자에 앉을 경우에는 허리를 바로 펴고 발바닥은 평평하게 놓는다. 의자 등받이에 등을 기대지 말고 허리를 꼿꼿하게 세운다. 방바닥에 앉을 경우에는 명상 방석이나 요가 매트를 깔고 하면 좋다. 이때 다리는 다음 <그림 5-2>처럼 가부좌를 틀고 앉는다. 가부좌 자세에는 평가부좌, 반가부좌, 가부좌로 나눌 수 있다. 평가부좌는 한쪽 다리의 발꿈치를 사타구니 쪽으로 바짝 당겨 놓은 뒤 다른 쪽 다리를 먼저 접은 다리 앞에 놓아서 앉는 방식이다. 반가부좌는 한쪽 다리를 사타구니 쪽으로 바짝 당겨 놓은 뒤 다른 쪽 다리를 허벅지 위에 포개어 앉는 방식이다. 그리고 가부좌 자세는 왼쪽 다리의 발바닥을 오른쪽 다리의 허벅지 위에 놓고, 오른쪽 다리의 발바닥을 왼쪽 다리의 허벅지 위에 포개어 앉는 방식이다. 이때 포개지는 다리의 순서가 달라져도 상관없다. 앉는 자세는 자신이 편한 쪽을 선택해서 앉으면 된다.

그림 5-2 정좌명상 기본 자세

바닥에 앉으면 명상의 기본 자세를 취하기에 용이하다. 바닥에 앉아서 정좌명상 자세를 취하기 어려우면 의자에 앉는 정좌명상 자세도 상관없다. 중요한 것은 어떤 자세를 취하는가보다 성실하게 지속적으로 앉아서 수행하는 태도이다. 그다음은 허리는 꼿꼿이 세우고, 어깨 힘은 뺀다. 양손은 허벅지 위에 올려 놓거나, 양손을 포개어 복부 앞 다리 위에 놓는다. 이때 눈은 감거나 떠도 좋다. 자신의 앉은 모습이 가장 위엄 있는 자세로 앉는다.

이러한 정좌명상의 자세를 유지하다 보면, 몸의 특정 부위에서 저리거나 아픈 감각이 느껴질 때가 있다. 이때 몸에서 느껴지는 감각과 느낌을 알아차리고 통증을 받아들이면서 인내와 현존, 자기수용의 태도를 기른다. 정좌명상 자세를 취하다 보면 처음에는 그 통증이 크게 느껴지지만, 지속적으로 수련하면서 통증을 수용하는 힘이 커지면 통증이 가라앉고 줄어든다.

정좌명상의 자세를 취한 뒤 먼저 호흡에 주의를 기울인다. 숨이 몸 안으로 들어오고 나가는 것을 느끼면서 지금 이 순간에 의도적으로 머문다. 숨이 들어오는 들숨과 숨이 나가는 날숨을 반복적으로 느끼기만 하면 된다. 그러나 들숨과 날숨을 지속적으로 의식하면서 머무르는 것이 쉽지만은 않다. 다른 생각이 떠오르기도 하고 몸의 특정 부위에 통증이나 가려움이 일어나면 의식이 그쪽으로 이동한다. 그럴 때는 다시 의식을 호흡에 가져와 숨이 들어오고 나가는 과정에 주의를 가져온다. 또한 명상을 수련하다 보면 어떤 생각이 떠오르거나 의문이 일어날 때가 있다. 그때 그런 의문에 답을 찾으려고 하지 말고, 생각이나 감정이 일어나면 '생각이 일어나는구나'라고 알아차리면서 다시 호흡으로 주의를 가져온다.

호흡은 심장 박동과 함께 근본적인 생명의 리듬이다. 이러한 호흡에 주의 기울이기는 글자 그대로 '주의를 준다'는 것 이외에 별다른 뜻은 없다. 호흡에 대한 마음챙김은 숨이 들어오고 나가는 느낌을 알아차리는 것이다. 이때 호흡은 가슴으로 숨이 들어오고 나가는 호흡보다는 숨이 들어와서 배가 올라가고 내려가는 복식호흡횡격막 호흡을 하면 더욱 좋다. 이러한 호흡에 대한 알아차림을 통해 내면의 평온과 집중된 알아차림을 키우는데 도움을 준다.

[실습] 정좌명상 수련하기

정좌명상 안내문

이제 종소리와 함께 정좌명상에 실제로 들어간다. 먼저 정좌명상을 할 수 있도록 누구에게도 방해받지 않는 자신만의 공간과 시간을 마련한다. 방석을 깔고 방바닥에 앉거나 의자에 앉아도 좋다. 허리를 바로 세우고 양손은 무릎 위에 얹고 손바닥은 천정을 향한다. 이때 두 눈은 감거나 떠도 좋다. 자신의 앉은 모습 중 가장 위엄 있는 자세로 앉는다.

정좌명상은 마음챙김 공식명상의 가장 기본이 되는 명상이다. 마음챙김 정좌명상은 지금 여기에서 아무런 판단함이 없이 몸과 마음에서 일어나는 모든 것들을 있는 그대로 알아차리고 받아들이는 과정이다. 여기서 몸과 마음에 대한 알아차림이란 명상을 하는 과정에서 몸과 마음에서 일어나는 다양한 감각과 느낌, 소리, 감정, 생각이나 사고작용이 일어나면 '일어나는구나'라고 알아차리고, 그 감각이나 느낌 등이 지속되면 '지속되는구나'라고 알아차리고, 사라지면 '사라지는구나'라고 알아차리며 받아들인다.

정좌명상의 첫 단계인 '호흡에 대한 알아차림'으로 들어간다. 호흡에 대한 알아차림은 숨이 들어오고 나가는 과정을 관찰하는 것이다. 숨이 코로 들어와서 목구멍을 거쳐 가슴, 배에까지 숨이 들어오고 나가는 과정에 주의를 기울인다. 숨이 들어오는 들숨, 숨이 나가는 날숨, 들숨에 배가 올라가고 날숨에 배가 내려간다. 이제 숨이 들어오고 나가는 호흡에 주의를 기울이면서 잠시 머문다.

호흡에 대한 알아차림을 할 때 다른 생각이 들거나 마음이 방황을 하면 생각이나 마음이 무엇인지 알아차린 다음 부드럽게 마음을 가라앉히고 다시 호흡으로 주의를 되돌린다. 호흡에 대한 알아차림을 할 때, 코 밑 인중이나 배에 주의를 기울이면 좋다.

정좌명상의 두 번째 단계는 '몸의 감각과 느낌에 대한 알아차림'이다. 명상을 하다 보면 몸의 특정 부위에서 통증이나 뻐근함, 저림이나 간지러움과 같은 감각이 느껴질 때가 있다. 그럴 때는 특정 부위의 몸을 움직이면 그런 감각이 사라진다. 그러나 특정 부위의 몸을 움직이지 않고 어떤 감각이나 느낌이 일어나면 '어떤 느낌이 일어나는구나'라고 알아차리고, 그러한 느낌이나 감각이 지속되면 '지속되는구나'라고 알아차리고, 감각이나 느낌이 사라지면 '사라지는구나'라고 알아차리면서 머문다.

이때 특정 부위의 감각이나 느낌이 강렬하게 일어나면 그 부위에 친절하고 부드러운 호흡을 보내준다. 만약 자세를 바꾸거나 몸을 움직일 경우에는 자세나 몸을 움직인다는 것을 알아차린 뒤 자세를 바꿔준다.

정좌명상의 세 번째 단계는 '소리에 대한 알아차림'이다. 소리에 대한 알아차림이란 몸 안에서 나는 소리, 몸 밖에서 나는 소리, 방 안에서 나는 소리, 방 밖에서 나는 소리 등 다양한 소리가 일어나고 지속되고 사라지는 것을 알아차린다. 이때 들리는 소리를 판단하거나 자신의 생각을 개입시키지 말고 매 순간 들리는 소리에 주의를 기울인다. 몸 안과 밖, 방 안과 밖에서 아무런 소리가 들리지 않으면 '아무런 소리가 들리지 않는구나'라고 알아차리면서 머문다.

때로는 소리에 대한 알아차림이 너무 강력하게 느껴져서 소리가 너무 크게 들리거나 귀에 거슬릴 수도 있다. 그때는 소리에 대한 자신의 생각을 개입시키기보다는 소리 그 자체를 알아차리면서 머문다. 만약 소리에 대한 느낌이 너무 강하면 호흡으로 주의를 기울인 뒤 다시 소리에 대한 알아차림을 반복하는 것도 좋다.

정좌명상의 네 번째 단계는 '생각과 사고작용에 대한 알아차림'이다. 명상을 하다 보면 과거의 일이나 미래의 계획, 걱정이나 불안과 같은 생각이나 사고작용이 일어난다. 그때는 억지로 생각이나 사고작용을 멈추려고 하지 말고 생각이 일어나면 '생각이 일어나는구나'라고 알아차리고, 생각이 지속되면 '생각이 지속되는구나'라고 알아차리고, 생각이 사라지면 '생각이 사라지는구나'라고 알아차리면서 머문다.

생각이나 사고작용에 대한 알아차림은 생각의 내용이나 정서적 강도를 알아차리되 그것에 대한 생각에 빠지지 말고 단지 생각을 관찰하면서 머문다. 이때 어떤 생각이 계속해서 일어나는지도 관찰한다. 또한 생각과 사고작용 과정에서 자신이 어떤 느낌과 기분을 느끼는지도 관찰한다. 생각을 관찰할 때는 어떤 판단이나 선입견 없이, 있는 그대로 알아차린다. 생각이나 사고작용에 대한 알아차림을 하는데 너무 깊숙이 빠져들어가지 않도록 주의한다. 만약 관찰을 놓치면 스스로가 안정될 때까지 호흡에 주의를 돌린다. 그리고 스스로 생각에 주의를 옮길 수 있다고 판단될 때, 다시 생각이나 사고작용에 주의를 옮긴다. 이때 억지로 무언가를 생각하려 하지 말고, 일어나고 사라지는 생각이나 사고작용을 있는 그대로 받아들이는 것이 중요하다.

정좌명상의 마지막 다섯 번째 단계는 '선택 없는 알아차림'이다. 선택 없는 알아차림이란 몸과 마음에서 일어나는 감각이나 느낌, 소리, 감정, 생각이나 사고작용을 한꺼번에 알아차리는 열린 알아차림이다. 단지 앉아서 어떤 것에도 집착함 없이, 몸과 마음에서 일어나는 모든 것들을 알아차리고 받아들인다. 어떤 것이 일어나고 사라지는 것을 그대로 내버려 두면서 고요와 평온 속에서 바라보고 받아들인다.

정좌명상에서 몸과 마음에 대한 알아차림이 모두 끝나면 종소리와 함께 천천히 눈을 뜨고 명상에서 나온다.

　　여기서 진행한 정좌명상의 각 단계는 5분에서 10분 정도의 간격을 두면서 진행한다. 초기에는 호흡에 대한 알아차림을 연습한 뒤에 좀 더 익숙해지면 각 단계를 옮겨가면서 수행해도 좋다. 정좌명상의 수련은 가급적 매일 정해진 시간에 지속적으로 반복해서 수행한다. 이 과정을 통해 몸과 마음에 대한 알아차림의 깊이가 더해지며 고요와 평온 속으로 이완해 들어간다.

그림 5-3 정좌명상 수련

독자들 중에서 마음챙김 정좌명상의 음성 녹음 파일을 활용하고 싶은 분들은 저자의 ＜마음챙김 리더십 연구소＞ 블로그https://blog.naver. com/mindfullab를 방문하면 음성 파일을 들으면서 마음챙김 정좌명상을 할 수 있다.

명상에서 장애요인 다루기

정좌명상은 명상 방법 중에서 가장 정적인 명상으로 행함이 없는 무위 無爲의 과정이다. 정좌명상을 수행하다 보면 크게 두 가지의 어려움에 부딪 힌다. 바로 명상 중에 발생하는 신체적 불편감과 다양한 생각들이다. 이 두 가지 장애요인은 비단 정좌명상뿐만 아니라 다른 명상에서도 발생할 수 있 다. 다만 정좌명상이 의자나 방바닥에 앉아서 고정된 자세를 유지하기에 불편감이 더욱 두드러지게 나타난다. 이 두 가지 장애요인 역시 조건에 따 라 일어나고 머물고 사라지는 속성을 가진다. 명상 중에 생기는 이러한 장애물을 극복해야 내면의 집중과 평온, 알아차림의 힘을 키울 수 있다.

먼저 명상 중에 생기는 신체적 불편감을 어떻게 극복할 수 있을까? 신체적 불편감은 신체의 특정 부위에서 생기는 통증이나 뻐근함, 간지러움이나 저림과 같은 느낌을 말한다. 이러한 불편감을 느끼면 보통은 무의식 중에 자세를 바꾸려는 자동반응이 일어난다. 그러나 정좌명상을 수행할 때 자세를 바꾸려는 자동반응을 인내하는 것이 중요하다. 자세를 바꾸는 대신 이 불편감에 주의를 기울이고 불편감을 마음속으로 받아들이는 태도가 필요하다. 이것은 명상을 하는 동안 일어나는 불편감을 피하지 않고 함께 하려는 노력을 의미한다. 이 불편감을 거부하거나 무시하는 것이 아니라 불편감이 일어나는 것을 수용하고, 동시에 자신의 마음과 태도의 변화가 일어나는 것을 알아차린다. 만약 불편감을 줄이기 위해 신체 자세를 바꿔야한다면 자세를 바꾸려는 마음을 알아차리면서 천천히 자세를 바꾼다.

신체적 불편감은 명상을 방해하는 장애물만은 아니다. 때때로 불편감은 자신의 몸에 대해 배울 수 있는 동반자와 같다. 신체적 불편감이 명상에 집중하려는 마음을 산란하게 하고 호흡에 대한 집중을 어렵게 할 수 있다. 그럴 때 호흡에 집중하려는 강박적 마음을 가지기보다는 몸과 마음에서 떠오른 모든 것을 알아차리며 기꺼이 수용하고자 하는 열린 자세와 유연한 사고가 중요하다. 마음챙김에서 의식해야 할 것은 호흡뿐만 아니라 몸과 마음에서 경험하는 전부이다.

이처럼 정좌명상을 하다 보면 불편감이 줄어들고 몸과 마음이 이완되면서 통증의 강도가 줄어든다. 수련을 지속할수록 통증의 강도는 줄어들며 있는 그대로 보는 힘이 강해진다. 마음챙김 명상을 하면서 통증과 감각에 대한 중요한 깨달음을 얻는다. 그것은 '통증은 내가 아니다'라는 깨달음이다. 신체적 통증은 영원하지 않다. 명상 과정에서 일시적으로 일어나고 사라진다. 통증에 집착할수록 통증에서 벗어나고자 하는 자동반응이 일어난다. 통증을 있는 그대로 보고 받아들일 때 통증은 사라진다.

이러한 과정을 거치면서 통증이 삶의 질을 잠식하는 일이 줄어든다. 신체적 불편감과 원치 않는 상황에 대한 자신의 반응을 관찰하는 힘이 커질수록 마음의 평정과 고요, 융통성을 개발하는데 도움을 준다. 또한 있는 그대로를 보고 수용하는 태도는 신체적 통증뿐만 아니라 일과 생활에서 부딪히는 다양한 도전이나 스트레스 상황을 극복하는데 큰 역할을 한다. 또한 명상 과정에서 통증과 같은 감각의 일어남과 머묾과 사라짐은 신체적 감각의 변화, 즉 무상無常과 무실체성을 알아차리는데 도움을 준다. 이처럼 마음챙김 정좌명상은 신체적 감각과 느낌, 생각의 변화에 대한 바른 견해를 확립하는데 유용하다.

또 다른 장애요인으로 명상 중에 일어나는 생각과 잡념은 어떻게 극복해야 할까? 명상을 하려고 앉아 있는 순간 1분도 지나지 않아 다양한 생각과 잡념이 머리에 떠오른다. '생각을 하지 말고 명상에 집중해야지'라고 생각할수록 잡념은 가라앉지 않는다.

명상 중에 떠오르는 생각이 때로는 중요한 것일 수도 있고 아닐 수도 있다. 과거에 일어났던 일이나 앞으로의 계획, 고객과의 미팅이나 중요한 의사결정 등 다양하다. 그러한 생각들이 자신을 사로잡고 명상을 생각의 도가니로 몰아가기도 한다. 때로는 갈등이나 욕망, 스트레스와 같은 생각에 집착할 때도 있다. 그때 생각은 불안과 걱정으로 치닫기도 한다.

마음챙김 명상은 일어나는 다양한 생각이나 잡념을 억지로 거부하기보다는 생각이나 사고작용을 있는 그대로 보고 받아들이는 자세가 중요하다. 이것은 생각을 생각으로 보고 잡념을 잡념으로 보는 것이다. 이것은 '생각은 내가 아니다'라는 깨달음이다. 일어나는 생각이나 잡념에 자동반응하여 따라가는 것이 아니라, 자신이 생각을 의도적으로 조정하는 것을 말한다. 생각의 저수지에서 허우적 거리는 자신을 본다면, 그 속에 자신이 왜 있는지, 그것이 어떤 의미인지도 관찰해 본다. 생각을 생각으로 보는 힘을 키운다면 욕망이나 불안, 걱정에 빠지지 않고, 직면하는데 도움을 준다.

명상 중에 일어나는 다양한 생각을 생각으로 받아들이면서 다시 호흡으로 주의를 돌린다. 생각을 내려놓고 호흡에 주의를 기울임으로써 마음의 고요와 평온, 집중과 융통성을 얻을 수 있다. 호흡에 주의를 돌리는 순간 산만해지거나 멍해진 자신의 마음과 태도를 곧추세우고 바른 태도를 유지하게 한다. 명상에서 일어나는 생각이나 잡념은 나쁜 것이 아니며, 바람직하지 않은 것도 아니다. 중요한 것은 명상을 하는 동안 일어나는 생각이나 사고작용을 알아차리고 수용하는 생각과의 관계맺음이다. 생각을 억압하고 거부할수록 마음의 평온과 평화, 명료함은 사라지고 긴장과 욕구불만은 더욱 커질 뿐이다.

정좌명상 과정에서 일어나는 신체적 불편감이나 잡념은 자연스런 현상이다. 여기서 중요한 점은 불편감이나 잡념에 빠지거나 불평할 것이 아니라, 그것을 있는 그대로 보고 받아들이면서 바른 견해를 확립하는데 있다. 기업 운영에서 일어나는 문제나 갈등도 자연스런 현상이다. 비즈니스의 문제를 장애물이나 제거의 대상으로만 볼 것이 아니라, 그것이 일어나는 조건과 원인을 바르게 봄으로써 자연스럽게 대안을 마련한다. 이처럼 마음챙김 정좌명상은 개인과 조직에서 일어나는 모든 것들의 실체를 바르게 보고 해결하는 힘을 길러준다.

일터에서 정좌명상 활용하기

일터에서 공식명상인 정좌명상을 수행할 수 있을까? 일터에서 10분의 시간을 낼 수 있다면, 아니 5분의 시간을 낼 수 있다면 정좌명상은 가능하다. 정좌명상을 하기 위해서는 방해받지 않고 명상을 할 수 있는 시간과 장소가 필요하다. 직장에서 나만의 시간을 낼 수 있는 시간대는 언제일까? 가장 좋을 때는 직원들이 출근하기 전이나 점심시간이 가장 좋다. 장소는 자신이 근무하는 사무실도 좋지만 빈 회의실이나 조용한 공간이면 더욱 좋다. 별도 공간을 확보하기 어려우면 자신의 자리에 앉아서 정좌명상을 하면 된다.

점심시간 직원들이 많은 사무실은 방해받기가 쉽다. 점심 식사 후 회사 밖 공원이나 산책길과 같은 야외공간이 있으면 그곳을 활용하면 좋다. 또는 점심시간이면 대부분의 회의실은 비어 있다. 자신만의 공간을 확보할 수 있다면 회의실도 좋다. 요즘은 사내에 명상룸을 별도로 만들어서 운영하는 회사들이 늘어나고 있다. 직원복지 차원에서 휴게실 한편에 명상룸을 요청해 보는 것은 어떨까?

직장에서 장시간의 공식명상을 하기는 어렵다. 5분에서 10분 정도 집중해서 호흡에 대한 알아차림의 시간을 가지는 것도 좋다. 특히 근무 전에 출근길의 번잡함과 하루 일과에 대한 계획 등 여러 가지로 머리가 복잡할 수 있다. 이때 잠시 복잡한 생각을 내려놓고 호흡에 주의를 기울이면서 걱정이나 고민들을 조용히 관찰해 본다. 생각 속에 빠져들지 말고 생각의 꼬리를 만들지 말고, 일어나는 생각과 느낌을 있는 그대로 관찰하고 받아들인다. 명상을 종료한 뒤 명상에서 얻은 느낌이나 깨달음을 노트해 보거나 반추하면 더욱 좋다.

일터에서 공식명상을 할 수 있는 시간을 내기 어렵다면 1분 스팟Spot 명상도 도움이 된다. 하루 중 대부분의 시간을 의자에 앉아있는 경우라면 1분의 시간을 내기는 어렵지 않다. 남들의 시선을 의식해 공식적인 명상 자세를 취하기는 어렵다. 그러나 어렵거나 복잡한 문제 상황에 닥쳤을 때, 잠시 눈을 감고 떠오르는 생각이나 감정을 관찰한 뒤 결정을 하거나 업무를 보면 도움이 된다. 특히 의사결정을 하기 전에 다양한 정보와 의견을 청취한 뒤, 잠시 눈을 감고 편안하게 앉아서 내면에서 들려오는 소리를 관찰하는 것은 효과적인 의사결정에 도움이 된다. 문제 상황에 대해 자신의 사적 욕구가 앞서는 것은 아닌지, 전체 상황을 고려하고 편견 없이 최선의 결과를 만들 수 있는지를 명상을 통해 살펴보면 좋은 결과를 얻을 수 있다.

바쁜 업무 상황에서 잠깐 동안의 명상은 잃어버린 현재 순간을 직시하며 걱정이나 불안의 마음을 내려놓고 다양한 의견과 정보 속에서 객관적이고 통찰력 있는 행위를 돕는다. 직장에서 스팟 명상은 현재 순간으로 주의를 되돌려 준다. 또한 자신의 몸과 마음의 안정과 집중뿐만 아니라 효과적인 의사결정이나 바른 업무수행을 돕는다. 짧은 시간 동안 이뤄지는 스팟 명상은 일상의 문제와 갈등의 일어남과 원인을 알아차리는데 유용한 방법이다.

제6장

[마음챙김 리더십 실천2]
바르게 생각하기

성공하기 위해 애쓰기보다는 가치 있는 사람이 되기 위해 노력하라.

– 알버트 아인슈타인

비즈니스 리스크와 바른 생각

현실의 부조화를 꿰뚫는 바른 생각

2008년 9월, 미국 리먼 브라더스의 파산은 세계 금융위기의 신호탄을 쏘아 올렸다. 세계 4위의 투자은행이었던 리먼 브라더스의 파산은 미국 뿐 아니라 유럽과 아시아 등 전 세계 경제위기를 불러왔다. 미국발 금융 위기의 원인은 2000년대 초반 IT산업의 거품 붕괴로 힘겨운 미국 경기를 부양하기 위해 초저금리 정책을 편 데서 시작했다. 신용자격이 되지 않는 많은 사람들이 저렴한 이자로 대출받아 집을 사기 시작했고, 그 결과 부동산 가격은 뛰기 시작했다. 경기과열을 경계한 미국 재무당국은 기준금리를 올렸고 원리금을 갚지 못하는 불량채무자들이 속출하기 시작했다. 2007년부터 서브프라임 모기지를 많이 소유했던 금융회사들이 줄줄이 파산하기 시작했고, 2008년 리먼 브라더스의 파산을 기점으로 금융위기는 미국을 넘어 전 세계로 확산되었다.

　그 결과 미국에서만 600만 명 이상이 집을 잃었고, 800만 명 이상이 직장을 잃었으며 약 19조 달러의 가계 자산이 사라졌다. 이러한 금융위기가 일어난 직접적 원인은 초저금리 정책과 신용자격이 없는 사람들에게 무리한 대출을 해 준 금융기관이었다. 금융기관들은 부실한 모기지론을 모아 양호한 등급의 투자상품으로 둔갑시켜 수많은 투자를 받아냈다. 한 마디로 부실 위에 투자금을 쌓아 올린 것이다. 결국 초저금리 시대에 무리하게 대출을 받은 개인들은 은행이 수익을 올리기 위해 만들어낸 결과물이었다. 2008년 미국발 금융위기는 전 세계로 확산되었으며 지금도 여파는 이어지고 있다. 한편 코로나19로 양적완화의 물결은 더욱 거세지고 있다. 저금리로 풀린 수많은 돈들은 인간과 기업의 욕망을 싣고 부실과 거품을 만들고 있다.

　지금도 일부 투자회사들은 위험한 금융상품임에도 불구하고, 고객들에게 상품의 위험성을 제대로 안내하지 않은 채 판매하고 있다. 한편 일부 대기업들은 회사의 재고를 대리점이나 위탁업체에 강매하거나 손실을 하청업체에 전가하는 경우도 있다. 이런 일들은 왜 일어날까? 기업은 수많은 조직과 사람들로 이뤄져 있다. 개인은 전체의 일에서 일부를 수행하지만, 한 사람의 잘못된 신념이나 생각은 그 사람뿐만 아니라 조직 전체에 영향을 미친다. 또한 한 직원의 갑질이나 일탈 행동은 그 이전부터 묵인된 관행이었다. 이처럼 구성원들의 생각과 행동이 조직의 운영과 결과를 조건 짓는다. 개인의 생각이나 신념은 그 자체로는 선악은 아니지만, 인류보편적 가치와 부합하지 않을 때 잘못된 행동을 일으킨다. 구성원들의 바른 생각과 견해는 현실의 부조화를 꿰뚫어 보고 바른 행동과 결과를 만드는 조건이 된다.

기업에서 선한 경영은 가능한가?

고객의 부주의한 제품 사용으로 자신이 다치는 경우, 해당 기업이 책임을 질 이유는 없다. 다만 '사용자의 안전을 위해 최선을 다했는가?'라는 도덕적 의무를 가질 뿐이다. 그러나 윤리적 책임까지 감수하려는 기업은 드물다. 왜 그럴까? 단지 비용이 더 들기 때문에, 혹은 여러 법적 책임의 문제에 말려들 수도 있기 때문이다. 그렇다면 기업의 입장에서 사용자의 부주의한 사용에 대해서까지 안전을 책임지려는 행동은 어디에서 나올까? 그것은 바로 고객의 안전과 행복을 기원하는 기업 구성원들의 선한 마음에서 나온다. 이처럼 구성원들의 선한 마음들이 모여 기업 운영 전반에 선한 경영이 스며든다.

다음은 Y정공 신사장과 기업경영에서 선한 경영의 가능성에 대해 나눈 이야기 대목이다.

김코치: 최근 많은 기업들이 갑질이나 이기적 행동으로 사회적 물의를 일으키는 경우가
　　　　많습니다. 이러한 문제들에 대해 사장님은 어떻게 생각하십니까?
신사장: 저도 대기업에 납품하는 중소기업으로 갑질과 비슷한 대접을 많이 받았습니
　　　　다. 하청업체의 입장에서는 어쩔 수가 없죠. 사실 언론에 나오는 것은 극히 일부
　　　　의 사실이고 그것보다 더한 경우도 많아요.
김코치: 그럼 사장님 입장에서는 착한 경영, 선한 경영이 가능하다고 생각하는지요?
신사장: 말씀하신 선한 경영이란 어떤 것인지요?
김코치: 일반적으로 선한 경영이란 착한 기업을 일컫는 표현입니다. 예를 들면 기업이
　　　　개인이나 자사만의 이익이 아닌 소비자와 협력사, 나아가 사회와 윈윈Win-
　　　　Win하며 사회적 책임을 다하는 기업을 말합니다.
신사장: 예전에는 현실세계에서 착한 경영, 선한 경영은 불가능하다고 생각했습니다.
　　　　그러나 명상을 하면서부터 생각이 바뀌었지요. 내가 왜 기업을 운영하는가, 기

업을 통해서 무엇을 얻고 싶은가에 대해 고민을 해봤습니다. 그 결과 내린 결론은 '첫째, 우리 회사의 직원들이 행복해야 한다. 둘째, 제품을 사는 고객들이 우리 회사를 좋아해야 한다. 셋째, 수익의 일부는 사회에 환원한다.'라고 정리했습니다.

김코치: 중소기업 경영을 통해 수익이 많지 않을 텐데 어떻게 마음을 바꾸시게 되었습니까?

신사장: 저도 예전에는 매출을 중시하고 이익이 나면 챙기기에 급급했지요. 명상을 하면서 제가 기업을 운영했던 20여 년의 세월을 돌아보니 아쉬움이 많았습니다. 뭐 그렇다고 대단한 기업을 만든 것은 아니지만, 그래도 150억 내외의 매출과 10% 내외의 수익을 내면서 직원들에게 제대로 해 준 것이 없더군요. 그래서 3년 전에 회사 창립 20년만에 전 직원 부부동반 해외 여행도 다녀왔습니다. 물론 3박5일의 짧은 시간이었지만 직원들도 좋아하더군요. 특히 배우자 분들이 고마워했습니다. 어떤 분은 해외여행이 처음이라고 하신 분들도 계셨고요. 작지만 이익의 일부를 직원들과 공유하니 저도 기분이 좋더군요.

김코치: 잘 하셨습니다. 그렇지만 사장님이 말씀하신 대로 직원들이 행복하려면 업무 시간을 줄이거나 강도를 낮춰야 하지 않지요? 특히 잔업이나 특근을 줄여야 워라밸을 실천할 수 있는데 그러면 직원들은 급여가 줄어들어 불만이 있을 텐데요?

신사장: 좋은 지적입니다. 사실 작년에 주 52시간제가 시행되면서 우리 회사는 대상이 아니었지만 직원들과 근무시간 축소와 급여에 대해 이야기를 나눠봤습니다. 직원들은 우선 급여감소를 걱정하였습니다. 아직 법적 강제사항은 아니지만, 전격적으로 근무시간을 주 52시간에 맞추기로 합의하였습니다. 줄어든 급여를 보상하기 위해 성과급을 1년에 상반기 하반기 두 번에 걸쳐, 수익의 일정 비율을 지급하는 방안을 제안했습니다. 근로시간은 줄었지만 이익에 대해서는 보상하기로 약속했습니다. 의외로 작년 시행결과를 보면 업무시간은 줄었는데 납기를 맞추지 못한 경우는 없었고, 오히려 이익은 증가하였습니다. 물론 수익을 공개해서 직원들에게 일정액을 성과급으로 지급했지요.

김코치: 근무시간은 줄었는데 매출과 수익이 증가했다니 흥미로운 결과입니다.

신사장: 아직은 멀었고요. 이제 1단계인 직원 행복이라는 가치를 실천하고 있습니다. 고객사의 만족 그리고 사회로의 환원은 아직 갈 길이 멉니다. 더 좋은 제품을 만들

어서 고객의 만족을 위해 노력하고 그 수익의 일부는 작지만 꾸준히 사회에 환원할 예정입니다. 그 결과를 직원들과 공유하고 회사 경영지표KPI, Key Performance Indicator로도 정해 두었습니다.

김코치: 십 리 길도 한 걸음부터인데, 첫 발을 잘 디디셨습니다. 회사의 경영 목표를 설정하고 평가지표와 수익배분을 제도화하는 등 경영의 체계화는 회사의 지속성장을 위한 훌륭한 계기가 될 것입니다.

비즈니스에서 바르게 생각하기

바르게 생각하기는 선을 추구하는 결과

비즈니스는 고객 만족을 위한 경연장이다. 고객이 제품이나 서비스에 만족하지 않으면 기업은 생존하기 어렵다. 기업은 고객의 욕구를 충족시킬 수 있는 제품을 만들어서 팔아야 한다. 기업이 제품이나 서비스의 특성이나 효능을 홍보하면, 고객은 자신의 필요에 따라 구매한다. 이러한 비즈니스 과정에서 기업과 고객은 최적의 선택을 한다.

한 예로 어떤 식품기업이 개발 중인 가공식품을 너무 많이 먹을 경우 건강을 해치거나 복통을 일으킬 수 있다는 실험 결과가 나왔다. 한편 그 식품의 맛과 향이 고객의 입맛을 사로잡는 히트 상품이 될 수 있다는 마케팅 보고서가 올라왔다. 만약 당신이 이 식품회사의 경영자라면 인체에 유해한 식품첨가물이 포함된 가공식품을 만들어서 판매할 것인가?

만약 이 가공식품을 만들어서 판매를 한다면 커다란 수익을 얻을 것이다. 그러다 일부 고객들은 이 가공식품을 반복해서 먹는 바람에 건강이 악화된 사례가 나타날 수 있다. 그러나 건강이 나빠진 이유가 이 가공식품 때문이라는 결정적인 단서는 명확하지 않다. 당신이라면 회사의 수익을 선택할 것인가? 아니면 고객의 건강을 선택할 것인가?

이것을 기업의 윤리적 문제로 판단할 경우 십중팔구는 이익추구라는 경제적 관점에 의해 윤리적 이슈는 무시될 가능성이 크다. 그러나 이제 시대가 바뀌었다. 4차 산업혁명에 따른 네트워크와 플랫폼에 의해 수많은 정보가 실시간으로 유통된다. 어떤 제품이나 서비스가 사회적 문제가 될 경우 개인이나 조직에 엄청난 피해를 초래할 수 있다. 대표적 사례가 대진침대의 라돈 침대 사건이다.

이 사건은 2018년 대진침대가 만든 침대에서 음이온을 만들기 위해 사용한 '모나자이트'라는 광석에서 기준치 이상의 라돈이 검출되어 폐암 등 건강에 심대한 피해를 일으킬 수 있다며 고소고발을 당했다. 아직 명확하게 결론은 나지 않았지만 회사는 경영에 심대한 타격을 입었을 뿐만 아니라 회사 브랜드에도 심각한 손상을 입었다.

지금까지 안전이나 환경, 위생에 대한 문제는 윤리적 문제로 취급되었다. 그러나 이제는 전 세계적 연결과 소통의 시대에 윤리적 문제는 생존의 문제가 되었다. 더구나 코로나19 사태 이후 건강, 환경, 위생, 안전의 문제는 개인뿐만 아니라 인류 전체에 심각한 위협임을 공감하고 있다.

이제 기업윤리가 조직생존에 직결된 시대에 경영자나 리더의 신념, 관점 그리고 사고방식도 달라져야 한다. 바르게 생각하기는 5장에서 살펴본 '바르게 보기'의 결과로 나타난다. 바른 생각은 사물을 있는 그대로 보는 결과로 생긴다.[1] 바르게 보기는 사물을 보이는 대로가 아닌 있는 그대로 보고 받아들인 결과 형성된다. 즉, 바른 견해가 바른 생각을 만든다.

일상생활에서 바르게 보기를 방해하는 것은 무엇일까? 빠야닷시 테라는 『붓다의 옛길』에서 "마음이 탐욕이나 성냄에 사로잡혀 있을 때는 사물을 있는 그대로 보기 어렵다"고 하였다. 특히 탐욕은 경제적 활동과 밀접한 관계가 있다. 인간의 욕망은 무한하다. 기업주는 이익을 추구하며, 소비자는 만족을 갈망한다. 무한대로 증식하는 욕망은 폭주하는 기관차와 같다. 그러나 자원은 언젠가 고갈될 수밖에 없고 인간의 욕망은 끝이 없다. 불교에서는 인간의 욕망Desire을 탐욕과 의욕, 두 가지로 나눈다.[2] 탐욕은 쾌락적 대상을 향한 욕구로 이기적이고 무지無知에 의해서 촉발되고 증가한다. 의욕은 선Well-being을 향한 욕구이며 지성적 행동과 노력에 의해 촉발된다. 이처럼 탐욕은 무지에 기초한 반면 의욕은 지혜에 기초한다. 진정한 만족이란 물질적 탐욕이 아니라 모든 존재들을 행복하게 하고자 하는 의욕에서 나온다.

종합하면 바르게 생각하기는 사물을 있는 그대로 보고 선善을 추구하는 결과로 형성된다. 또한 개인의 지혜를 개발하며 합리적 의사결정을 돕는 중요한 요소이다.

바른 생각이 바른 말과 행동을 유발한다

바른 생각은 바른 견해의 결과이다. 또한 바른 생각이 바른 말과 행동을 유발한다. 붓다의 말씀을 시처럼 표현한 불교 경전 ≪법구경≫의 첫 구절에 다음과 같은 말이 있다.

"모든 일은 마음이 근본이다. 마음에서 나와 마음으로 이루어진다. 나쁜 마음을 가지고 말하거나 행동하면 괴로움이 그를 따른다. 수레바퀴가 소의 발자국을 따르듯이.
모든 일은 마음이 근본이다. 마음에서 나와 마음으로 이루어

진다. 맑고 순수한 마음을 가지고 말하거나 행동하면 즐거움이
그를 따른다. 그림자가 그 주인을 따르듯이."[3]

위의 구절은 모든 일의 근본은 마음이며, 사람들이 어떤 마음을 먹는
가에 따라 결과가 달라짐을 강조한다. 비즈니스도 마찬가지다. 코로나19
는 개인과 조직 모두에 힘겨운 시기를 선사했다. 어떤 개인이나 조직은
폐업이라는 시련을 보내고 있고, 어떤 이들은 도약의 계기를 맞고 있다.
최근 보건과 바이오 산업은 역대 이래 최대의 호황을 맞이하고 있다. 보
건산업의 2019년 수출액이 156억 달러에서 2020년 11월까지 193억 달
러로 작년 동기 대비 36%의 증가를 보였다. 2021년은 255억 달러를 예상
하고 있다.[4] 위기 상황 속에서도 새로운 기회를 찾고자 하는 마음들이 결
실을 맺은 결과이다.

바르게 생각하기 위해서는 먼저 모든 사물을 있는 그대로 보는 바른
견해가 바탕이 되어야 한다. 또한 일어나는 모든 현상들을 바르게 보고
받아들이는 지혜도 필요하다. 지혜는 바르게 생각하는 힘을 길러준다. 지
혜는 지식과 다르다. 아무리 앎이 많더라도 지혜로 승화되지 않으면 있는
그대로 받아들이기 어렵다. 위 ≪법구경≫ 첫 구절에서 보듯이 선한 마음
을 가져야 말과 행동이 행복을 가져올 수 있다. 이 선한 마음이 바로 선한
욕구인 의욕을 일으킨다. 선한 의욕이 선한 말과 행동을 낳는다.

그러나 사람의 생각이 항상 선할 수만은 없다. 자신의 마음속에 순간
순간 일어나는 탐욕을 어떻게 대처해야 할까? 또한 무지無知에서 발생하는
잘못을 어떻게 극복해야 할까? 마음에서 일어나는 탐욕이나 화, 그리고
무지를 극복하는 가장 효과적인 방법은 일어나는 모든 것에 대한 마음챙
김의 자세이다. 탐욕이 일어나는 길목에서 마음을 단속하고 통제해야 한
다. 그렇지 않으면 순간의 이익을 좇아 잘못된 결과를 낳을 수 있다. 또한

무지를 벗어나 지혜를 개발하기 위해서도 순간순간 일어나는 일들에 마음챙김의 자세로 살아가야 한다. 지혜는 하루아침에 만들어지지 않는다. 바른 생각의 힘을 키우기 위해서는 순간순간 일어나는 일들에 주의를 기울이며 있는 그대로 보고 받아들이는 힘을 길러야 한다. 그 속에 바른 생각이라는 지혜의 샘물을 길러 올릴 수 있다.

바른 생각을 키우는 4가지 방법

바른 생각은 바르게 보기를 통해 형성된다. 바르게 보기는 사물을 있는 그대로 보고 받아들이는 것이다. 바르게 보기를 통해 형성된 바른 생각이 곧 지혜다. 이 지혜는 마음챙김의 과정을 통해 형성된다. 그러나 개인의 탐욕이나 성냄, 어리석음에 의해 바른 생각은 지속적으로 방해를 받는다. 바른 생각의 힘을 키우기 위한 중요한 4가지 방법에 대해 살펴보자.

먼저 바르게 생각하기 위해서는 좋은 멘토나 전문가의 의견을 꾸준히 경청해야 한다. 명상 수행도 혼자서도 잘 할 수 있지만 스승이나 동반자가 있으면 지속적인 힘을 얻을 수 있다. 혼자만의 생각은 아집이나 독선으로 흐를 수 있다. 중립적이고 객관적인 관점은 열린 생각 속에서 이뤄진다. 특히 경영자나 리더는 대화의 파트너가 중요하다. 직장 동료들은 조직 내 관계 속에서 객관적이고 중립적인 의견을 청취하는데 한계가 있다. 제3자적 시각은 외부 전문가나 코치들과 지속적인 만남과 대화의 시간을 가지는 게 효과적이다. 미국 실리콘밸리의 많은 경영자들이 우수한 파트너나 전문 코치의 조력을 받는 이유도 그때문이다. 함께 마음챙김을 하는 좋은 스승이나 파트너가 있으면 개인의 견해와 사고에서 한쪽으로 치우침 없이 중도적인 관점을 확립하는데 도움을 준다.

다음으로 개인에게는 행동원칙, 조직 차원에는 경영원칙을 세우는 것도 도움이 된다. 마음챙김 기반 스트레스 해소 프로그램MBSR에는 명상 수련의 7가지 기본 태도가 있다. 개인이나 조직 차원에서 원칙을 세우고 실행을 하면 지속성과 효과적인 결과를 만드는데 도움을 준다.

명상 수련의 7가지 기본 태도

첫째, 판단하지 마라. 일상생활의 현상에도 그것이 좋은지 나쁜지, 도움이 되는지 해악이 되는지를 먼저 판단하려 한다. 이럴 때 의도적으로 판단을 멈추고 자신의 마음을 있는 그대로 바라보는 것이 중요하다.

둘째, 인내심을 가져라. 어떤 일이 결과로 나타나기까지는 시간이 걸린다. 그것을 참고 견딜 수 있는 마음이 좋은 결과를 만든다. 인내심을 가지기 위해서는 조급함도 금물이지만 순간순간 그런 마음이 드는 것을 억지로 막거나 부정할 필요는 없다. 인내심을 가지는 것은 모든 일어나는 일들에 열린 마음을 갖는 태도에서 비롯된다.

셋째, 처음 시작할 때의 마음을 간직하라. 바로 초발심初發心이다. 어떤 일을 오래 하다보면 지루해지는 경향이 있다. 일을 하고 만나는 모든 것이 처음과 같은 느낌으로 매 순간의 새로운 가능성과 독특성을 알아차리고 받아들인다.

넷째, 믿음을 가져라. 어떤 일을 함에 있어서 자신을 믿지 못하면 좋은 결과를 만들 수 없다. 자기 내면의 온전성을 일깨우고 자신에 대한 믿음과 신뢰의 태도를 견지한다.

다섯째, 지나치게 애쓰지 마라. 어떤 기대나 욕망이 너무 크면 실망이나 좌절을 일으킬 수 있다. 어떤 일이나 행동도 잘 될 수도 있고 잘 되지 않을 수도 있다. 일어나는 그대로 받아들이고 또 수행해 가는 것이 중요하다.

여섯째, 수용하라. 수용은 있는 그대로 보고 받아들이는 자세이다. 여기서 수용은 소극적 수용이 아니라 적극적이며 의도적인 수용이다. 의도적 수용은 치유와 변화의 전제 조건이 된다.

일곱 번째, 내려놓아라. 내려놓는 것은 집착하지 않는 마음이다. 또한 일어나는 모든 것을 있는 그대로 보고 받아들이는 포용과 신뢰의 마음이다.

다음은 일상생활에서 마음챙김 명상을 꾸준히 하는 것이다. 바르게

보고 생각하는 힘을 키우는데 가장 효과적인 방법은 마음챙김 공식명상 수련이다. 이러한 마음챙김의 명상 과정을 통해 바르게 보고 생각하는 힘을 키운다. 먼저 공식명상 수련을 통해 지혜의 힘을 키운다. 그다음은 일상생활에서 마음챙김의 태도를 유지한다. 복잡한 출퇴근 시간에 잠시 마음챙김 명상을 한다. 직장에서 회의시간 전후에 잠깐 동안의 명상을 통해 머리를 맑게 하고 생각을 정리한다. 고객이나 상사와의 대화에서도 마음챙김 함으로써 상대방이 나에게 쏜 화살을 되돌리지 않고, 지혜와 자애의 마음으로 대응한다. 공식명상뿐만 아니라 일상생활의 마음챙김을 통해 바르게 생각하는 힘을 강화한다.

끝으로 바른 생각의 힘을 키우기 위해서는 자애慈愛의 마음이 필요하다. 자애는 모든 사람들의 행복과 안녕을 바라는 마음이다. 자애의 마음은 사람들에게 이익과 행복을 주려는 의도적인 마음이다. 사전적 의미로 연민은 사람들을 불쌍하고 어여삐 여기는 마음이다.

조직의 리더나 관리자에게 자애의 마음은 어떤 의미일까? 그것은 어떤 의사결정이나 말과 행동을 할 때, 상대방을 존중하고 상호 원원하며 어려움을 해결해 주는 마음과 행동을 말한다. 그러나 비즈니스의 현실에서 자애의 마음을 가지기는 쉽지 않다. 대표적인 예가 경기가 어렵거나 조직이 위태로울 때 구조조정이나 정리해고를 해야 하는 상황이다. 인위적으로 조직 구성원들을 해고한다는 것은 리더에게 가장 가혹한 행위이다. 그러한 결정을 내린 리더 역시 상당한 고통과 괴로움을 호소한다. 그러나 전체 조직을 위해 일부 구성원을 해고할 수밖에 없는 어려운 처지이다. 다만 떠나는 직원에 대한 자애와 연민의 태도는 합당한 처우와 구직 기회를 제공하려는 마음이 함께한다.

지혜는 이성만으로 길러지지 않는다. 모든 존재에 대한 자애의 감성이 함께 할 때 진정한 지혜의 샘물을 길러 올릴 수 있다. 일상생활을 하다 보면 과도한 욕망이나 감정 폭발, 그릇된 판단 등을 할 때가 있다. 이때 바르게 생각하기는 그릇된 생각의 틈을 메우고 바른 생각과 행동으로 돌아가는 마중물과 같다.

[마음챙김 명상 수련2] 걷기명상

바른 생각을 돕는 걷기명상

어떤 일을 하다가 막히거나 풀리지 않을 때 자리에서 일어나 방 안을 서성이곤 한다. 때로는 밖으로 나가 천천히 걸어본다. 그러면 복잡하게 얽혀 있던 문제의 실마리를 찾거나 마음이 가벼워짐을 느낀다. 실제로 하루에 30분 이상만 걸어도 혈액순환을 촉진하고 불안감이나 스트레스 해소에도 도움이 된다. 또한 생활에 활력을 주며 새로운 아이디어를 얻는 창의력 향상에도 효과가 있다.

걷기 운동과 걷기명상은 차이가 있다. 걷기 운동은 체력단련이나 건강을 목적으로 한다. 걷기명상은 걷는 동안 일어나는 신체적 변화와 감각을 의도적으로 알아차리는 정신적 수련이다. 걷기명상도 걸으면서 운동 효과를 주지만 추구하는 목적이 다르다. 걷기명상은 걸으면서 자신의 몸과 마음에서 감각과 느낌들을 알아차리는데 목적이 있다.

마음챙김 기반 스트레스 해소 프로그램MBSR의 개발자인 존 카밧진 교수는 그의 책『마음챙김 명상과 자기치유』에서 걷기명상에 대해 다음과 같이 말했다.

"걷기 그 자체에 의도적으로 의식을 집중하는 것이다. 발이
나 다리의 감각에 집중하거나 그게 아니면 전신이 움직이는 것

을 느낀다. 또한 걸을 때의 경험과 호흡에 대한 알아차림을 통합
시킬 수도 있다."[5]

걷기명상은 걸으면서 느껴지는 실제 경험에 주의를 기울인다. 마음챙
김 걷기는 엄숙하거나 심각하게 할 필요는 없다. 다른 명상 방법과 같이
가볍고 편안한 마음으로 한다. 단지 걸으면서 자신이 걷고 있다는 것을
느끼면 된다. 한 발을 바닥에 디딜 때 느껴지는 발바닥의 감각, 한 발로 몸
을 지탱할 때 느껴지는 무게감, 떨림, 움직임, 그리고 발걸음을 옮기면서
숨이 들어오고 나감을 느낀다. 바깥에서 걷다 보면 주의의 경치에 눈길이
간다. 도시 주변을 거닐면 간판이나 사람들, 산길을 걸으면 꽃과 나무, 새
와 벌레들에 시선이 간다. 걷기명상은 먼저 자신의 몸과 마음의 감각과
느낌에 주의를 기울이는 것이 좋다. 그리고 의식적으로 자연의 바람이나
햇살, 공기의 느낌 그리고 천천히 주변 경치에 시선을 옮기는 것이 좋다.
주변의 경치에 주의를 줄 때에도 주변에서 일어나는 것들에 의도적으로
주의를 기울인다.

걷기명상의 핵심은 걸으면서 자신의 몸과 마음에서 일어나는 감각과
느낌, 생각 등을 알아차리는데 있다. 걷기명상에 집중하다 보면 문득 떠
오르는 생각들이 있다. 복잡하게 얽혀 있던 생각들의 파편들이 떨어져 나
가고 알맹이만 떠오른다. 한참을 고민해도 풀지 못했던 문제의 실마리가
선명하게 떠오른다. 이때 발바닥이 땅바닥에 닿으면서 세포 하나하나가
깨어나 머리를 맑게 하는 상호 연결성과 전체성을 경험한다. 걷기명상은
한 걸음 한 걸음을 옮기면서 몸의 감각과 느낌을 알아차리고, 생각이 열
리는 경험을 한다. 이처럼 걷기명상은 정좌명상과 함께 대표적인 공식명
상이며 지혜를 깨닫는 효과적인 명상 방법이다.

[실습] 걷기명상 수련하기

걷기명상 안내문

걷기명상은 먼저 조용히 서서, 호흡에 주의를 기울인다. 이때 눈을 감아도 되고 떠도 좋다. 양팔은 자연스럽게 아래로 늘어뜨린다. 숨이 들어오고 나가는 과정에 주의를 기울인다. 호흡에 주의를 기울이다가 천천히 한 발을 들어 올린다. 나머지 한 발에서 몸의 무게를 지탱하는 묵직함을 느낀다. 발가락이 펴지면서 전체 몸의 균형을 유지하려는 움직임을 알아차린다. 그리고 마치 아기가 첫 걸음을 배우듯이 천천히 들었던 발을 내려 놓는다. 그다음 다른 발을 들어 올리고 나머지 한 발로 몸을 지탱하는 느낌과 발가락의 움직임, 그리고 발 전체에서 느껴지는 감각을 느껴본다. 이 동작을 천천히 반복하면서 발과 다리의 느낌과 감각을 알아차린다. 그런 식으로 걸음마다 발 들어 올리기와 옮기기, 내려놓기, 그리고 몸의 이동을 알아차리면서 걷는다.

이 동작을 반복해서 걸은 후에 걸으면서 호흡하는 느낌을 알아차린다. 걷기명상은 천천히 걷는 동작을 하기에 숨을 가쁘게 내쉴 필요는 없다. 걸음을 옮기면서 천천히 숨이 들어오고 나가는 과정에도 주의를 기울인다. 걷기명상을 할 때 시선은 전방 3~5미터 앞을 바라본다. 시선을 좌우로 두지 말고 걸음 자체에 주의를 기울인다.

이러한 발걸음과 몸의 이동, 호흡에 대해 주의를 기울이면서 걷기명상을 하다 보면 시선이 자연스럽게 주변으로 간다. 피부에 닿는 따뜻한 햇살, 몸을 스치는 바람, 주변의 소음도 들려온다. 자신의 주의가 천천히 주변으로 옮겨가면 그 하나하나에도 주의를 기울여 본다. 햇살의 따뜻함, 바람의 느낌, 주변의 소리 등 하나하나에 주의를 기울인 뒤에, 다시 걸음과 호흡에 주의를 가져온다. 걷기명상을 하면서 자신의 주의가 자동반응하지 않고, 스스로 알아차리며 의도적으로 주의를 옮긴다.

그림 6-1 걷기명상 수련

공식적인 걷기명상을 수련하려면 처음에는 외부보다는 실내에서 진행하는 것이 좋다. 타인이나 외부의 소음 등에 주의를 빼앗기지 않고 발과 다리의 감각과 느낌을 알아차리는데 용이하다. 천천히 동일 공간을 걸으면서 특별한 목표를 잡거나 시간의 정함이 없이 걸어가면서 일어나는 감각을 온전히 관찰한다.

일상생활에서 걷기명상은 훨씬 수월하다. 생활하는 공간에서 걷기는 항상 이뤄진다. 걷기명상이 일반적인 걷기와 다른 점은 걸으면서 발과 다리, 몸의 감각과 느낌에 주의를 기울이는데 있다. 차를 타기 위해서 바쁘게 움직이다 보면, 발과 다리의 감각에 주의를 기울일 틈이 없다. 몸은 앞으로 쏠려 있으며 팔은 앞뒤로 휘저으면서 걷는다. 이러한 걷기에서는 자신의 걸음을 알아차리기는 쉽지 않다. 또한 몸은 걷고 있는데 머리와 눈은 다른 곳에 집중한다면 마음놓침의 상태에 빠지게 된다.

일상에서 걷는 동작에서 마음챙김의 경험을 하려면, 자신이 걷고 있는 것에 주의를 기울이면서 몸의 감각과 느낌을 알아차리는 것이 중요하다. 출퇴근 시간 이동할 때에 호흡을 가다듬고 발걸음을 옮기는 한 걸음 한 걸음에 주의를 기울여 본다. 일상에서 마음챙김 걷기가 어렵다면 단 5분이라도 좋다. 걸으면서 자신의 발과 다리, 몸의 감각을 알아차려 본다. 또는 사무실이나 집 안에서 천천히 걸음을 옮기면서 마음챙김 걷기를 시도해 본다. 일상적 걸음이 곧 마음챙김 걷기가 된다.

일상생활에서 마음챙김 걷기의 효과

요즘 길거리를 걸어가는 사람을 보면 스마트폰을 보면서 걷는 사람들이 꽤 많다. 이러한 모습은 마주오는 사람이나 자신에게 위험할 뿐 아니라 다칠 수 있다. 또한 걷는 과정에서 몸과 마음이 분리되는 마음놓침의 상태에 놓이게 된다. 걷는 과정에서 마음놓침은 자신의 몸과 마음, 주변에서 일어나는 것들을 알아차리지 못하고 사고나 위험의 상황에 빠지게 한다.

걷기는 일상에서 이동하는 매 순간 일어난다. 일상에서 걸어가면서 매 순간 걷기명상을 하기는 힘들다. 대신 걷는 과정에서 의식적인 주의기울임을 통해 내가 걷고 있다는 것을 자각해 보자. 걷는 순간의 마음챙김을 통해 몸과 마음에서 일어나는 변화나 감각을 알아차린다면 바른 생각이 일어나고 고민이나 걱정은 줄어든다. 일상적인 걷기가 삶을 한층 풍요롭게 만드는 열쇠가 된다. 일상생활에서 마음챙김 걷기를 통해 얻을 수 있는 효과는 다음과 같다.

먼저 마음챙김 걷기는 심리적 안정감을 찾는데 도움을 준다. 어떤 일에 흥분하거나 화가 날 때 앉아서 마음챙김 명상을 하면 도움이 된다. 그런데 앉아서 호흡에 주의를 기울이다 보면 생각이 꼬리를 물고 일어나는 경험을 해 보았을 것이다. 특히 화가 났을 때는 마음챙김의 상태로 집중하기 쉽지 않다. 그럴 때는 억지로 앉아서 명상을 시도하기보다는 자리에서 일어나 실내나 실외를 잠시 거니는 것도 좋다. 자신의 주의를 발걸음에 두어도 좋고, 걸으면서 자연스럽게 호흡에 주의를 기울여도 좋다. 걷기에 집중하다 보면 어느 사이에 걱정이나 불안, 화는 사라지고 오히려 그런 감정을 느끼는 자신의 내면을 있는 그대로 바라보게 된다.

또한 마음챙김 걷기는 바른 생각을 키우는 데도 효과적이다. 사람들은 어떤 일에 직면했을 때 긍정적인 생각보다는 부정적인 생각을 할 때가 많다. 이러한 부정적인 생각이 바른 생각을 가로막는다. 또는 하나의 사안에 골똘히 몰입하다 보면 자신도 모르게 편향적인 생각이나 자기중심적 사고에 빠질 수 있다. 마음챙김 걷기는 부정적인 자동반응이나 자기중심적 사고에서 벗어나 사물을 있는 그대로 보고 받아들이는데 도움을 준다.

바른 생각은 비즈니스 의사결정에서도 중요한 역할을 한다. 새로운 제안이나 프로젝트를 시도할 때 비용이나 자원의 투자를 고려하면 합리적인 결정을 내리기가 쉽지 않다. 그런 상황에서 마음챙김 걷기를 하면서 문제나 프로젝트에 대해 재검토를 하면, 사물의 전체적 의미를 파악하고 합리적 결정을 내리는데 효과적이다.

다음으로 마음챙김 걷기는 자신과 타인 그리고 전체가 상호 연결되어 있음을 강하게 느낀다. 마음챙김 정좌명상에서도 자신과 외부 환경의 연결성을 느낄 수 있다. 대표적인 것이 호흡명상을 통해 들어오고 나가는 호흡 속에서 내 몸이 자연과 연결되어 있음을 느낀다. 마음챙김 걷기를 통해서도 자신의 몸의 각 부분이 연결되어 있고 주변에 일어나는 것들에 내 몸과 마음이 반응하는 전체성과 상호 연결성을 깨닫는다. 마음챙김 걷기는 개인 간 갈등이나 감정의 문제가 서로 연결되어 있으며 모두가 함께 풀어가야 할 과제임을 느끼게 한다. 특히 비즈니스 상황에서 타인과의 갈등은 이해관계가 첨예하게 부딪히는 경우가 많다. 누구는 이익을 얻고 누구는 손해를 봐야 하는 상황이라면 더욱 그렇다. 이럴 때 마음챙김 걷기는 모두가 이익이 되고 전체에 도움이 되는 결정을 내리는데 일조한다.

끝으로 마음챙김 걷기는 자신의 몸과 마음의 건강을 모두 챙길 수 있다. 비즈니스로 바쁜 리더나 관리자의 경우 별도의 시간을 내서 몸과 마음의 건강을 챙기기가 쉽지 않다. 혹자는 헬스나 수영, 사이클, 달리기 등 다양한 운동을 통해서 자신의 건강을 돌보는 사람도 많다. 그러나 운동을 매일 꾸준히 하기는 쉽지 않다. 특히 실외에서 운동을 할 경우 날씨나 환경에 영향을 받을 때도 많다. 무엇보다 별도의 시간을 내서 하는 것이 여간 번거롭지 않다.

또한 대부분의 운동은 몸의 건강을 챙기는데 도움을 주지만 마음의 건강을 돌보기에는 한계가 있다. 마음의 건강을 돌보기 위해서 심리 상담이나 코칭을 받는 것도 좋다. 그렇지만 이 역시 비용과 시간이 든다. 그러나 마음챙김 걷기는 일상에서 언제 어디서나 할 수 있고 무엇보다 돈이 들지 않는다. 마음챙김 걷기는 몸과 마음의 건강지킴이다.

일과 생활에서 마음챙김 걷기는 공식적인 걷기명상은 아니지만 투입시간 대비 효과가 좋다. 바쁜 일상에서 무의식적으로 이뤄지는 지루한 걷기가 아니라, 마음챙김 걷기를 함으로써 삶을 보는 눈이 달라지고 더 많은 지혜를 얻을 수 있다. 자! 이제 일상생활 속에서 마음챙김 걷기를 생활화해 보자. 걸음의 속도를 조금 늦추면서 한 발짝 내딛는 걸음에 주의를 기울여 보자. 그리고 걷는 걸음 속에서 자신의 몸과 마음에서 전해지는 소리에 귀를 기울여 보자. 지금 여기에서 몸과 마음이 말하는 자신의 진정한 본성本性을 느껴보자.

제7장

[마음챙김 리더십 실천3]
바르게 일하기

진정으로 어려운 것은 죽음을 피하는 것이 아니라 사악함을 피하는 것이다. - 소크라테스

기업 활동과 바르게 일하기

유일한 박사에게서 배우는 바르게 일하기

우리나라에서 존경받는 기업가 중 한 분으로 유한양행 창업주 고 유일한 박사가 있다. 유일한 박사는 미국에서 성공한 사업가가 되어 31세가 되던 1926년 일제 치하의 고국 땅을 밟았다. 그는 조국의 비참한 현실에서 국민 건강을 돌보는 제약기업 유한양행을 설립하였다. 일제시대와 해방후의 격변기에 기업을 일구어 유한양행을 우리나라의 대표적 제약기업으로 성장시켰다. 유일한 박사는 기업경영의 핵심원칙으로 '투명경영'과 '성실납세'를 지켜 나갔다. 당시 각종 세무조사에서 1원도 탈세하지 않으며 모범기업으로 선정되어 동탑산업훈장을 받기도 했다. 또한 유일한 박사는 1969년 경영 일선에서 은퇴하면서 회사 임원에게 사장직을 물려주어 전문경영인체제를 선도적으로 시행하였다. 유일한 박사가 돌아가시면서 공개된 유언장에는 아들과 딸에게 최소한의 금액만은 남긴 채 일체를 사회에 환원할 것을 약속하였다. 유일한 박사는 기업을 개인의 소유물이 아닌 사회적 공기公器로 여기며, 부의 사회적 환원을 몸소 실천하였다. 이러한 유일한 박사의 삶과 경영원칙은 바른 기업 운영의 표상과 같다. 유일한 박사의 온라인 추모 사이트에 보면 그의 경영원칙 중에서 다음과 같은 구절이 있다.

> "기업의 제1목표는 이윤의 추구이다. 그러나 그것은 성실한
> 기업활동의 대가로 얻어야 하는 것이다."[1]

유일한 박사는 생전에 근면과 성실, 책임감을 중시하였다. 또한 기업 경영에서도 국익을 중시하며 바른 경영의 실천을 강조하였다. 유일한 박사의 언행은 조직의 책임자로서 바르게 일하기가 어떤 것인지를 몸소 보여주었다. 그 결과 유일한 박사가 설립한 유한양행은 우리나라 제약업계의 대표 기업으로 자리매김하고 있다.

바르게 일하기는 일에 대한 관점과 태도의 정립

바르게 일하기는 '무슨 일을 하는가?'가 아니라, '어떻게 일하는가?'에 초점이 있다. 앞서 예를 든 모든 구성원들이 유일한 박사가 중시했던 근면, 성실, 책임감의 태도를 가졌다면 문제는 없다. 그러나 현실은 그렇지 않다. 성실하지 못하거나 일을 잘못 처리한 뒤에도 책임을 피하려는 태도를 취하는 경우가 많다. 이를 방지하기 위해 평가제도나 업무 시스템이 있다. 그러나 아무리 좋은 제도와 시스템을 만들어도 구성원들의 자발적 참여가 없다면 '억지로 일하기'일 뿐이다.

다음은 Y정공 신사장과 기업에서 바르게 일하기란 어떤 것인가에 대해 나눈 이야기이다. 비즈니스 현장에서 바르게 일하기의 의미와 방법에 대해 생각해 보자.

김코치: 다음 달이면 인사고과 시즌이네요. 신사장님께서 보시기에 리더 평가에서 중요하게 삼는 기준은 무엇인지요?

신사장: 예전에는 임원팀장 평가를 할 때 실적을 최우선으로 평가하였습니다. 지금도 당해 연도 실적을 보지만 예전처럼 높은 비중을 두지는 않아요.

김코치: 그럼 어떤 항목에 가중치를 높게 둡니까?

신사장: 평가의 50%는 사업실적을 비롯한 핵심성과지표KPI, Key Performance Indicator 달성도, 나머지 50%는 리더십 역량, 조직 비전과 가치 실천으로 평가 합니다.

김코치: 사업실적과 리더십 역량은 대부분의 회사에서 평가지표로 활용하는데 조직 비전과 가치 실천은 생소한 항목입니다.

신사장: 사실 사업실적은 단기적 관점의 평가항목입니다. 단기 평가를 중시하다 보면 놓치는 것이, 중장기적 관점에서 인재양성이나 사업 먹거리 준비입니다. 성과를 짜내기 위해 직원들을 혹사시키거나 갈등이 발생하는 경우도 많습니다. 시간이 지나면 후유증이 많죠. 그래서 리더십 평가항목을 추가하였습니다. 리더십 평가는 제가 직속 상사와 팀원들 의견을 청취해서 직접 합니다. 그리고 중장기적 관점에서 조직의 비전과 가치를 충실히 적용하고 있는지를 평가합니다. 물론 직속상사나 팀원들 의견을 들어서 평가하지요.

김코치: 그렇게 직원들의 의견을 듣고 평가하시려면 시간이 꽤 걸리겠습니다.

신사장: 평상시 일을 하면서 많이 들으려고 노력하는 편입니다. 연중 직원들과 대화에서 수시로 의견을 들은 결과를 평가에 반영합니다. 물론 특별한 경우에는 연말에 추가로 진행하는 경우도 있죠.

김코치: 사실 평가는 보상이나 승진 등의 기준으로 활용되지만, 제가 보기에는 조직이 직원들의 바람직한 일하기의 기준을 보여주는 잣대라고 봅니다. 그렇기에 다양한 관점에서 리더에 대한 평가가 중요합니다. 그런데 조직 비전과 가치 실천을

　　　　리더십 평가기준에 적용한 특별한 이유가 있는지요?

신사장: 조직에서 평가는 바르게 일하는 것이 어떤 것인가를 보여주는 좌표라고 생각합
　　　　니다. 그래서 조직의 비전과 가치 항목을 넣었습니다. 우리 회사의 비전은 '개인
　　　　과 회사, 사회의 행복과 안녕을 위해 양질의 제품과 최적의 납기를 제공하여 고
　　　　객가치를 실현한다.'입니다. 비전 실행을 위해 도전과 협력, 정직과 성실을 조직
　　　　가치로 잡았습니다.

김코치: Y정공의 조직가치와 실천 사례를 말씀해 주신다면 어떤 것인지요?

신사장: 우리 회사는 미래에 대한 도전, 협력을 통한 가치창출, 정직한 업무수행, 성실한
　　　　태도를 중요시합니다. 이러한 가치에 부합하는지 스스로 자문하고 이 방향으
　　　　로 일치된 사고와 행동을 하는 것이 조직의 화합과 성과창출에 중요함을 알게
　　　　되었습니다. 특히 정직을 중시함으로써 편법이나 비위, 거짓 보고 등 일탈 행위
　　　　를 예방하는 효과를 낳았습니다. 예전에는 회사 물품이나 불용자재 오남용의
　　　　사례가 가끔씩 발생했지요. 최근에는 그런 일이 없어요. 서로가 그런 행위 자체
　　　　가 불법이라는 인식이 강해졌기 때문입니다. 일을 대하는 태도 자체가 달라졌
　　　　다고 봅니다.

김코치: 조직가치가 사람들의 생각과 태도를 바꾸는데 큰 역할을 하였네요. 말씀하신
　　　　것처럼 일을 대하는 바람직한 태도가 바르게 일하기라고 볼 수 있군요.

바르게 일하기는 일에 대한 관점과 태도를 말한다. 이 점을 간과하고 제도와 시스템만으로 해결하기에는 한계가 있다. 그렇다면 구성원들은 바르게 일하기의 중요성을 어떻게 인지할 수 있을까? 바르게 일하기 위해서는 앞 장에서 살펴보았던 바르게 보기와 바르게 생각하기가 선행되어야 한다. 바르게 일하기는 존재와 현상에 대해 바르게 보고 바르게 생각한 결과, 형성된 태도이다. 조직의 성과를 높이기 위해서는 제도나 시스템의 구축과 함께 직원들의 인식과 태도의 전환이 요구된다. 예를 들어 디지털 트랜스포메이션을 추진하는 기업이라면, 디지털 사업 추진과 함께 디지털 관점의 일하는 방식과 마인드를 형성해야 한다. 마음챙김을 통한 바르게 일하기는 디지털 전환과정에서 직원들 스스로 일에 대한 마인드와 업무방식 변화를 돕는다.

마음챙김 리더의 바르게 일하기

바르게 일하기는 선한 의욕과 공공선의 실천

많은 사람들이 '바르게만 일해서 성과를 만들 수 있느냐'고 의문을 제기하곤 한다. 이 말은 비즈니스는 성과창출을 위해 때로 구정물에 발을 담그기도 하고, 수단과 방법을 가리지 않아야 함을 암시한다. 또한 바르게 일한 개인이나 조직은 오히려 피해를 본다는 인식이 팽배하다. 이와 같이 바르게 일하기에 대한 전도된 인식을 극복하기 위해 올바른 이해가 중요하다.

바르게 일하기의 한 사례로 LG화학과 SK이노베이션 간 배터리 분야 특허 침해 및 영업비밀 침해에 대한 소송을 들 수 있다. 이 소송은 SK이노베이션이 LG화학의 배터리 강화 분리막 기술을 침해했다는 점과 LG화학의 인력을 빼가면서 영업비밀도 함께 가져갔다는 것이다. 최근 이 소송은

SK이노베이션이 2조 원에 달하는 합의금을 지불하는 조건으로 일단락되었다. 타사의 특허를 침해하고 핵심인력을 빼가는 것은 바르게 일하기가 아니다. 그럼에도 비즈니스 현실에서는 성과를 내기 위해 수단과 방법을 가리지 않는다. 이처럼 법적 문제로 나타난 것에 비하면 부정이나 편법을 동원한 사례는 그보다 훨씬 광범위하게 발생하고 있다. 이 사건에서 편법을 동원한 그릇된 일하기는 결국 기업 이미지는 물론 막대한 물질적 손실을 불러온다는 시사점을 준다. 이런 현실에서 바르게 일하기와 성과 창출 간의 바른 이해가 중요하다.

바르게 일하기 위해서는 먼저 사물을 있는 그대로 보고 받아들이는 견해를 키워야 한다. 또한 바른 생각을 위해서는 인간의 탐욕이나 성냄, 어리석음에서 벗어나 선을 향한 의욕이 중요하다고 강조하였다. 따라서 바르게 일하기란 개인의 쾌락이나 탐욕이 아닌 의욕적 작업이어야 하고, 단순한 돈벌이가 아닌 일의 가치가 목적이 되어야 하며, 나아가 개인과 조직 사회에 모두 이익이 되는 공공선公共善을 지향한다.

이처럼 개인과 사회의 공공선을 위한 사례도 심심찮게 볼 수 있다. 대표적 예로 도로에서 사고가 발생하여 차 안의 운전자가 나오지 못한 상황에서 지나가던 차들이 자발적으로 멈춰서 운전자를 구한 사례도 있다. 또한 지하철과 승강장 사이에 끼인 승객을 구조하기 위해 역사에 있던 사람들이 일제히 지하철을 밀어서 끼인 승객을 구조한 일화도 유명하다. 자신이 일해서 모은 돈을 불우이웃이나 교육기관 등에 기탁하는 시민이나 기업가의 사례도 많다.

어려운 상황에서 남을 돕고자 하는 연민과 자애의 마음이 사람들의 가슴속에서 뜨겁게 흐르고 있다. 그런데 왜 비즈니스의 세계에 오면 공공선을 향한 자애와 연민의 마음이 인색해지는 걸까? 그것은 비즈니스가 이윤추구에 매몰되었기 때문이다. 일찍이 유일한 박사는, "기업은 사회의 이익증진을 위해서 존재하는 기구" [2]라고 말했다. 특히 4차 산업혁명과 코로나19 이후 디지털 언택트 사회는 인간존중과 환경보호, 사회적 책임의 가치를 더욱 요구하고 있다. 기업 또한 이러한 가치에 발맞추지 못할 경우 소비자들의 외면을 받을 것이다.

정리하면 바르게 일하기란 개인과 조직, 사회에 행복을 가져오기 위해 선한 의욕과 공공선을 실천하는 활동이다. 이처럼 바르게 일하기의 핵심은 일을 대하는 태도와 방식에 있다. 마음챙김 리더의 바르게 일하기는 개인이나 조직, 사회와 전체적 시각에서 공공선의 실천이다. 이러한 리더의 바르게 일하기는 구성원 상호 간의 화합과 선한 의욕을 북돋워준다.

당신이 마음챙김 리더로 바르게 일하기 위해 다음 3가지를 자문해 보자. 첫째, 나는 단순히 나 자신과 가족을 부양하기 위해서 일하는가? 일이나 자신만을 위한 욕망이나 돈벌이의 수단이 아닌, 나와 타인 모든 존재를 위한 행복이어야 한다. 둘째, 나는 일을 하면서 순간순간 마음을 관찰하고 있는가? 일을 하는 매 순간 몰입과 헌신의 태도로 일을 하는지 스스로 자문하고 반조한다. 셋째, 나는 다른 사람에게 관심을 갖고 배려하며 도움이 되겠다는 바른 마음을 가지고 일하는가? 나뿐만 아니라 조직 구성원에게 관심을 가지며 그들에게 필요한 지원을 아끼지 않아야 한다.

바르게 일하는 4가지 방법

비즈니스 현장에서 바르게 일하기를 효과적으로 적용하려면 어떻게 하면 좋을까? 이에 대한 힌트는 지금으로부터 2천 5백여 년 전 붓다께서 왕의 바른 통치는 법 [Dharma]에 의한 통치를 강조한 대목에서 찾을 수 있다.

　　"통치자는 자비와 정의를 수립해서 악을 피하며 백성에게
　　모범을 보여야 한다." 3

　　오래전 붓다의 바른 법에 의한 통치는 오늘날 비즈니스 현장에도 많은 시사점을 준다. 붓다의 법에 의한 통치를 바탕으로 마음챙김 리더의 바르게 일하기 실천 방법 4가지를 살펴보자.

　　바르게 일하기 위해 먼저 일에 대한 행동규범을 구체화한다. 단위 조직의 리더는 자신이 운영할 조직 단위가 팀이나 회사 차원에서 바르게 일하기에 대한 행동규범을 세워야 한다. 행동규범은 리더와 구성원들이 한 방향을 바라보는 바로미터가 된다. 구성원들이 리더의 조직 운영방향에 대해 혼돈하거나 다른 목소리를 낸다면 조직의 행동규범을 제대로 이해하지 못했기 때문이다. 조직에서 행동규범은 바르게 일하기가 무엇인지를 구체화한 것이다. 예를 들면 배달의 민족은 '직원들의 일 더 잘하는 11가지 방법' 중에서 "9시 1분은 9시가 아니다" 라는 경구를 통해 시간준수와 바른 근태의 중요성을 강조한다.

　　둘째, 바르게 일하는 리더는 일과 생활에서 솔선수범한다. 솔선수범은 가장 기본적인 덕목이지만 현실에서는 잘 지켜지지 않는다. 회사의 일 뿐만 아니라 대인관계나 일상생활에서도 솔선수범하는 생활태도가 중요하다. 구성원들의 참여와 헌신을 이끌어 내기 위해서는 리더 스스로 모범을 보여야 하며 그 속에서 서로가 믿고 신뢰하는 관계를 형성한다.

　　올바른 솔선수범의 사례는 전쟁터에서의 장수를 생각해 보자. 수많은 적들과 포탄이 쏟아지는 속에서 "돌격 앞으로"를 외치면서 장병만을 앞세운다면 그들이 앞으로 나갈 수 있을까? 멈칫거리면서 발을 뒤로 빼는 장병의 목을 친다고 앞으로 갈까? 그때 장수가 맨 앞장서 달려나가야 한다. 이어서 앞에 있던 장병들이 함성을 지르며 앞으로 돌격한다. 뒤에서

머뭇거리던 병졸들도 함께 달려나간다. 장병들이 전쟁터에서 죽을지도 모르는데 앞으로 달려가는 이유는 옆에 있던 동료 장병들이 죽음 속으로 들어가기 때문이다. 바르게 일하는 리더는 구성원들이 몸과 마음이 함께 따르도록 바르게 일하는 자세를 견지해야 한다.

셋째, 바르게 일하는 리더는 구성원들에게 연민憐憫의 마음으로 행동한다. 연민은 타인의 처지를 불쌍히 여기는 마음으로, 동정이 아니라 공감하는 능력이다. 조직 구성원들 중에는 일을 잘하는 사람이 있고 못하는 사람도 있다. 일반적으로 일을 잘 하는 사람에게 보상이나 승진의 기회가 돌아간다. 반대로 일을 제대로 못하는 사람은 질책이나 야단을 받게 된다.

연민의 마음은 상대방이 잘 되길 바라는 마음이며 상대방에 대한 관심의 표명이다. 일의 결과는 개인의 능력이나 상황에 따라 달라질 수 있다. 일을 제대로 못하는 사람이라면 그가 일을 제대로 수행하지 못하는 이유를 있는 그대로 보고 받아들여야 한다. 여기서 받아들인다는 의미는 일을 못하니 포기한다는 의미가 아니다. 받아들인다는 것은 그가 잘 하는 일이 무엇인지? 일을 잘 할 수 있는 상황은 어떤 것인지? 일을 잘 하기 위해서는 어떤 지원이 필요한지를 먼저 파악하고 지원한다는 의미이다.

끝으로 바르게 일하는 리더는 구성원들을 공정하게 대한다. 오늘날 우리 사회의 화두 중 하나가 공정이다. 공정公正은 두 가지 의미로 해석할 수 있다. 먼저 공정의 사전적 의미는 '공평하고 올바름'이다. 모든 사람들은 어떤 일을 공평하고 바르게 처리되기를 원한다. 그러나 여기에 함정이 있다. 사람마다 생각하는 공정의 기준이 다를 수 있다. 예를 들어 성과급 배분에 대해 생각해 보자. 어떤 직원들은 모두가 열심히 일해서 얻은 수익이기에 모두가 공평하게 나누자고 할 수 있다. 또 어떤 직원은 모든 사업부가 수익을 낸 것은 아니므로, 성과를 많이 창출한 사업부는 많이 받고, 그렇지 못한 사업부는 적게 받아야 한다고 주장한다. 여기서 어떻게 하는 것이 공정하게 처리하는 것일까?

　조직사회에서 공정은 조직이 합의한 기준에 따라 공평하게 일을 처리하는 것이다. 여기서 기준은 바르게 일하는 첫 번째 방법인 행동규범과 유사한 측면이 있다. 조직사회의 공정은 객관적이고 중립적인 잣대를 의미한다. 평가의 기준이 사람이나 상황에 따라 달라진다면 구성원들은 조직과 리더를 불신하게 되며 믿고 따르지 않는다. 바르게 일하는 리더는 항상 모든 구성원들에게 공명정대하게 대하려고 노력해야 한다. 마음챙김 리더의 바르게 일하기 방법은 제3부 마음챙김 경영혁명의 4가지 원리에서 세부적으로 알아보기로 한다.

[마음챙김 명상 수련3] 마음챙김 요가

바르게 일하기와 마음챙김 요가

　요가는 바르게 일하기와 직접적인 관련은 없다. 그렇지만 요가 수련은 바르게 일하는데 필요한 균형감, 유연성 등의 감각을 알아차리는데 효과적이다. 일반적으로 요가는 자신의 몸매나 아름다움을 가꾸기 위한 운동으로 여긴다. 원래 요가는 명상의 일환으로 오래전부터 수련해 왔다. 요가의 기원은 기원전 1천 5백년 전에 인도에서 발생한 전통적인 심신수련법이다. 요가는 산스크리트어로 '결합하다'를 뜻한다. 몸과 마음을 하나로 결합하여 통일한다는 의미이다. 또한 요가는 개인과 우주를 하나의 전체로 연결하는 경험이라고 여겨진다.

　마음챙김 기반 스트레스 감소 프로그램MBSR에서 하는 하타 요가는 여러 형태의 '자세'를 취하는 동안 몸에서 일어나는 감각과 느낌을 순간순간 알아차리면서 매우 천천히, 부드럽게 몸을 스트레칭하고 힘을 주고,

균형을 잡는 훈련으로 이루어진다.[4] MBSR에서 마음챙김 요가는 일반적인 요가에서 수련하는 고난도의 자세나 스트레칭을 강조하는 것이 아니라, 자세를 취할 때 몸과 마음에서 일어나는 감각과 느낌을 알아차리고 몸의 경계를 인식하는데 초점을 둔다. 마음챙김 요가는 각 동작을 취하면서 몸을 살피고 부드럽게 이완하며, 더 유연하고 균형있게 만들어 준다. 또한 요가의 각 동작을 취하면서 자신의 몸과 마음에 대해 배울 수 있고 전체로서 자신을 체험할 수 있는 효과적인 방법이다.

그렇다면 마음챙김 요가는 바르게 일하는데 어떤 도움을 줄 수 있을까? 먼저 요가의 각 동작을 취하면서 몸의 균형감을 체득한다. 이것은 비즈니스 현장에서 발생하는 각종 문제의 사실과 원인을 객관적이고 균형있게 바라볼 수 있는 관점을 제공한다. 일상적인 마음챙김 요가 수련은 심신의 안정과 에너지를 얻을 뿐만 아니라 몸의 각 부분과 전체, 몸과 마음의 균형 있는 자세를 훈련함으로써 비즈니스 현장에서도 균형 있는 사고와 행동이 자연스럽게 우러나온다.

또한 마음챙김 요가 수련을 통해 몸과 마음의 유연성을 경험한다. 몸의 각 부분을 부드럽게 스트레칭해 줌으로써 근육과 뼈의 유연성을 높여준다. 또한 유연한 몸을 만들려는 생각이 자연스럽게 일어나며 자신의 한계까지 몸을 스트레칭한다. 매일 조금씩 강도를 높여가면서 자신의 몸과 마음이 더욱 부드러워지고 유연해짐을 체감하게 된다. 이러한 몸과 마음의 유연성은 타인과의 관계나 복잡한 업무를 수행함에 있어서 변화에 유연하게 대처하는 능력을 키워준다.

매일 마음챙김 요가를 수행하다 보면, 그날의 신체적 상황이나 컨디션에 따라 자세가 달라질 수 있다. 어떤 날은 몸의 이완과 유연성이 깊게 느껴지고 어떤 날은 반대인 경우도 있다. 이처럼 몸과 마음의 상태 변화에 따라 유연하게 대처하는 것이 중요하다. 또한 이러한 유연성을 잘 유지하기 위해 몸과 마음에 대한 집중과 평정이 요구된다. 자세를 취할 때 특정 신체 부위에 감각과 느낌에 집중하고 마음의 평정심을 유지함으로써 유연성이 길러진다. 이처럼 비즈니스 상황에서 문제에 유연하게 대처하기 위해서는 몸과 마음의 집중과 평정이 중요하다.

　마음챙김 요가가 일반적인 요가와 다른 점은 각 동작을 취하면서, 자세를 유지하거나 각 자세 간의 휴지休止에서 느껴지는 몸의 감각과 숨이 들어오고 나감을 관찰한다. 각 동작의 사이에 호흡에 주의를 기울임으로써 몸과 마음에서 느껴지는 에너지의 흐름, 기분상태의 변화 등을 알아차린다. 이것은 몸의 동작을 통해 특별한 움직임이 없으면서 몸과 마음을 알아차리는 무위無爲의 행위이다. 아무런 움직임이 없으면서도 몸과 마음에 일어나고 사라지는 감각과 느낌, 생각들을 알아차린다. 또는 동작의 휴지기에 몸에서 흐르는 에너지의 변화, 몸의 호흡과 방 안의 공기와의 순환, 몸의 열기가 바람의 찬 기운과 스치는 느낌 등을 알아차린다.

　때로는 리더의 행위에도 무위無爲의 리더십이 필요하다. 팀원이 업무 과제를 수행하는데 중간에 리더가 개입하거나, 팀원의 업무 속도가 느리다고 자신이 직접 수행할 경우 오히려 역효과가 발생할 수 있다. 상사가 직원들의 일에 일일이 관여하기 시작하면 직원들은 자신의 업무에 소극적이거나 수동적인 태도를 취하게 된다. 한편 업무 진행속도가 느린 직원을 다그치거나 대신 수행할 경우, 그 직원은 문제해결을 통한 역량강화의 기회를 잃게 된다. 무위無爲란 일하지 않는 것이 아니다. 무위無爲는 행위하지 않는 행위이다. 무위無爲의 리더십은 리더가 일일이 나서지 않더라도 조직이 시스템이나 프로세스에 의거해서 자연스럽게 업무가 수행되며, 갈등이나 문제 상황을 당사자들이 스스로 해결하는 것을 의미한다. 무위의 리더십을 실천하는 무위無爲 경영은 12장을 참고 바란다. 이처럼 마음챙김 요가명상 수련을 통해 얻어지는 균형감, 유연성, 무위의 특성은 마음챙김 리더의 바르게 일하기라는 좋은 습관의 형성을 돕는다.

[실습] 마음챙김 요가 수련하기

마음챙김 요가는 여러 형태의 자세를 취하는 동안에 일어나는 호흡과 감각, 느낌과 생각들을 제대로 인식하고 자신의 몸 안에 온전하게 존재하는 것이다. 마음챙김 요가의 기본 자세는 누워서 진행한다. 물론 서서 하는 요가동작도 있지만 누워서 하는 것이 좋다. 그저 방 안에 누워 있는 것만으로도 마음이 맑아지고 몸이 이완되는 기분을 느낄 수 있다.

그림 7-1 마음챙김 요가 수련

마음챙김 요가의 핵심은 요가의 각 동작을 취하면서 몸과 마음에서 일어나는 감각과 느낌, 생각을 알아차리는데 있다. 먼저 마음챙김 요가를 하기 위해 먼저 요가 매트를 구입하고, 매일 30분씩 매트 위에 누워 보자.

마음챙김 요가 안내문

마음챙김 요가에는 여러 자세가 있지만 여기서는 기본 동작 몇 가지만 소개한다.

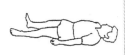	먼저 요가 매트에 반듯이 누워 양손을 몸통 옆에 나란히 두고 손바닥은 천정을 향한다. 이때 다리는 바로 펴서 양발은 어깨너비 정도로 벌린다. 이 자세가 요가명상에서 기본 자세다. 이 자세에서 숨이 코로 들어가서 목과 가슴을 지나 배에까지 숨이 들어오고 나가는 과정에 주의를 기울이며 머무른다. 누워서 하는 호흡명상을 떠올리면 된다.
	다음은 양팔을 머리 위로 들어올리고 팔과 다리를 양쪽 끝으로 쭉 끌어당긴다. 이때 호흡을 잠시 멈추고 양팔과 다리에서 느껴지는 감각에 주의를 기울인다. 이제 숨을 내쉬면서 양팔과 다리를 이완시킨다. 양팔과 다리를 양쪽 끝으로 끌어당기는 동작과 이완하는 동작을 반복적으로 취한다. 반복 횟수는 자신의 신체적 조건에 따라 진행한다. 이 동작을 마친 후에는 다시 기본 자세로 돌아가서 숨이 들어오고 나가는 호흡에 주의를 기울이면서 잠시 휴식을 취한다.
	다음은 기본 자세에서 양쪽 무릎을 들어서 굽힌 채 엉덩이 앞쪽에 나란히 놓는다. 이때 양발은 어깨너비 정도로 벌린다. 이 자세에서 신체의 다른 부위는 그대로 있고 허리만 들어 올린다. 굽어진 허리와 방바닥 사이의 공간에 손을 넣어서 만져봐도 좋다. 다시 허리가 내려오고 이번에는 엉덩이 꼬리뼈가 위로 올라간다. 숨이 들어오면서 허리가 올라가고, 숨을 내쉬면서 허리는 내려오고 꼬리뼈가 올라간다. 이 자세를 반복하면서 호흡에 주의를 기울인다.

다음은 양쪽 무릎을 가슴 쪽으로 끌어당겨 양팔로 양 다리를 감싸 안는다. 양다리를 감싸 안은 뒤 몸통을 좌우로 천천히 돌려 본다. 몸통을 좌우로 움직이면서 허리와 방바닥에서 느껴지는 감각에 주의를 기울여 본다. 매트의 촉감, 허리띠 부분의 압박감 등을 알아차려 본다. 이 동작을 반복한 뒤에 다시 기본 자세로 돌아가 호흡에 주의를 기울이며 휴식을 취한다.

다음은 몸의 다른 부위는 그대로 두고 왼쪽 무릎을 굽힌 채로 들어올린다. 왼 무릎을 원을 그리듯이 천천히 돌린다. 이 동작을 취하면서 골반에서 느껴지는 부드러움, 유연성, 소리 등에 주의를 기울여 본다. 돌리던 왼쪽 무릎을 멈추고 양손으로 무릎을 잡고 가슴 쪽으로 끌어당긴다. 잠시 이 자세를 유지하면서 호흡에 주의를 기울인 뒤 다리를 천천히 내려 놓는다. 이번에는 오른 무릎을 들어 올린 다음 무릎을 원을 그리듯이 천천히 돌린다. 오른쪽 무릎을 돌리면서 몸 전체에서 느껴지는 감각이나 느낌을 알아차린다. 잠시 이 동작을 반복한 뒤에 양손으로 오른 무릎을 잡은 뒤 가슴 쪽으로 잡아당긴다. 이 자세에서 호흡에 주의를 기울인 뒤 오른 무릎을 아래로 내려 놓는다. 기본 자세에서 호흡에 주의를 기울이며 휴식을 취한다.

다음은 몸이 일어난다는 것을 알아차리면서 양팔과 다리를 바닥에 대고 엎드리는 반교각 자세를 취한다. 이어서 머리를 어깨 사이에 넣고 허리를 굽혀서 올리는 고양이 자세를 취한다. 고양이 자세에서 잠시 머무른 뒤, 허리를 펴고 머리를 들어올려 앞을 보는 황소 자세를 취한다. 숨을 들이마시면서 고양이 자세를 취하고 숨을 내쉬면서 황소 자세를 취한다. 이 동작을 반복해서 취하면서 목과 허리에서 느껴지는 유연성과 부드러움에 주의를 기울여 본다. 고양이 자세와 황소 자세를 반복적으로 취한 뒤 정면을 보면서 반교각 자세로 돌아간다.

다음은 반교각 자세에서 왼쪽 손을 앞으로 뻗은 뒤 오른쪽 다리를 뒤로 쭉 뻗는다. 그러면 오른쪽 손과 왼 무릎으로 바닥을 짚으면서 몸의 균형을 유지한다. 이때 시선은 정면을 바라보며 잠시 동안 이 동작을 유지한다. 이 동작을 취하면서 팔, 허리, 다리에서 느껴지는 감각에 주의를 기울인다. 요가의 각 자세는 자신의 신체적 조건과 상황에 맞춰 강도와 시간을 조절한다. 잠시 후 왼팔과 오른 다리가 천천히 아래로 내려온 뒤, 이번에는 오른쪽 팔을 앞으로 펴고 왼 다리를 뒤로 나란히 뻗는다. 이 자세를 잠시 유지하면서 몸과 마음에서 느껴지는 감각과 느낌 생각에 주의를 기울여 본다. 잠시 이 동작을 유지한 뒤에 팔과 다리를 아래로 천천히 내려 놓는다. (그림 7-1 참고)

연결동작으로 유아자세로 전환한다. 유아자세는 반교각 자세에서 엉덩이를 양쪽 발뒤꿈치 위에 가만히 내려 앉는다. 이때 허리는 앞으로 숙이고 양팔은 앞으로 쭉 뻗는다. 그리고 이마는 방바닥에 붙인다. 이 자세를 가만히 유지하면서 숨이 들어오고 나가는 호흡에 주의를 기울인다. 숨이 들어와서 배가 올라가고 숨을 내쉬면서 배가 내려가는 호흡에 주의를 기울이면서 몸의 이완감을 느낀다. 이 동작을 잠시 동안 유지한 후에 기본 자세로 전환한다.

기본 자세에서 잠시 휴식을 취한 뒤 다시 정좌 자세로 돌아간다. 정좌명상을 하면서 요가명상을 하기 전과 후에 몸과 마음에서 일어나는 신체와 느낌, 사고의 변화를 알아차린다. 잠시 후 눈을 뜨고 정좌명상에서 나온다.

공식 마음챙김 요가는 더 많은 자세와 동작이 있다. 관심 있으신 분들은 존 카밧진 박사의 저술인 『마음챙김 명상과 자기치유』를 참고하길 바란다. 또는 독자들 중에서 마음챙김 요가의 음성 녹음 파일을 활용하고 싶으신 분들은 저자의 <마음챙김 리더십 연구소> 블로그https://blog.naver.com/mindfullab를 방문하면 음성 파일을 들으면서 전체 마음챙김 요가를 따라할 수 있다.

일터에서 마음챙김 요가 활용하기

마음챙김 명상 프로그램을 접하는 초보자들이 가장 선호하는 명상 방법이 바로 마음챙김 요가이다. 대부분의 명상 프로그램이 정좌명상과 같이 정적인 환경에서 수행하다 보니 동적인 명상을 하고 싶어 한다. 걷기명상도 동적이지만 걷기라는 동일한 동작을 반복하다 보면 지루함을 느낄 수 있다. 반면 요가명상은 다양한 자세를 취하면서 근력과 균형감, 자신의 신체적 한계를 느끼는 등 다양한 경험을 얻을 수 있다.

직장에서 근무를 하면서 마음챙김 요가를 할 수 있는 다양한 방법을 검토해 보자. 먼저 직장 내에서 마음챙김 요가 수련 프로그램 운영한다.

일반인들에게 요가는 명상보다는 운동 프로그램으로 익히 알려져 있다. 많은 사람들이 별도의 비용을 지불해서 요가를 배우는 만큼 직장 내에서 요가명상 프로그램을 운영하면 마음챙김 명상에 쉽고 편안하게 접근할 수 있다. 많은 직장에서 사내에 헬스장이나 체력단련실을 꾸려 놓았지만 막상 이용하는 사람들은 제한적이다. 이러한 체력단련실의 한편을 요가룸으로 구성하는 것도 좋다.

요가는 명상룸을 만들어 놓고 요가 매트를 구비하는 정도에서 그치면 기존에 요가를 하던 사람을 제외하고는 이용하기가 쉽지 않다. 그렇다면 직원 복리후생이나 교육의 일환으로 마음챙김 요가 교육 프로그램을 운영하면 희망자들이 보다 쉽게 이용할 수 있다. 또한 요가 후에 직원들 간에 간단한 대화나 티타임을 통해서 다양한 커뮤니티를 형성할 수 있다. 사내 요가동우회를 구성하여 별도 시간에 요가 수련을 지속하는 것도 좋다. 이 과정에서 요가명상도 할 수 있고, 업무나 개인적 이야기를 나누면서 직원들 간에 유대감과 화목을 형성하는데 도움을 준다. 일찍이 붓다는 "모든 세계의 행복을 증진시키는 일보다 더 고귀한 의미는 없다"[5] 라고 하였다. 요가 프로그램이 개인과 조직의 행복을 증진시킨 수 있다면 장려하지 않을 이유가 없다.

다음은 근무시간 중에 몸과 마음의 피로를 회복하고 정신 집중을 위해 개인적으로 마음챙김 요가를 한다. 짧은 시간 앉거나 서서 할 수 있는 기본 동작을 마음챙김 하다 보면 스트레스도 해소되고, 정신도 맑아지는 효과가 있다. 간단한 스트레칭도 그냥 운동으로 하는 차원을 넘어 마음챙김을 하면 그 자체가 마음챙김 요가명상이 된다. 자신의 근무 자리에서 약간의 공간이 있다면 서서 하는 요가 자세를 몇 개만 취해 봐도 목이나 허리, 어깨의 피로를 풀면서 머리도 맑아지는 효과가 있다. 요즘 직장인들에 빈번하게 발생하는 골근육계 질환을 예방하는 데도 도움을 준다.

직장에서 마음챙김 요가를 활용할 수 있는 또 다른 방법은 아침 조회나 미팅시간에 3분 체조를 마음챙김 요가 자세로 대체할 수 있다. 팀 단위로 직원들이 둘러서서 체조를 하듯이 요가 동작을 취해 본다. 그냥 몸을 스트레칭하는 것을 넘어 한 자세마다 몸과 마음에서 일어나는 감정과 느낌, 생각들을 마음챙김 한다. 동료들과 함께 서서 하는 마음챙김 요가 자세를 몇 가지 소개하면 다음과 같다.

서서 하는 마음챙김 요가 안내문

양발을 어깨너비로 벌리고 팔은 아래로 가볍게 내리고 선다. 이 자세가 기본 자세이다. 첫째, 팔 들어 올리기 자세이다. 먼저 왼쪽 발을 살짝 앞으로 내디디면서 왼쪽 팔을 들어 올린다. 이 자세에서 잠시 호흡을 멈추고 몸과 마음의 감각과 느낌을 알아차린다. 그리고 기본 자세로 돌아온다. 다시 반대쪽인 오른쪽 다리를 살짝 앞으로 내밀면서 오른팔을 들어 올린다. 이때 시선도 오른쪽 팔을 향한다. 몸 전체가 오른쪽으로 쏠리는 느낌을 알아차린다. 잠시 호흡을 멈춘 뒤 기본 자세로 돌아온다. 이 동작을 몇 번 반복한 뒤 기본 자세로 돌아온다.

두 번째는 서서 하는 기본 자세에서 양팔을 위로 들어 올린다. 이때 시선도 같이 위를 향한다. 잠시 호흡을 멈춘 뒤 몸의 각 부위에서 느껴지는 감각을 알아차린다. 다시 기본 동작으로 돌아온다. 이 동작을 몇 번 반복한 뒤 기본 자세로 돌아온다.

세 번째는 목 돌리기다. 기본 자세에서 목을 앞으로, 뒤로, 좌로, 우로 천천히 젖힌다. 너무 무리하지 말고 자신의 신체적 조건에 맞춰 동작을 취한다. 그다음 목을 천천히 원을 그리듯이 돌린다. 다음은 반대쪽 방향으로 돌린다. 이 동작을 몇 번 반복한 뒤 기본 자세로 돌아간다.

네 번째는 어깨 돌리기다. 기본 자세에서 양쪽 어깨를 위로 들어올린다. 그리고 천천히 내려온다. 이번에는 양쪽 어깨를 앞으로 천천히 죈다. 다시 풀어주고 힘을 빼고 늘어뜨린다. 그리고 양쪽 어깨를 뒤로 천천히 죈다. 다시 풀어주면서 힘을 빼고 떨어뜨린다. 다음은 양쪽 어깨를 원을 그리듯이 천천히 돌려준다. 그리고 반대 방향으로도 한 번 더 돌려준다. 각 동작을 마친 뒤에는 잠시 휴지기를 가진 뒤 다음 동작으로 넘어간다.

다섯째는 허리 굽혀 한쪽 팔 앞으로 뻗고 반대편 팔 아래로 늘어뜨리기 자세이다. 기본 자세에서 허리를 굽혀서 양손이 바닥에 닿도록 숙인다. 이때 양다리는 어깨너비로 벌리고 곧게 뻗어준다. 이 자세에서 잠시 멈춘 뒤 먼저 왼쪽 팔을 앞으로 뻗어 주고 오른쪽 팔은 아래로 둔다. 이 동작에서 잠시 멈춘 뒤 올라갔던 팔을 천천히 아래로 내린다. 이 자세에서 잠시 멈추고 호흡에 주의를 기울인다. 다시 오른쪽 팔을 앞으로 쭉 뻗어주고 왼쪽 팔은 아래로 향한 뒤 잠시 멈추고 몸과 마음에 주의를 기울인다. 이 자세를 몇 번 반복한 뒤 기본 자세로 돌아온다. 기본 자세에서 잠시 휴식을 취한다.

다음은 기마자세로 마무리 한다. 기본 자세에서 몸은 그대로 있고 양쪽 무릎을 살짝 아래로 내려 기마자세를 취한다. 그리고 팔을 앞으로 뻗어 나란히 하거나 양손을 살짝 깍지를 껴도 좋다. 이 자세에서 허리는 세우고 숨이 코를 거쳐 목-가슴-배에까지 숨이 들어오고 나가는 것에 주의를 기울인다. 이 자세에서 잠시 멈춰서 몸과 마음에서 일어나는 감각과 느낌에 주의를 기울이면서 잠시 머무른다. 잠시 후 기본 자세로 돌아오고 요가명상에서 나온다.

이 동작들을 취하면 보통 5분에서 10분 정도가 소요된다. 시간이 허락하면 각 동작 사이에 휴지기를 가지고 몸의 감각과 느낌에 대한 마음챙김의 시간을 더 가져도 좋다. 만약 전체가 같이 하면 5분 내외로 간단히 진행하는 것도 좋다. 동료들과 마음챙김 요가를 함께 한 후에 요가를 하면서 들었던 생각이나 느낌들이 있으면 같이 공유한다. 이처럼 직장에서 간편하면서 효율적인 마음챙김 요가를 진행할 수 있는 시간과 공간을 마련할 수 있다. 이를 통해 개인은 심신의 에너지 흐름을 원활히 하고 몰입을 높인다. 또한 팀이나 조직 전체가 일과 생활에서 활기와 마음챙김의 태도를 기르는데 도움을 준다.

제8장

[마음챙김 리더십 실천4]
바르게 말하기

먼저 말하거나 평가하지 말고 사물 그 자체의 원래 모습이 드러나게 하라. - 장자

비즈니스 의사소통과 마음챙김

대인 커뮤니케이션의 문제와 원인

코로나19 사태 이후 대면 의사소통보다 온라인이나 비대면 의사소통이 활발해지면서 직장 내 커뮤니케이션 오류가 자주 발생하고 있다. 다음은 온라인 화상회의에서 팀 프로젝트 지연에 대해 책임을 묻는 회의의 한 대목이다. 팀 멤버들이 프로젝트 지연 책임과 원인에 대해 토론을 하다 갑자기 회의 분위기가 싸늘해졌다.

이과장: 김대리, 왜 말을 그렇게 해! 온라인이라고 함부로 말해도 되는 거야?
김대리: 이과장님, 제가 틀린 말 한 것은 아니잖아요?
이과장: 나 때문에 프로젝트가 지연되었다고 했잖아!
김대리: 이과장님이 맡은 파트에서 작업이 늦어졌고, 그 결과로 완전하게 준비되지 않

　　　　　　은 상태에서 개발을 진행하느라 문제가 발생한 것은 맞잖아요?

　　이과장: 내가 늦고 싶어서 늦은 게 아니잖아. 외주작업이 지연되어서 개발이 지연되었던

　　　　것이고, 프로그램 버그 문제는 김대리 파트에서 터졌잖아.

　　위 대화는 서로의 얼굴을 보지 않는 비대면 상황에서 상대방의 마음을 상하게 하는 표현으로 갈등이 발생한 사례이다. 직장에서 발생한 사고 대책회의는 민감한 문제를 다룰 수밖에 없다. 사고의 원인과 문제를 일으킨 책임 소재는 밝혀야 한다. 이때가 조직에서 갈등이나 다툼이 가장 많이 발생한다. 대면 회의라면 상대방의 안색을 고려하면서 조심스럽게 이야기한다. 그러나 상대방의 안색이나 표정이 잘 보이지 않는 비대면 상황에서 무심코 뱉은 말이 상대방의 마음을 상하게 할 수 있다.

　　심리학자들의 연구결과에 따르면, 사람 간 대화에서 비언어적 표현이 의사소통에서 차지하는 비율이 높다. 미국의 심리학자 앨버트 메라비언의 연구결과에 따르면, 시각표정.태도이 55%, 청각음성이 38%, 언어말가 7%를 차지한다고 한다. 이처럼 대화에서 상대방의 말보다 비언어적 표현이 93%를 차지할 만큼 절대적이다. 비대면 상황에서는 이러한 표정이나 음성과 같은 비언어적 표현을 제대로 확인할 수 없기 때문에 커뮤니케이션 과정에서 주의해야 한다.

　　이러한 대인 간 커뮤니케이션 과정에서 문제가 발생하는 근본적인 원인은 크게 두 가지다. 먼저, 가치 차이에 대한 몰이해이다. 어떤 사람은 일을 하는데 완성도는 좀 떨어지더라도 신속하게 처리하기를 원한다. 다른 사람은 신속한 일 처리보다 업무의 완성도를 중요시할 수 있다. 이처럼 사람마다 지향하는 가치는 다르다. 서로 다른 가치의 차이를 인정하지 않고, 자신의 가치를 일방적으로 강요하거나 편협한 입장을 취한다면 대인

간 갈등은 증폭한다. 가치의 차이는 서로 간의 오해를 발생시키는 중요한 원인이다.

다음은 자신이 가진 정보의 불완전성이다. 사람들은 문제 상황에서 자신이 가진 정보와 지식을 토대로 문제를 해결하려고 한다. 그런데 사람들이 가진 정보 자체가 불완전할 뿐 아니라 정보를 바라보는 견해에도 차이가 있다. 이처럼 견해의 차이와 정보의 불완전성은 대화과정에서 심각한 오류를 낳는다. 이러한 정보의 불완전성과 견해의 차이를 극복하는 방법은 상호 간 열린 대화를 통한 사실의 확인에서 시작해야 한다.

마음챙김 의사소통의 효과

마음챙김 명상은 효과적인 의사소통의 수단이 될 수 있을까? 명상이 심신의 안정과 평화를 얻는데 도움이 되겠지만, 대인 간 대화에서는 어떤 효과가 있을까? 다음 Y정공 신사장과의 대화에서 마음챙김 의사소통 효과에 대해 살펴보자.

김코치: 신사장님, 많은 사람들이 마음챙김 명상을 하면 마음의 평정이나 스트레스 감소에는 도움이 되겠지만 실제 대인 간 대화에서 도움이 될 수 있는지요?

신사장: 저도 처음에는 명상을 하면서 마음의 안정과 건강에 도움이 되는 정도로 이해를 했습니다. 그런데 명상을 하고 난 다음부터 대화를 할 때에도 기존과 다른 모습을 발견하게 되었습니다.

김코치: 예를 들면 어떤 변화가 있었는지요?

신사장: 마음챙김 명상의 핵심이 바른 견해와 생각을 통한 지혜나 깨달음, 그리고 자신과 타인에 대한 자애와 연민의 마음입니다. 이런 지혜와 연민이 타인과의 대화에서도 투영이 되더군요.

김코치: 마음챙김에서 길러진 지혜는 일상대화에서 어떻게 발휘되는지요?

신사장: 마음챙김의 자세는 타인과의 대화에서도 아무런 판단함이 없이 있는 그대로 보려고 합니다. 일반적으로 경영회의에서 팀장들이 업무 보고를 합니다. 성과가 좋은 부서장은 어떤 보고를 해도 잘한 듯이 보이고, 성과가 미흡한 사업부의 보고는 제대로 듣지 않는 경향이 있었죠. 그런데 마음챙김을 하면서 회의를 하면 부서의 실적이나 개인의 성향에 관계없이 있는 그대로 보려고 노력합니다. 그러다 보니 실적이 미흡한 부서는 왜 그런지, 사람의 문제인지 아니면 환경이나 조직의 문제인지 다각도로 보게 되더군요. 사업의 많은 문제는 사람의 문제도 있지만, 외부환경과 조직 시스템 차원의 문제임을 느끼게 되었죠. 그러면서 대화 분위기도 달라지고, 문제를 해결하는 데도 많은 도움이 되었습니다.

김코치: 마음챙김의 있는 그대로 보려는 자세가 의사소통 과정에서 객관적 문제 파악과 해결안 도출에도 도움이 되었군요. 그럼 대화에서 자애와 연민의 마음은 어떻게 나타나는지요?

신사장: 마음챙김 명상을 하면서 달라진 또 다른 점은 타인과의 대화에서 흥분하거나 감정 표현을 절제하는 마음가짐이 좋아졌죠. 예전에는 보고를 받다가 화를 내거나 중간에 자르고 들어가 피드백을 하는 경우가 많았는데, 요즘은 문제의 본질이 뭔지, 화가 나더라도 좀 더 참고 인내하는 태도가 늘어났어요. 그래도 화가 나면 회의를 잠시 중단하거나 연기합니다. 차 한 잔 마시거나 생각을 가다듬은 뒤 다시 미팅을 하면, 상대방도 무엇이 문제인지 다시 생각하고 스스로 개선하려는 모습을 찾을 수 있어요. 특히 감정이 앞서지 않다 보니 상대방을 이해하고 도와주고 싶은 마음이

들더군요. 물론 그래도 실적이 좋지 않으면 화가 나지만 개인의 문제보다는 외부
환경의 문제가 크기 때문에 최악의 상황은 막자는 생각을 가지게 됐죠. 요즘 같은
코로나19 상황에서는 우리뿐만 아니라 대부분의 기업들이 어렵잖아요.

김코치: 사장님의 말씀을 듣다 보니 왜 우리가 생활이나 직장에서 마음챙김 명상과 대
화를 해야 하는 지, 그 이유를 알 수 있었습니다. 바로 마음챙김을 통해 길러진
지혜와 자애, 연민의 마음이 타인과의 대화에서도 그대로 투영되는군요.

마음챙김 명상은 심신의 안정과 건강, 지혜와 연민의 마음을 개발한
다. 또한 개발된 지혜와 자애, 연민의 마음은 타인과 전체로 확산된다. 대
표적 예가 타인과의 대화나 문제를 해결하는 과정이다. 마음챙김의 정의
에서 보듯이 '지금 여기에서 아무런 판단함이 없이 일어나는 모든 것들을
있는 그대로 보고 받아들이는 것'에서 대인 간 효과적인 커뮤니케이션의
핵심을 발견할 수 있다. 이러한 마음챙김이 효과적인 대화를 하는데 도움
을 주는 요소는 무엇일까?

먼저 마음챙김의 자세는 상대방과 대화를 하는 지금 이 순간에 집중
하게 한다. 타인과 대화를 하면서 다른 생각을 하거나 다른 행동을 하는
경우도 많다. 효과적인 커뮤니케이션은 상대방과의 대화에 집중하는 데
에서 시작한다.

또한 상대방과의 대화에서 옳고 그름이나 선善과 불선不善에 대한 판단
을 하지 않고, 객관적인 입장에서 사물이나 상황을 볼 수 있게 한다. 대화
의 과정에 부지불식간에 판단하려는 생각을 통제하여 사실과 본질을 보
는데 도움을 준다.

아울러 대화를 통해 상대방의 이야기를 이해하고 수용하는 힘을 키워
준다. 상대방에 대한 선입견이나 견제의 심리는 상대방의 의도를 왜곡하
거나 오해를 낳을 수 있다. 수용은 상대방의 이야기를 그대로 받아들이

는 것이 아니라, 상대방의 의견에 공감하고 배려하는 태도이다. 이러한 배려와 공감의 태도는 상대방으로 하여금 진실되고 바른 대화를 이끌어 내며 최선의 결과를 도출한다. 이처럼 마음챙김은 개인의 지혜와 자애, 연민의 마음이 타인과 전체로 확산되어 바른 대화를 형성하는데 큰 영향을 미친다.

비즈니스 대화에서 바르게 말하기

말은 관계와 결과를 조건 짓는다

일찍이 붓다는 거친 말, 욕설을 피하고 사랑스럽고 예의 바른 말을 강조하며 다음과 같이 말씀하셨다.

> "인간의 입속에는 도끼가 자라고 있어 어리석은 자들은 스스로를 자른다, 악한 말을 입으로 뱉을 때마다."[1]

온화하고 사랑스러운 말은 얼음같이 차가운 마음도 녹이지만, 거칠고 상스러운 말은 상대방에게 고통을 안겨줄 뿐이다. 타인을 비판하거나 설득하려 할 때는 상대방의 마음이 상하거나 불쾌하지 않도록 마음을 써야 한다. 그럼에도 불구하고 사람들은 왜 타인의 마음을 상하게 하거나 왜곡된 말을 할까?

가장 큰 원인은 자신의 감정을 통제하지 못하기 때문이다. 사람들은 화가 나거나 분노가 일어나는 상황에서 자신의 감정을 통제하지 못하고 화나 욕설을 내뱉는다. 또는 외부 분위기에 휩싸여 자신의 이성을 잃고 감정적인 말이나 행동을 할 때도 있다. 그 이유는 인간의 뇌 속에 있는 변연계에서 감정을 조절하는 기능이 즉각적으로 반응하기 때문이다. 자신의 감정을 컨트롤 하는 의식적 노력을 하지 않으면 인간의 뇌는 파충류의 뇌처럼 반응한다.

외부 상황이나 타인의 말에 자신의 감정이 휩싸이지 않기 위해서는 대인관계에서 마음챙김의 자세가 필요하다. 그렇지 않고 환경이나 타인으로부터 날라오는 화살을 맞으면 몇 배 이상의 폭력이나 폭언으로 자동 반응한다. 일이나 관계에서 온전하게 마음챙김할 때, 자신의 생각과 감정을 표현하는 바른 말은 불선한 마음 상태를 절제시킨다. 마음챙김은 스스로 자신의 생각과 견해를 단속하고 말과 행동을 통제한다.

다음은 상대방에 대한 왜곡된 이미지나 편견을 가지기 때문이다. 일상생활에서 타인에 대한 선입견이나 생각들을 무심결에 내뱉는 실수를 종종 한다. 대표적인 예가 성적이거나 인종적, 혹은 지역적 차별을 나타내는 표현이다. 그것은 화자의 머릿속에 그러한 견해나 생각이 똬리를 틀고 있어 무의식적으로 말이나 행동으로 나타난다. 평상시 자신의 생각이나 견해를 마음챙김하지 않으면 이러한 잘못이나 편견이 표출된다.

끝으로 타인에게 거짓말을 하거나 이간질하는 말을 하는 이유는 자신과의 이해관계나 사적 이익을 취하기 때문이다. 사람들이 바른 말을 하지 않는 이유는 그가 정직하지 못하기 때문만은 아니다. 누구나 바른 말을 해야 하는 중요성을 알고 있다. 그럼에도 불구하고 거짓이나 이간질하는 말을 하는 근본 이유를 뭘까?

사람들이 거짓말을 할 때는 자신이 불리한 상황에 처해 있거나 자신의 이익을 도모하기 위해서다. 예를 들어 직장에서 사고가 발생했는데 그 사고의 원인을 '내 탓이오'라고 말하기는 쉽지 않다. 또는 그 문제의 원인이 우리 조직에 있다고 내부 고발하기는 더욱 어렵다. 조직 전체가 손해를 볼 수 있는데 우리 회사가 잘못해서 고객이 피해를 입었다고 발언하기는 쉽지 않다. 그러나 이러한 거짓말은 순간적으로 위기를 모면할 수 있어도 더 큰 피해를 낳는다. 모든 큰 실수나 잘못은 작은 문제에서 비롯된다. 작은 실수나 잘못에 대해 수수방관하거나 직면하지 않으면 결국 개인과 조직은 큰 문제에 봉착하게 된다. 이처럼 일상생활에서 우리가 사용하는 말은 인간관계를 조건 짓고, 서로의 마음을 조건 짓고, 미래에 일어날 결과를 조건 짓는다.

바르게 말하기는 바른 견해와 생각의 언어적 표현

바른 말은 마음챙김 수행을 통해 얻어진 바른 견해와 생각의 언어적 표현이다. 바르게 말하기 위해서는 지금 여기에서 일어나는 모든 일들을 아무런 판단함이 없이 있는 그대로를 보고 받아들이는 마음챙김의 태도가 필요하다. 바른 견해와 바른 생각이 형성될 때, 바르게 말하기는 자연스럽게 이뤄진다. 또한 바르게 말하기는 역으로 바른 견해와 생각을 형성하는 데도 영향을 준다.

바르게 말하기는 자신의 언어적 행위를 통제하고 청정하게 한다. 이 말은 일상생활에서 바르게 말하기가 바로 마음챙김 수련임을 의미한다. 타인과 대화를 할 때 자신이 지금 무슨 말을 하는지, 어떤 감정 상태인지, 분위기에 휩싸이지는 않는지 등 다양한 상황에 대해 순간순간 자각하며 대화를 해야 한다.

이처럼 대인관계의 핵심은 커뮤니케이션에 있다. 타인과 원만한 관계를 유지하고 성과를 향상시키기 위해서는 효과적인 의사소통이 중요하다. 조직에서 일어나는 다양한 갈등 상황에서 바르게 말하기를 어떻게 활용할 수 있을까?

갈등은 상호 간의 이해관계나 가치의 차이에 따라 발생한다. 어떤 문제를 해결함에 있어서 사람들마다 문제를 풀어가는 우선순위가 다를 수 있다. 이러한 차이를 꿰뚫어 보고 알아차리는 것이 바른 견해와 바른 생각이다. 갈등 상황에 대한 바른 견해와 바른 생각을 통해 있는 그대로 보고 효과적인 대안을 마련한다. 바르게 말하기는 이 대안을 진실되고 정직하게 말로 표현하는 것이다. 갈등 속에 있는 타인이 그 대안에 공감할 수도 있고 그렇지 않을 수도 있다. 갈등은 상대방이 공감해야 해결이 가능하다. 그러나 상대방이 수용하지 못한다면 다른 대안을 찾아야 한다. 이런 과정을 반복하면서 상대방은 화자의 진정성에 신뢰감을 표현하며 궁극적인 합의로 나간다.

예를 들어 입사한 지 1년이 되지 않은 신입사원이 갑자기 이직한다는 의사를 보내왔다. 당신이 직속 상사라면 어떻게 할 것인가? 먼저 이직의 원인을 파악할 것이다. 타사로 이직을 한다면 외적 요인으로 보수나 직위 등 조건이 있다. 또는 기존 조직에서 대인관계에서 갈등이나 문제가 있을 수 있다. 자기 내부적으로는 현재 하는 일이 마음에 들지 않거나 성장에 도움이 되지 않는다고 판단할 수 있다. 이처럼 개인 차원, 조직 차원, 외부 요인 등 다양하게 원인을 파악하고 당사자와 대화를 한다.

위의 이직상담과 같은 면담에서 가장 중요한 대화 포인트는 무엇일까? 그것은 상대방의 본심本心을 파악하는데 있다. 이직에 이르기까지 여러 요인이 있을 것이다. 급여조건도 현재보다 좋고 자신이 하고 싶은 업무를 할 수 있다면, 마음은 자연스럽게 이직으로 향한다. 그렇지만 당사자가 이직을 망설이는 요인이 있는지, 그것을 찾는 것이 중요하다. 만약 기존 조직에서 형성된 동료관계가 돈독하다면, 새로운 조직에서 빠른 시일 내에 그런 관계를 만들기 쉽지 않다. 상대방이 망설이는 요인을 있는 그대로 보고 대처하면 또 다른 결과를 만들 수 있다.

또한 업무상 면담과 같은 커뮤니케이션은 상대방을 존중하고 서로가 이익이 되는 방향을 찾아야 한다. 기존 직장을 떠나 새로운 직장으로 가고자 하는 사람은 기존 직원들에게 미안한 마음을 가진다. 그동안 잘 대해주었던 일들, 자신이 빠짐으로써 기존 직원들이 겪을 애로사항들, 또 새로운 사람을 뽑고 육성해야 할 시간들, 이 모든 일들에 미안함을 느낀다. 때로는 이러한 문제들 때문에 상담을 하는 상사들이 오히려 화를 내거나 강압적으로 이직을 막으려는 모습을 보일 수 있다. 직원이 느끼는 미안함은 그가 하고자 하는 욕구를 상쇄하기 어렵다. 여기서 리더는 직원의 욕구나 행동이 최적의 선택인지를 함께 대화하고 공감하는 것이 중요하다.

마음챙김 대화법 4단계

마음챙김 듣기: 소음을 줄이고 신호를 잡아라

마음챙김 대화는 마음챙김 듣기에서 시작한다. 마음챙김 듣기는 타인과의 대화에서 아무런 판단함이 없이 상대방의 말에 주의를 기울이고 있는 그대로를 받아들인다. 만약 자신의 주의가 딴 곳으로 옮겨가면 부드럽게 상대방의 말에 주의를 돌려준다. 필요하면 상대방의 말에 호응해도 좋지만 과도하게 표현하지 않는다. 마음챙김 듣기는 상대방의 말에 온전히 주의를 기울여 말하지 않는 것까지도 듣는 적극적 경청이다.

마음챙김 듣기를 위해서는 세 가지가 필요하다. 우선 자신이 하고 있는 일을 멈춰야 한다. 상대방과 대화를 하기 위해서는 육체적 동작뿐만 아니라 정신적 움직임도 멈춰야 한다. 타인과 대화를 할 때 그전까지 진행했던 일이나 대화의 잔상이 남아있다. 더구나 이전 일에서 걱정이나 불안, 화가 난 감정상태라면 상대방의 이야기에 온전히 집중하기 어렵다. 멈춤은 육체적 정신적 움직임을 멈추고, 몸과 마음이 상대방으로 향하는 출발점이다.

마음챙김 듣기의 두 번째는 상대방 바라보기이다. 듣기는 귀로만 하는 것이 아니다. 언어로써 표현하지 못하는 표정, 음색, 톤, 몸짓 등 다양한 비언어적 요인들이 있다. 상대방의 말과 의도를 온전히 듣기 위해서는 시선을 상대방에 집중하고 말하지 않는 의미까지 들어야 한다. 또한 상대방의 말을 있는 그대로 듣기 위해서는 육체적 눈과 함께 마음의 눈도 상대방을 향해야 한다.

마음챙김 듣기의 세 번째는 열린 듣기이다. 열린 듣기란 들을 때 오픈마인드로 듣는다는 의미이다. 보통 상대방에 대한 선호에 따라 듣는 태도가 달라진다. 자신과 마음이 통하는 사람과 이야기할 때, 대화는 재미있고 즐거운 시간이다. 반대로 싫은 사람과는 마주 앉는 것도 싫은데 대화하려면 마음이 내키지 않는다. 이런 상황에서 상대방의 말이 잘 들어오지 않는다. 이처럼 마음챙김 듣기는 자신의 선호나 옳고 그름을 판단하지 않고, 있는 그대로 보고 듣는 열린 대화이다.

마음챙김 듣기의 핵심은 전기공학자들이 말하는 '잡음을 줄이고 신호를 듣는' 태도이다. 마음챙김 듣기는 상대방이 말하는 의도를 제대로 파악하여 듣는 것이다. 상대방과 대화를 하다 보면, 외부환경이나 타인에 대한 선입견, 대화 주제의 선호 여부 등에 따라 제대로 듣지 못하는 경우가 많다. 이러한 잡음을 줄이기 위해서는 대화의 순간순간 주의를 기울이고 비판단적인 태도와 중립적 관점에서 듣는 것이 중요하다.

특히 직장에서 상사는 지식과 경험의 차이에서 팀원들의 말을 무시하거나 선험적으로 판단하려는 경향이 있다. 이러한 잡음을 줄이기 위해서는 마음속으로 '나는 무지하다'라는 생각을 가지고 들으면 도움이 된다. 모든 것을 안다고 생각하는 순간 있는 그대로를 보지 못하고, 자신의 경험과 판단에 따라 상대방의 말을 재단하거나 원형과는 다르게 이해할 수 있다. 경험과 지식이 부족한 직원의 이야기도 마음속으로 '나는 무지하다'라고 되뇌면서 경청하면, 마음이 열리고 상대방의 말의 의미를 이해하는 데 도움을 준다.

마음챙김 질문하기: 생각을 열고 마음을 얻어라

마음챙김 대화의 두 번째 단계는 마음챙김 질문하기이다. 질문은 상대방의 말을 온전히 이해하기 위한 수단이다. 또한 상대방이 말하고자 하는 핵심을 파악하거나, 표현하지 못하는 것을 듣기 위한 방법이다. 따라서 질문은 상대방을 향한 열린 마음이며, 타인의 마음을 여는 효과적인 도구이다.

마음챙김 질문을 하기 위해서는 두 가지 태도에 바탕을 둔다. 먼저 상대방에 대한 자애의 마음이다. 상대방이 잘 되길 기대하며, 부족한 부분이나 문제에 대해 포용하는 마음의 자세가 필요하다. 왜냐하면 상사와 직원의 대화에서 위계서열의 관계나 문제 상황은 직원들을 위축시킨다. 위계질서나 문제 상황에서 직원은 상사에게 사실이나 본 마음을 그대로 표현하기 어렵다. 마음챙김 질문은 직원들의 마음을 이해하고, 문제를 해결하는 수단이다.

또한 마음챙김 질문은 상대방의 말속에서 핵심 의도를 통찰한다. 상대방의 이야기를 통찰하기 위해서는 대화과정에 지속적으로 마음챙김하면서 주의를 기울인다. 또한 타인의 말을 있는 그대로 듣고 핵심을 파악하다 보면, 상대방의 말을 통찰하는 지혜를 갖추게 된다. 대화에서 통찰은 상대방의 내면으로 들어가 화자의 의도를 파악하여 문제의 핵심을 찾아내는 숙고의 과정에서 일어난다.

다음으로 효과적인 마음챙김 질문을 하는 세 가지 방법은 다음과 같다. 첫째, 열린 질문이다. 열린 질문이란 '예, 아니오'로 답변하는 닫힌 질문의 반대이다. 열린 질문의 예로는 "~에 대해 어떻게 생각하십니까?", "지금 말씀을 요약해 주시면 무엇인지요?", "~의 이유에 대해서는 무엇이라고 생각하십니까?" 등이다. 이처럼 마음챙김 열린 질문은 상대방의 생각과 의견을 있는 그대로 파악하는 가장 기본적인 대화법이다. 반대로 닫힌 질문은 자신의 생각을 강요하거나 어떤 방향으로 대화를 몰아가려는 의도를 가진다.

마음챙김 질문의 두 번째는 긍정 질문이다. 마음챙김 질문은 상대방에 대한 행복과 안녕을 바라는 자애의 마음을 바탕으로 한다. 특히 어렵고 위급한 상황일수록 당황하거나 불안한 마음이 앞선다. 어렵고 위급한 상황에서 상대의 마음을 안정시키고 생각을 열 수 있는 질문이 바로 긍정 질문이다. 긍정 질문의 예로는 "지금과 같은 위기 상황에서 우리가 잘 할 수 있는 일은 무엇일까요?", "과거에도 지금과 유사한 어려움이 있었지요. 그때 우리는 어떻게 위기를 극복했을까요?", "지금보다 일을 더 잘 하려면 어떤 방법이 있을까요?" 등이다.

긍정 질문의 반대는 부정 질문이다. 상대방의 의지를 꺾는 부정적인 사고를 강화하는 대표적 질문이다. 예를 들면, "이렇게 한다고 되겠어요?", "예전에도 해봤는데 잘 안됐잖아요. 그렇게 한다고 될까?" 등이다. 이처럼 부정 질문은 자신과 타인을 부지불식간에 불안과 좌절의 상태로 몰아넣는다. 반대로 긍정 질문은 나와 타인을 긍정의 에너지를 강화시켜 새로운 사고와 용기를 불어넣는다.

마음챙김 질문의 세 번째는 개선 질문이다. 개선 질문은 문제를 해결하거나 더 나은 상태를 기대할 때 상대방에게 던지는 마음챙김 질문이다. 현재 상태에서 보다 나은 상태로 나가려는 의도는 좋지만, 때로는 상대방에게 부담이나 압력으로 느껴질 수 있다. 개선 질문을 하기 전에 상대방이 받아들일 수 있는 상태인지를 사전에 파악하는 것이 중요하다. 준비되지 않는 상태에서 개선 질문은 상대방을 더욱 곤란하게 만들거나 위축시킬 수 있다.

개선 질문의 예로는 "지금 하고 있는 방법 이외에 또 다른 방법은 없을까요?", "지금 우리가 처한 위급한 상태를 돌파할 수 있는 효과적인 방법은 없을까요?", "지금까지 우리가 해 보지 않았던 방법은 무엇이죠?" 등이다. 효과적인 개선 질문이 되기 위해서는 타인을 위한 배려와 자애의 마음을 가지고 제안해야 한다. 또한 개선 질문은 현재 상황을 극복하려는 마음이 서로에게 전파되면서 위기를 극복하고 새로운 대안을 찾는데 도움을 준다.

마음챙김 말하기: 사실을 기초로 바르게 말하라

마음챙김 대화의 세 번째 단계는 마음챙김 말하기이다. 앞 절에서 바르게 말하기의 중요성과 방법에 대해 살펴보았다. 여기서는 붓다께서 말한 훌륭한 설(說)법 요인을 토대로 마음챙김 말하기 방법을 살펴보자.[2]

먼저, 사실인 것만 말하며 거짓은 말하지 않는다. 마음챙김 말하기의 기본은 사실에 기초한 말하기이다. 사실에 기초한 말하기는 대화의 준비 과정에서 상황에 대한 정보 수집과 사실 확인이 중요하다. 오늘날은 정보가 흘러 넘치는 정보과잉의 시대이다. 오히려 다양한 정보 속에서 무엇이 사실이고 사실이 아닌지를 파악하는 것이 중요하다. 여기서 사실 확인이란 객관적이고 중립적인 관점에서 일어난 일들을 있는 그대로 보고 수용하는 마음챙김을 바탕으로 한다.

다음은 유쾌한 말을 하며 불쾌한 말은 하지 않는다. 붓다의 이러한 견해는 남이 듣기 좋은 이야기만 말하고 그렇지 않은 것은 말하지 않는다는 의미가 아니다. 말을 할 때 타인에 대한 자애와 연민의 마음을 가지고 사악한 의도 없이 있는 그대로를 말한다. 사람들의 말에는 자신의 견해와 생각이 담겨 있다. 또한 자신에게 이득이 되는 말을 하는 경향이 많다. 그러다 보면 타인의 견해나 생각을 무시하거나, 자신의 이득을 지나치게 강조하면서 타인에게 손해나 해악을 끼칠 우려가 있다. 이처럼 유쾌한 대화는 나와 타인 모두가 즐겁고 행복할 수 있는 말하기 방법이다. 그러기 위해서는 부분이 아닌 전체를 보아야 하며, 개인이 아닌 모두의 이익과 행복을 보는 식견이 필요하다.

끝으로 진리에 입각해서 말하며 진리 아닌 것은 말하지 않는다. 진리眞理란 참된 이치로 언제 어디서나 인정받는 보편적인 법칙을 말한다. 그렇다면 조직에서 임원과 경영진이 참석하는 경영회의에서 진리는 누구의 말일까? 상명하복의 위계 질서가 작동하는 조직 현실에서 진리는 보편적 이치보다는 최고 의사결정자의 말이 곧 진리다. 최고 경영자의 말이 진리가 되기 위해서는 객관적 사실과 조직의 상황을 토대로 이뤄진 참된 이치여야 한다. 그러나 전체 구성원들이 납득하고 합리적으로 받아들일 수 있는 결정이 아니라면, 반대의사를 분명하게 표현하는 것도 바르게 말하기이다.

정리하면 마음챙김 말하기는 사실에 입각한 바르고 진실된 말이다. 타인과 대화를 할 때 이 세 가지 마음챙김 말하기 요인을 잘 고려한다면, 당신은 지혜로운 사람으로 인정받을 것이다. 특히 진실된 말이 듣는 사람에게 불편함이나 어려움을 주더라도 조직 전체에 바른 일이라면, 종국에는 선한 결과를 가져온다.

마음챙김 직면하기: 배려와 연민의 마음으로 설득하라

마음챙김 대화의 네 번째 단계는 마음챙김 직면하기이다. 직면直面이란 상대방의 행동, 사고, 감정에 있는 불일치나 모순을 깨닫는 것이다. 이처럼 직면은 타인의 말이나 행동에 심각한 문제가 있거나 조짐이 보이는 경우에 그 문제와 맞닥뜨리는 것을 말한다. 타인의 말이나 행동에 직면하려는 사람과 직면을 당하는 상대방도 모두 유쾌한 장면은 아니다. 그러나 직면은 꼬인 실타래를 푸는 적극적 대화이며 문제해결의 과정이다. 이처럼 서로에게 부담스러운 직면 상황에서 효과적인 말하기 방법은 무엇일까?

붓다는 다른 사람에게 충고할 때 내적으로 5가지 가르침을 확립한 후에 하라고 하였다.3 첫째, 아무 때나 말하지 말고 알맞은 때에 말한다. 사실 언제 직면해야 효과적인지 혼란스러울 때가 많다. 문제 상황이 발생할 때 해야 할지, 아니면 문제 상황이 끝난 뒤에 해야 하는 것이 좋을지 시점을 찾기가 쉽지 않다. 효과적인 직면 시점은 상황에 따라 다르지만, 직면하려는 사람이 직면할 마음의 준비가 된 뒤에 하는 것이 적절하다. 즉, 감정을 배제한 채로 객관적 사실과 상황에 기초해서 말할 준비가 된 시점이 좋다. 또한 상대방이 직면을 수용할 자세나 상황이 갖춰졌는지도 판단해야 한다. 문제해결이 시급하거나 상대방의 감정상태가 직면을 받아들이기 어렵다면 적합한 직면 시기가 아니다. 마음챙김 직면은 나와 상대방이 서로가 직면을 할 수 있는 준비가 된 시점에 해야 효과적이다.

둘째, 실제로 일어난 일만 말하며 있지도 않은 일은 말하지 않는다. 직면이나 충고를 할 때 가장 조심해야 할 부분은 사실에 입각해서 말하기이다. 사실에 기초한 말하기란 나와 상대방이 함께 인정하는 일들이다. 예를 들어 품질 불량 문제가 발생해서 조사 결과, 작업자의 실수로 드러났다. 그러나 상대방이 그 조사 데이터의 신뢰성을 문제시하면서 오히려 문제 원인으로 설비나 제조과정의 문제를 제기할 수 있다. 이처럼 문제 사실에 대한 정보는 서로가 동의할 수 있어야 한다. 하지만 자신의 책임을 회피하기 위해 객관적 사실에 반대할 수도 있다. 이런 상황이 되면 드러난 문제뿐 아니라 상대방의 잘못된 행위에 감정적 폭발이 일어날 수 있다. 자신의 생각과 감정에 대한 마음챙김을 통해 감정을 통제하면서 상대방이 공감할 수 있는 말을 해야 한다.

셋째, 부드럽게 말하지 거칠게 말하지 않는다. 부드럽게 말해야 하는 이유는 두 번째에서 살펴보았듯이 직면의 대화가 감정적 대응으로 치닫지 않게 하기 위함이다. 부드럽게 말하기 위해서는 사전에 문제 상황과 자신의 생각, 감정에 대한 마음챙김의 확립이 중요하다. 만약 대화 상황에서 부드럽게 말하기 어려운 상황에 처하면 어떻게 하면 좋을까? 그때는 마음챙김 명상에서 배운 호흡에 집중하기를 짧게 시도해 본다. 숨을 들이쉬고 내쉬기를 몇 번 하면서 속도를 늦춘다. 특히 서로 간에 감정이 격해지면 말이나 행동도 빨라진다. 그럴 때는 의도적으로 속도를 늦추면서 호흡에 주의를 돌린 후 대화를 한다.

넷째, 서로에게 이익이 되는 말만 하고 이익이 없는 말은 하지 않는다. 직면의 상황이 상호 간의 이해관계가 얽혀 있을 때, 상대방이 책임이나 잘못을 인정하기는 쉽지 않다. 직면의 준비기에 마음챙김을 통해 서로가 이익이 될 수 있는 방안이 무엇인지를 통찰해야 한다. 그렇지 않으면 직면은 서로에게 문제를 제기할 뿐 실제적 효과는 미비할 수 있다. 만약 서로에게 이익이 되는 방안을 찾지 못했을 때는 어떻게 해야 할까? 대안이 없다고 직면을 하지 않을 수는 없다. 그럴 때는 문제의 상황이나 행동에 대해서 대화를 통해 함께 효과적인 대안을 찾는 것이 좋다. 이것은 직면하는 상대방의 의견을 존중하는 또 다른 방법이기도 하다.

다섯째, 자애의 마음을 가지고 말하지 성냄을 가지고 말하지 않는다. 직면의 태도에서 가장 중요한 것은 상대방이 잘 되기를 바라는 자애와 성장을 바라는 마음이다. 비록 자애와 연민의 마음이 상대방의 가슴에 와 닿지 않을지라도 그런 마음가짐이 중요하다. 왜냐하면 직면하는 상대방이 감정적으로 대하거나 직면을 받아들이지 못할 때, 직면하는 사람도 같이 감정적으로 대하거나 화를 내면 오히려 역효과를 낼 수 있다. 이런 경우의 대책은 한 번의 직면을 통해서 모든 문제나 갈등을 해결하려고 하지 말아야 한다. 상대방이 직면한 문제를 스스로 인식하고 개선하고자 하는 마음과 태도를 가질 수 있도록 시간적 여유를 주는 것도 필요하다.

붓다는 위의 5가지 요인이 확립되지 않으면 직면은 바람직하지 않다고 했다. 효과적인 직면은 먼저 자신의 생각과 감정을 마음챙김 하면서 직면을 준비한다. 서로가 이익이 될 수 있는 방안을 통찰하고 자애와 연민의 마음을 가진다면 직면할 준비는 되었다. 알맞은 시기와 장소에서 사실에 기초해서 부드럽게 이야기를 풀어간다면, 직면은 효과적인 결과를 거둘 수 있다.

마음챙김 대화법 4단계는 비즈니스 대화 상황에서 마음챙김 대화를 통해 대화의 목적을 이룰 수 있는 효과적인 방법이다. 이 4단계는 순차적으로 진행할 수도 있고, 대화 상황에 따라 단계가 바뀌거나 건너 뛸 수 있다. 비즈니스 대화에서 마음챙김이 주는 효과는 객관적 관점에서 상대의 말에 주의를 기울이고, 자애와 배려의 마음으로 대화를 진행하는데 있다. 그 결과 상대방과 신뢰를 강화하고 대화의 목적을 이루는 강력한 힘을 발휘한다.

제9장
[마음챙김 리더십 실천5]
바르게 행동하기

당신이 상황을 지배하지 못하면 상황이 당신을 지배할 것이다. - 존 맥스웰

조직을 살리는 행동 vs. 조직을 해치는 행동

직장 내 괴롭힘에 신음하는 직원들

"나 발견하면 우리 병원 가지 말아줘. 조문도 우리 병원 사람
들은 안 받았으면 좋겠어."

이 말은 2019년 한 대형 병원의 간호사가 직장 내 괴롭힘인 '태움'으로
고통받다 극단적 선택을 하면서 남긴 유서 내용 중 일부이다. 태움이란 '영
혼이 재가 될 때까지 태운다'는 뜻에서 나온 말로, 선배 간호사가 신임 간
호사에게 교육을 명목으로 가하는 정신적·육체적 괴롭힘을 의미한다.

태움은 병원조직에서 발생하는 직장 내 괴롭힘의 대표적 사건이다.
병원 외에도 많은 조직에서 직장 내 괴롭힘은 이어지고 있다. 이러한 직
장 내 괴롭힘을 금지하기 위해 2019년 7월에 법제화가 이뤄졌다. 그렇지

만 직장 내 괴롭힘이 직장 내부에서 발생하기 때문에 괴롭힘을 당하고도 신고하지 못하는 경우가 많다. 괴롭힘을 당하는 직원은 자신에게 화가 돌아오지 않을까 두려워해 신고를 꺼린다. 가족들에게 이러한 사실을 이야기해도 '참고 다녀라'라거나, '네가 잘못했으니 그렇지'라는 훈계가 돌아오기 일쑤다.

직장 내 괴롭힘이 가진 특수한 상황에 대해 생각해 보자. 먼저 직장 내에서 직원들을 괴롭히는 사람들은 누구일까? 대체로 관리자나 상사 혹은 동료들이다. 매일 얼굴을 맞대는 상사나 동료들에게 괴롭힘을 당했다는 사실은 개인에게 엄청난 수치심과 공포감을 조성한다. 괴롭힘을 당하는 당사자는 이러한 상황에서 직장 생활을 계속할 것인지, 그렇지 않으면 직장을 옮기거나 고발과 같은 법적 다툼의 길을 갈 것인지 선택한다.

직장 내 괴롭힘은 집단적 성격을 띤다. 조직 구성원들의 입장에서 특정 대상자가 괴롭힘을 당할 때, 다른 직원들도 대부분 그 사실을 알고 있다. 그때 직원들은 괴롭히는 가해자에 동조할 것인지, 아니면 피해자에 동조할 것인지 선택하지 않을 수 없다. 피해자에 동조한다면, 조직의 상부나 외부에 괴롭힘을 알리는 등 반대의사를 표시할 수 있다. 그렇지만 극소수를 제외하고는 직장 내 괴롭힘에 무관심하거나 알고도 모른척하거나 괴롭히는 가해자에 동조하는 경향이 훨씬 많다.

직장 내 괴롭힘은 상명하복과 위계서열을 중시하는 조직 내에서 더 많이 발생한다. 더 큰 문제점은 관리자나 상사의 가혹 행위가 '조직을 위해서'라는 명목으로 벌어지고 있다. 그 결과 직장 내 괴롭힘을 조직에 신고해도 대부분 조직 내부에서 무마되거나 피해자를 다른 부서로 전배 조치하는 등 오히려 피해자에게 책임을 돌리는 경우가 많다.

직장 내 괴롭힘은 가해자와 피해자 간의 견해차이가 심한 경우에 발생한다. 상사의 입장에서 후배 직원이 업무수행능력이 떨어지거나 노력

부족 등의 이유로 후배 직원을 야단쳤다고 항변할 수 있다. 한편 직원 입
장에서는 자신은 최선을 다했지만 결과가 나빴는데 그 책임을 자신에게
돌린다고 생각할 수 있다. 또한 상사의 과도한 권한남용, 경쟁심, 능력과
시, 분노조절장애 등의 문제를 제기한다.

그렇다면 직장 내 괴롭힘이 발생하는 원인은 무엇일까? 먼저, 조직문
화나 구조, 제도나 관행과 같은 시스템의 문제이다. 병원에서 한 사람의
실수나 잘못은 환자와 병원에 큰 손실을 끼칠 수 있다. 사람의 생명을 다
루는 특수한 근무환경, 부족한 인력과 3교대 격무로 발생할 수 있는 부주
의한 행동을 방지하기 위해, 병원 근무자들에게 엄격한 행동과 규율을 강
조한다. 열악한 환경 속에서 성과를 내기 위해서는 노동강도를 높일 수밖
에 없다. 높은 노동강도는 높은 업무몰입을 요구하고 정신적 육체적 고통
을 수반한다. 그러한 업무관행을 따라가지 못한 사람은 낙오자라는 낙인
이 찍힌다. 병원조직에서 발생하는 태움은 열악한 노동환경에서 발생하
는 높은 노동강도의 대표적인 괴롭힘 사례이다.

다음은 관리자나 리더의 성과 중심 마인드에서 비롯된다. 성과 중심
마인드는 과도한 성과몰이, 경쟁심, 자기과시욕, 분노조절장애 등과 같은
개인의 심리적 요인이다. 신입사원이나 직무능력이 상대적으로 미흡한
사원들은 조직 내에서 약자로 볼 수 있다. 선배 사원이나 상사는 조직 내
에서 강자이다. 조직 내에서 관리자나 리더가 후배 직원에게 자애와 연민
의 마음보다 성과지상주의나 자기과시욕을 가졌다면, 직장 내 괴롭힘은
언제든지 발생할 수 있다. 따라서 리더의 바르게 행동하기는 개인과 조직
에서 발생하는 그릇된 행위를 방지하는 방파제와 같다.

바른 행동이 선한 결과를 낳는다

다음은 Y정공 신사장과 바르게 행동하기의 중요성에 대해 나눈 이야기이다.

김코치: 신사장님, 많은 사람들이 '비즈니스에서 영업이나 수주를 위해서는 고객에게 향응이나 선물과 같은 것을 제공해야 하는데, 그것은 바르게 행동하기에 저촉되지 않는가?'라고 질문을 합니다. 신사장님은 이 점에 대해 어떻게 생각하십니까?

신사장: 어려운 질문이네요. 우리 회사도 수주나 고객개발을 위해서 영업을 합니다. 그때마다 영업팀장들이 와서 요구하는 것이 영업비용을 올려 달라는 것이죠. 저는 사전에 계획했던 범위 내에서 집행하라고 합니다. 그러면 영업팀장들이 볼멘소리를 하죠. 수주를 따오라고 하면서 영업비용이 너무 부족하다고 하소연하죠.

김코치: 그럴 땐 어떻게 하십니까?

신사장: 원칙대로 하라고 하죠. 지금은 청탁방지법 등 법규도 있고, 잘못해서 투서라도 들어가면 입찰도 못하게 되죠. 중소기업들도 조심해야 합니다. 이제는 시대가 바뀌었기 때문에 원칙과 규정에 따라 직원들이 행동해야 합니다.

김코치: 만약 원칙과 규정에 따라 영업을 했다가 수주를 못하게 되면 어떻게 하죠?

신사장: 만약 고객사에서 과도한 리베이트를 요구하면, 하지 말아야죠. 작은 것을 얻으려다 잘못하면 기회를 완전히 놓칠 수 있어요. 이것은 예전부터 강조한 철칙입니다. 당장 수주를 하면 이득일 수 있지만, 한번 부정한 일에 손을 대기 시작하면 바늘 도둑이 소 도둑 되듯이 점점 커지게 됩니다.

김코치: 만약 직원들이 사장님께 보고 없이 자체적으로 과도한 영업비용을 사용하거나 청탁행위와 같은 문제 행동을 하면 어떻게 하십니까?

신사장: 몇 년 전에 비슷한 일이 있었습니다. 구매팀장이 관련 자재를 구입하면서 사전에 협력사들과 금액을 짜고 입찰해서 리베이트를 받은 건이 발각되었습니다. 물론 액수는 그렇게 크지 않았지만 일벌백계一罰百戒의 심정으로 팀장을 보직해임하고 6개월 감봉 조치를 했습니다. 그동안 구매팀장으로 기여한 공과가 있

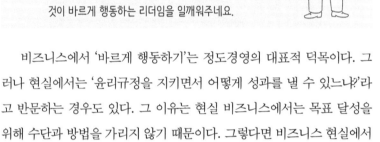

어 해고까지 하지 않았지요. 사원 시절부터 성실히 일해왔던 직원이었는데, 그때 집안에 문제가 있었던 모양입니다. 당사자도 자신의 행동이 바르지 못했다고 잘못을 시인하고 용서를 구해서 한 번 더 기회를 주기로 했죠.

김코치: 어려운 상황이나 위기에 닥칠 때 마음챙김을 하지 못하면 잘못되거나 부정한 행동에 빠질 수 있다고 봅니다. 타인을 괴롭히는 행동이나 사적인 이익을 취하는 행동은 모두 내 안에 있는 탐욕과 악의적인 마음에서 나옵니다. 일상의 매 순간 마음챙김하면서 자신의 마음을 잘 단속하는 것이 바르게 행동하는 리더임을 일깨워주네요.

비즈니스에서 '바르게 행동하기'는 정도경영의 대표적 덕목이다. 그러나 현실에서는 '윤리규정을 지키면서 어떻게 성과를 낼 수 있느냐?'라고 반문하는 경우도 있다. 그 이유는 현실 비즈니스에서는 목표 달성을 위해 수단과 방법을 가리지 않기 때문이다. 그렇다면 비즈니스 현실에서 바르게 행동하기가 더욱 중요한 이유는 무엇 때문일까?

먼저 비즈니스에서 바른 행동은 일이 지향하는 목적을 선명하게 보여준다. 조직 내 사람들이 일하는 모습을 보면, 그 조직이 무엇을 중요하게 여기는지 알 수가 있다. 한 사람의 행동은 그가 가진 견해와 생각에 의해 결정된다. 행동이 바르지 못한 이유는 일을 하는 목적이 잘못되었거나 일의 방향을 모르기 때문이다. 또한 조직 구성원들이 바른 견해와 생각을 하지 않기 때문에 잘못된 행동이나 결과를 만든다. 수단과 방법을 가리지 않고 목표 달성만을 다그칠 경우, 자신과 고객들의 몸과 마음이 다치게 된다.

바르게 행동해야 하는 또 다른 이유는 사람들의 행동이 결과를 결정 짓기 때문이다. 아무리 원대한 목표와 꿈을 가져도 바르게 실행하지 못하면 목적을 달성할 수 없다. 일을 수행하는 과정에는 많은 장애와 불확실한 상황에 부딪힌다. 그런 어려움과 위기를 극복하기 위해서는 위기 극복에 대해 구성원들이 바른 생각과 지혜를 가져야 한다. 조직이 처한 역경을 딛고 목표를 달성하기 위해서는 구성원 전체가 바른 견해와 생각을 가지고 협력해야 한다. 좋은 제품과 서비스를 제공하고자 하는 구성원들의 자발성이 행동으로 표출될 때, 고객은 감동하고 조직은 위기와 역경을 극복한다.

리더가 경계해야 할 4가지 행위

비즈니스 과정에서 마음챙김 리더가 경계해야 할 행위는 무엇일까? 이에 대해 삐야닷시 테라가 쓴 『붓다의 옛길』에서 붓다의 견해를 살펴보자.

> "편파와 편애를 피하고 모든 사람에게 공정하고 정직하고 올바르게 대하기 위해 통치자는 잘못된 네 가지 방법인 충동, 성냄, 공포, 어리석음으로 백성을 통치해서는 안 된다."

붓다가 강조한 통치자가 피해야 할 4가지 항목은 바른 견해와 바른 생각을 하지 못했을 때 발생하는 불선한 행동들이다. 또한 바르게 행동하기 위해서는 바르게 보고 바르게 생각하는 마음챙김의 태도가 선행되어야 한다. 이 4가지 항목을 토대로 리더가 비즈니스에서 경계해야 할 4가지 행위를 정리해 본다. 이것은 직장에서 발생하는 '직장 내 괴롭힘 금지법' 위반을 예방하는 데도 도움을 준다.

먼저 리더는 충동적 행동을 피해야 한다. 충동적 행동은 개인의 이기적인 생각이나 욕망에 의해 일어난다. 예를 들어 리더 입장에서 연말에 좋은 평가를 받기 위해서는 목표를 초과하는 실적이 요구된다. 회사 입장에서 영업목표 초과 달성을 위해 물량을 대리점에 밀어내기 하거나 문제가 있는 제품을 양품인 양 판매하려는 생각이 일어날 수 있다. 또는 목표를 달성하기 위해 직원들을 밤낮으로 몰아붙이려는 충동이 생길 수 있다. 이러한 충동을 막기 위해 자신의 사고와 행동을 제3자적 관점에서 관찰하고 반추해야 한다.

다음으로 리더는 직원들에게 화내는 것을 경계해야 한다. 조직에서 리더가 직원들에게 화내는 경우는 크게 두 가지로 나눌 수 있다. 하나는 직원의 행동을 개선하기 위한 질책이다. 조직에서 업무상 사고가 발생한 경우 잘못한 직원을 야단칠 때도 있다. 그때 리더가 감정이 복받쳐 상대방에게 화를 낼 수 있다. 이때 화는 자신의 감정을 컨트롤 하지 못하고 상대방의 감정을 상하게 하는 의도하지 못한 성냄이다. 그러나 의도하지 않은 성냄이라고 넘어갈 경우 향후 습관이 될 수 있다. 리더 스스로 화가 나는 순간 잠시 멈추고, 자신의 감정과 행동을 관찰하고 단속하는 마음챙김이 필요하다.

또 다른 하나는 직원들에게 일상적으로 화를 내는 관행적 성냄이다. 오늘날 관행적으로 화내는 관리자는 리더로서 자격이 없다. 그러나 조직에서 성과가 좋다는 이유로 이러한 유형의 리더가 아직도 활약하는 경우가 있다. 이러한 리더가 조직에서 영향력을 행사하면 단기적으로는 효과가 있을지 모르지만, 중장기적으로 타인과 조직에 해를 끼칠 수 있다.

리더가 피해야 할 세 번째는 공포를 조장하는 행동이다. 이것은 피해야 할 두 번째인 성냄을 넘어서 리더 자체가 공포가 되는 상황이다. 예전의 전제왕정이나 독재정치에서 백성들을 통치하는 대표적 방법이다. 공포의 대표적 증상은 상대방이 아무런 저항을 하지 못하고 그의 지시를 무조건 따르는 것이다. 예를 들면 전제왕정 시기, 노예들이 주인의 명령과 지시를 무조건적으로 복종하는 경우와 같다.

　아이러니하지만 공포를 조장하는 리더가 현대 조직사회에도 잠재해 있다. 대표적 예로 일부 조직에서 경영자나 리더의 말이면 무조건 복종해야 하고, 어떠한 반대도 용납하지 않는 경우이다. 이들은 직원들을 정신적 육체적으로 지배하며 반대나 개인행동을 용납하지 않는다. 대표적으로 직장 내 괴롭힘 사건으로 등장하는 리더가 이 유형에 속한다. 공포적 리더의 가장 큰 문제점은 자신은 공포를 조장하지 않는다고 생각하는데 있다. 자신들의 행위는 조직을 위한 것이며 전체 직원들을 위한 행위라고 생각한다. 이들의 공포적 행동의 수위에 따라 법적 처벌이나 심리치료가 따라야 한다. 한편 상시적으로 화를 내거나 공포를 조장하던 리더에게는 스스로 변화를 위한 수행으로 연민과 자애의 마음챙김 수련이 도움이 된다.

　리더가 피해야 할 네 번째는 어리석은 행동이다. 어리석음에 대한 사전적 의미는 '슬기롭지 못하고 둔하다'라는 뜻이다. 여기서 어리석음은 알지 못함이라는 무지無知에 가깝다. 리더의 무지無知는 업무에 대한 전문성 부족과 문제 상황을 있는 그대로 보지 못했기 때문이다. 리더도 모르는 분야가 있을 수 있다. 그런데 어리석은 리더는 동료나 직원들의 의견을 구하지 않거나, 자신의 생각이나 판단을 고집한다. 리더의 어리석은 태도는 타인을 배척하여 신뢰를 상실하거나, 조직 전체를 잘못된 방향으로 이끌어 큰 손실을 입힐 수 있다.

　리더가 어리석음에서 벗어나기 위해서는 크게 두 가지의 방법이 있다. 하나는 직원들에게 자신이 모르는 분야에 대해 적극적인 피드백을 요구한다. 리더 또한 자신이 모르는 분야에 대해 학습하고 배우는 자세가 필요하다. 실제로 경영자로 올라갈수록 자신의 전문분야 이외에 타 부문의 이해가 부족할 경우 의사결정에 어려움을 겪을 수밖에 없다. 그럴 때 리더는 각 분야별 전문가의 조언뿐만 아니라 정기적인 학습모임을 운영하는 것도 효과적이다. 한 예로 재경분야 출신의 CEO의 경우 회사의 제품에 사용되는 전문 기술에 대한 이해가 부족할 수 있다. 이때 각 분야별 전문 기술을 정기적으로 학습하는 시간을 마련한다. 이 과정에서 전문 지식의 이해를 높이면서 R&D와 생산기술 분야의 전문가들과 상호 신뢰를 형성한다.

또 다른 방법은 마음챙김 명상을 통해 자신의 무지無知를 깨닫는다. 자신이 아는 것과 모르는 것을 분별함으로써 새로운 지식과 견해를 받아들이는 계기를 만들 수 있다. 자신의 무지를 통찰하기 위해, 조직에서 발생한 문제와 상황에 대해 있는 그대로 보고 받아들이는 마음챙김 명상을 수련한다. 5장에서 마음챙김 명상의 기본인 정좌명상 수련 방법을 다시한번 참고하길 바란다.

비즈니스 상황에서 바르게 행동하기

위기 상황에서 바르게 행동하기

바른 생각과 견해를 바탕으로 한 행동은 선한 결과를 만들고, 그릇된 생각과 견해로 한 행동은 선하지 못한 결과를 만든다. 때로는 선한 의도로 바르게 한 행동이 좋은 성과를 낳지 못할 수도 있다. 코로나19처럼 사람들 간의 왕래가 줄어든 상황에서 여행업이나 서비스업은 고전을 면하기 어렵다. 이런 위기 상황에서 선한 의도로 바른 행동을 한다고 성과가 좋아질 수 있을까? 또한 위기 상황에서 바른 행동이란 무엇일까?

그림 9-1 US 에어웨이즈 1549편 불시착 사고 모습[1]

다음은 미국의 한 여객기가 기체 결함으로 허드슨강에 불시착하는 과정에서 기장이 보여준 위기대응 사례이다. 이 사례를 통해 비즈니스 상황에서 바른 행동의 의미를 생각해 보자.

2009년 1월 15일 US 에어웨이즈 1549 여객기가 미국 뉴욕 라과디아 공항을 이륙한 지 2분 뒤에 갑자기 날아든 새떼와 충돌하는 버드 스트라이크 사고가 발생했다. 사고 여객기는 엔진 2개가 동시에 멈춰버렸고 뉴욕 허드슨강에 비상착륙을 시도하였다. 강에 비상 착륙하는 사상 초유의 사고였음에도 승객과 승무원 155명은 모두 무사하였다. 예상하지 못한 위급한 순간을 슬기롭게 대처할 수 있었던 것은 당시 기장이었던 체슬리 슬렌버그의 판단력과 비행기술, 그리고 승무원들의 침착한 대응 덕택이었다. 특히 버드 스트라이크 사고가 발생한 뒤 착륙까지의 짧은 시간에 비행기 기장이 보여준 행동은 위기와 극한의 상황에서 어떻게 행동해야 하는지를 잘 보여준다. 다음은 사고 당시 긴박했던 순간에 사고기의 기장과 관제사가 나눈 짧은 대화의 한 대목이다.

관제사: 오른쪽으로 보이는 것이 무엇인가? 뉴저지 쪽에 뭐가 있는가? 혹시 테터보로
　　　　공항인가?

기장: 맞다. 오른쪽에 테터보로 공항이다. 그쪽으로 가겠다.

기장: (승객 안내방송) 승객 여러분 기장입니다. 충격에 대비하십시오!

기장: (엔진 재가동 시도했지만 안됨. 동력이 남아있지 않음.)

(관제사에게) 안될 것 같다.

관제사: 테터보로(공항)의 어느 활주로를 원하나?

기장: 우린 허드슨(강)으로 가겠다.

관제사: 다시 말해주겠나?

　　사고 당시 비행기가 허드슨강에 착륙하기까지 남은 시간은 4분 남짓
이었다. 항공기 엔진이 멈춘 상태에서 인근 공항까지의 비행이 불가능하
다고 판단한 기장에게 승객의 생명을 보호하면서 뉴욕 시민의 생명과 건
물의 피해를 최소화하기 위해, 긴 활주로의 역할을 할 수 있는 허드슨강
에 비상착륙을 선택하였다. 이처럼 마음챙김의 바른 견해는 역동적인 상
황에서 최적의 대안을 생각하고 판단하는 능력이다.

　　또한 사고기 기장의 행동은 고객의 안전과 생명을 끝까지 지키는 책
임감과 위급한 상황에서 차분하게 비상착륙을 이끈 비행역량에서 나왔
다. 위급한 상황에도 문제를 해결하고 고객의 안전을 끝까지 책임지는 태
도는 바른 행동의 중요한 덕목이다. 또한 평상시 위급한 상황을 대비하는
훈련과 장시간 비행경력은 성공적인 착륙을 이끄는 필수조건이다. 위급
한 순간의 마음챙김을 통해 최선의 판단과 침착한 실행은 승객의 안전과
피해를 최소화한 바른 행동의 좋은 사례라고 볼 수 있다.

　　마음챙김 리더의 바르게 행동하기는 바른 견해와 생각으로 행동을 통
제하고 청정하게 하여 선한 결과를 일으키는 행위를 일컫는다. 비즈니스

상황에서 바른 견해와 생각은 고정 불변이 아니다. 바른 행동은 변화하는 비즈니스 상황에서 최적의 판단과 실천을 통해 성과를 이끌어 낸다.

바르게 행동하기의 장애요인과 극복 방법

매일 일터에서 불행한 일들이 일어나고 있다. 직장 내 괴롭힘, 과도한 노동에 따른 과로사, 부주의로 인한 산업재해, 뇌물이나 비리 사건 등 바르지 못한 행동으로 인한 결과들이다. 바르게 행동하기는 사람들이 그릇된 행동을 하지 않고 유익한 결과를 만들도록 이끈다. 또한 매 순간 바른 행동은 개인과 조직을 절제된 행동으로 이끌고 참된 행복을 얻을 수 있다. 그렇다면 선한 결과와 참된 행복을 가로막는 바르게 행동하기의 장애요인과 극복 방법은 무엇일까?

일상생활에서 바르게 행동하기를 가로막는 가장 큰 장애요인은 그릇된 욕망인 탐욕이다. 더 많은 물질적 성과를 얻기 위해서 편법이나 탈법적인 수단이 동원된다. 2인 1조로 작업해야 함에도 한 사람이 작업하다 사고가 나는 이유는 인건비를 줄이기 위함이다. 신입사원이나 후배 직원을 교육한다는 명목으로 자행되는 괴롭힘은 조직을 위한다는 그릇된 견해에서 발생한다. 뇌물이나 탈법적 수단을 써서라도 수주를 따려는 행동은 목적과 수단이 전도된 사고에서 비롯된다. 이처럼 물질과 정신적 차원의 탐욕은 그릇된 견해와 생각을 낳고 그릇된 행동으로 나타난다.

그렇다면 바르지 못한 욕망인 탐욕을 제어할 수 있는 것은 무엇일까? 바로 절제의 미덕이다. 절제節制란 '정도를 넘지 않도록 알맞게 조절하여 제한한다'는 의미이다. 인간의 욕망은 불과 같다. 그릇된 욕망이 일어나면 집도 산도 태운다. 그러나 제한적이고 조절된 불은 연료가 되고 새로운 가치를 만든다. 이처럼 자신의 욕구가 탐욕으로 변하지 않도록 매 순간 마음챙김을 통한 절제의 미덕을 키워야 한다.

바르게 행동하기를 가로막는 또 다른 장애요인은 상황에 대한 잘못된 인식이다. 비즈니스 세계는 끊임없이 변화한다. 경기가 좋을 때도 있고 잘 팔리던 제품이나 서비스가 한순간에 나락으로 떨어지기도 한다. 고객의 변심은 물론이고 외부 환경의 갑작스러운 변화는 사업의 흥망성쇠를 좌우한다. 그렇다면 사람들이 비즈니스 상황 변화를 제대로 파악하지 못하는 이유는 무엇 때문일까? 그 이유는 다양하다. 한때 잘 나가던 기업은 과거의 성공 경험에 집착할 수도 있고 혹은 시장환경의 변화를 감지하지 못한 나태함이나 안일한 사고에서 비롯될 수도 있다. 또는 시장 및 기술 환경의 변화에 대처하는 전문 역량의 부족 때문일 수도 있다.

이처럼 변화에 대한 그릇된 인식의 원인은 다양한데, 이를 한마디로 표현하면 '변화에 대한 부주의'라고 할 수 있다. 매 순간 내부와 외부 환경의 변화에 대해 현명한 주의를 기울여야 한다. 매 순간 변화에 주의를 기울이기 위해서는 그동안의 변화 대응을 성찰할 필요가 있다. 비즈니스에서 성찰이란 지금까지 사업에서 일어났던 일들을 되돌아보면서 앞으로 다가올 변화를 주시함을 의미한다.

성찰의 힘을 키울 수 있는 효과적인 방법은 마음챙김이다. 여기서 마음챙김은 공식명상을 통해 주의집중력을 개발할 수 있고, 매 순간마다 마음챙김을 통해 성찰력을 키울 수도 있다. 혹자는 '어떻게 매 순간마다 마음을 집중하고 위기를 예견할 수 있는가?'라고 반문할 수 있다. 마음챙김은 억지로 하거나 일순간에 이뤄지지 않는다. 일상적인 마음챙김의 수련을 통해 일과 생활에서 자연스럽게 순간순간 마음챙김의 태도로 행동한다. 때로는 예상하지 못하거나 놓치는 일들이 발생할 수 있다. 그렇더라도 순간 마음챙김을 통해 피해를 최소화하는 대책을 마련한다.

다음으로 바르게 행동하기의 세 번째 장애요인은 강한 자의식이나 타인에 대한 배려의 부족이다. 성공한 많은 비즈니스 리더는 강한 자의식을 보유하고 있다. 자신의 판단이 옳다는 선험적 인식은 때로 그릇된 행동의 시초가 된다. 이 같은 경우는 한때 잘 나갔던 기업들의 갑작스러운 쇠락에서 많이 볼 수 있다. 자신의 성공 경험에서 나온 강한 자의식은 변화에 대한 필요성을 가로막는다. 또한 외부의 도전이나 내부의 반대 의견을 경청하지 못하고 겸손함을 잃어버린다.

이처럼 강한 자의식은 자신만이 옳고 타인의 의견을 잘 듣지 못함으로써 타인의 의견을 배려하지 못하는 태도를 낳는다. 또는 자신의 능력을 과도하게 신뢰하여 타인을 무시하거나 일방적으로 강요하는 행동을 하기도 한다. 대표적인 경우가 직장 내 괴롭힘이다. 괴롭힘은 상대방의 처지에 대해 공감하지 않고 자신의 생각이나 의도를 타인에게 강요하는 행위이다.

그렇다면 잘못된 자의식과 배려 부족을 치유할 수 있는 방법은 무엇일까? 그것은 자애慈愛의 마음이다. 자애는 타인이 잘되고 행복하기를 바라는 마음이다. 비즈니스 세계에서 개인이나 조직이 아닌 타인이나 다른 조직까지 잘 되기를 바라는 점이 언뜻 이해가 되지 않을 수도 있다. 그러나 오늘날 기업의 사회적 책임은 개인이나 자기 조직만의 이익이 아니라, 사회구성체 전체의 공동 이익을 강조한다. 앞으로 성공하는 조직은 인류의 보편적 가치를 실현하기 위한 자애의 마음이 더욱 요구된다.

바르게 행동하기 4가지 방법

비즈니스 일선 현장에서는 항상 다양한 일들이 일어난다. 당신이 리더라면 조직 내에서 문제가 발생했을 때 어떻게 행동하는 게 효과적일까? 문제가 발생한 현장에 바로 달려가서 문제의 원인을 파악하고 해결안을 제시하는가? 아니면 문제와 관련된 담당자들이 스스로 문제의 원인을 찾고 해결책을 찾도록 기다려 주는가? 물론 문제의 상황과 담당자의 대응이 어떻게 이뤄지는가에 따라 달라질 수 있다. 그러나 문제의 상황과 담당자의 대응에 상관없이 각종 지시와 명령을 남발하고 있지는 않는가? 문제에 빠르게 대응하는 것과 바르게 대응하는 것은 다르다. 경영환경은 갈수록 복잡해지고 다양한 이해당사자가 달린 상황에서 리더가 모든 일을 처리하는 것은 불가능에 가깝다. 오히려 현장 상황에 대한 부족한 정보와 그릇된 판단으로 문제를 더욱 꼬이게 할 수 있다. 리더는 일선 현장에 있는 담당자들이 문제 상황을 정확히 파악하고 스스로 해결할 수 있도록 조직 구조와 환경을 조성하는 일이 중요해졌다.

다음 <그림 9-2>를 보자. 이 사진은 2011년 5월 1일 미국 백악관 상황실에서 버락 오바마 대통령을 비롯한 관계자들이 미 해군 특수부대의 오사마 빈 라덴 급습 작전 실황을 지켜보는 모습이다. 그런데 이 사진

그림 9-2 자리를 양보한 버락 오바마 대통령[2]

에서 의문점은 가운데 정면 자리에 앉은 사람이 제복을 입은 군인이고 그 옆에 구석에 앉은 사람이 바로 버락 오바마 대통령이라는 점이다. 대통령이 참석한 회의는 가운데에 대통령이 앉고 좌우로 담당자가 앉는 모습이 일반적이다. 그런데 이날 가운데 자리는 특수전 전문가인 마셜 웹 합동특수전사령부 부사령관에게 자리를 양보하고, 대통령은 작전수행을 지켜보며 옆에 쪼그려 앉았다. 이 장면은 빈 라덴 급습 작전을 진두지휘하는 특수전 사령관에게 의사결정권을 위임한 버락 오바마 대통령의 위임과 겸손의 리더십을 느끼게 하는 대표적 장면이다.

이처럼 문제 상황에서 행동은 그 사람의 인격을 나타낸다. 버락 오바마 대통령이 미국의 존경받는 대통령 중 한 명으로 기억되는 것은 그의 이러한 행동에서 엿볼 수 있다. 상황에 적합한 최고 전문가에게 의사결정의 전권을 맡기는 오바마 대통령의 행동은 마음챙김 리더십의 전형이다.

다음에서 비즈니스 현장에서 마음챙김 리더의 바르게 행동하기 4가지[3]에 관해 살펴보기로 한다. 먼저 리더는 행동을 하기 전에 행동의 목적을 분명히 알아야 한다. 문제 상황에 직면한 리더는 매 순간 마음챙김을 통해 자신의 행동 동기를 보고 성찰한다. 마음챙김 리더는 행동 속에 숨어 있는 다양한 세부 동기들이 혼재된 상황을 있는 그대로 관찰하고 내적으로 외적으로 마음챙김을 통해 명확한 의도를 정립한 뒤에 행동한다.

위 오바마 대통령의 사진을 보면 오바마 대통령의 행동 의도를 엿볼 수 있다. 군작전 상황에서 최고의 전문가에게 전권을 넘김으로써 자신은 관찰자로서 역할을 명확히 했다. 또한 현장 전문가에게 의사결정의 전권이 있음을 인식하게 하며, 최선을 다해 과업을 수행하려는 책임의식을 강화한다. 이처럼 행동의 목적은 복잡한 문제가 발생하는 상황에서 기대에 부합하는 결과를 만드는 나침반과 같은 역할을 한다.

다음은 행동의 적합성을 알아야 한다. 행동의 적합성이란 그 행동이 목적을 달성하기 위해 시간과 장소, 상황에 적합한지를 아는 것이다. 이때 행동은 의사결정일 수 있고, 지시나 피드백일 수도 있고, 직접 몸으로 실행할 수도 있다. 이러한 행동들은 적합한 상황, 시기와 장소에서 이뤄져야 한다. 그러기 위해서는 자신의 행동 의도와 기대하는 결과를 내적으로 혹은 외적으로 마음챙김을 통해 알아차려야 한다. 여기서 내적인 마음챙김이란 자기 스스로 마음챙김을 통한 알아차림이다. 또한 외적인 마음챙김이란 다양한 정보를 수집하고 관련자와 의견수렴을 통한 알아차림을 말한다. 마음챙김에서 유념할 점은 명상을 통해서만이 아니라, 다양한 정보를 수집 및 분석하거나 다른 이해관계자와 대화를 통해 있는 그대로의 사실을 파악해야 한다. 위 오바마 대통령의 사진에서 행동의 적합성은 위치에서 알 수 있다. 의사결정의 전권을 전문가에게 위임한 상황에서 자신이 있어야 할 자리는 중앙 자리가 아니라 옆 자리였다.

또한 리더는 행동의 적합한 범위를 알아야 한다. 바람직한 행동의 범위란 리더 행위의 바름과 그릇됨의 경계를 의미한다. 조직 내에서 갈등이나 문제 상황에는 자기 조직만이 아니라 타 조직에도 관련 당사자가 있기 마련이다. 많은 리더들이 가장 곤혹스러운 것은 실제 문제 상황에서 자신이 할 수 있는 역할이 별로 없다는 점이다. 왜냐하면 문제 상황이 자신의 범위를 넘어선 외부 요인이나 다른 부서와 협업과정에서 발생한 경우가 많기 때문이다. 그럴수록 리더는 문제해결을 위한 자신의 행동 범위와 활동내용을 알아차려야 한다.

위 오바마 대통령의 사례에서 작전이 펼쳐지고 있는 상황에서는 작전부대장의 지휘와 책임에 따라 수행된다. 대통령의 역할은 진행되는 상황을 지켜보고 그 결과가 가져올 파장을 대비하는 것이었다. 당시 작전이 성공적으로 끝난 뒤 그는, "우리는 그 오사마 빈 라덴를 잡았다. 이제야 정의가 실현됐다."라는 짧은 연설을 했다. 이처럼 일이 진행되는 과정을 관찰하며 그 결과에 따라 책임과 소임을 다하는 것이 바른 행동의 영역이다.

마지막으로 리더는 자신의 행동 결과를 성찰해야 한다. 모든 행동은 결과를 조건 짓는다. 때로는 성공하기도 하고 실패하기도 한다. 중요한 것은 결과를 돌아보면서 자신의 행동에 대해 성찰하는 시간을 가져야 한다. 행동에 대한 성찰의 중요한 질문은 다음과 같다.

"그 행동은 목적에 부합했는가? 행동의 시기와 방법, 영역은 적합했는가? 행동 과정에서 장애요인은 무엇이었는가? 행동을 표현하는 말이나 몸짓은 타인이나 조직에 해를 끼치지는 않았는가?" 등이다. 이러한 자기 문답을 통해 바른 행동을 강화하고 그릇된 행동은 보완한다.

[마음챙김 명상 수련4] 자애명상

바르게 행동하기와 자애명상

모든 행동은 의도를 가진다. 밥을 먹을 때는 배고픔을 해결하기 위해서, 설거지를 할 때는 식기의 청결을 위해서이다. 직장인이 일할 때도 의도를 가진다. 어떤 사람은 더 많은 돈을 벌기 위해서 일하고, 어떤 사람은 자신의 꿈을 실현하기 위해 일한다. 상사가 시키는 일에 대해 어떤 직원은 기존의 유사한 자료를 찾아서 짜깁기해서 보고하고, 어떤 직원은 상사의 의도를 파악하고 관련 정보를 수집해서 대안을 수립하여 보고한다. 결과의 차이는 행하는 사람의 의도의 차이에서 나온다. 행동의 의도는 그 사람의 견해와 생각에서 비롯된다.

결국 견해와 생각의 차이가 결과의 차이를 낳는다. 바른 견해와 생각은 바른 행동을 낳고, 바른 행동은 기대했던 결과를 만든다. 혹자는 이렇게 말할 수 있다. "나는 바른 행동을 했음에도 불구하고 기대했던 결과가 나오지 않았다." 대표적인 예가 성과평가에 대한 직원들의 불만이다. 직원들은 연초에 목표를 설정하고 그에 따라 업무를 수행한다. 자신은 초기의 설정했던 과업 목표를 달성하였으니 당연히 좋은 평가결과를 기대한다. 그렇지만 많은 직원들이 평가결과에 불만을 가진다.

어디에서 이런 차이가 나왔을까? 상사들이 가장 많이 하는 피드백은 과업의 목표는 달성했지만, 부족한 점이나 다른 문제를 지적하는 것이다. 예를 들면, '판매 목표는 달성하였지만, 고객들의 제품에 대한 불만이 많아 반품이 발생해서 추가비용이 많이 들어갔다.', '제품개발 목표는 달성했지만 개발기간이나 개발비용을 초과하였다.' 등의 피드백이다. 이러한 평가 피드백에 대해 직원들은 항변을 한다. '판매 후 A/S 비용이 발생한 것은 제품의 하자이지 영업담당자의 문제는 아니다.', '개발비용이 초과한 것은 초기 스펙이 변경되고 코로나19로 부품수급이 원활하지 못해 개발기간이 지연되었기 때문이다.'라고 항변할 수 있다.

직원들의 이러한 항변에도 상사의 피드백은 자신 혹은 우리 팀의 업무에 대해서는 혹독하게 평가한다고 여길 수 있다. 그러나 여기서 더 중요한 점은 자신의 과업 수행과정에서 나타났던 문제점들에 대한 성찰이 필요하다. 왜 의도하지 않았던 결과가 나타났는지, 유사한 상황임에도 결과에 차이가 났던 이유는 무엇인지. 결국 자신의 행동이 의도하지 않았던 결과들도 만들었다. 그 이유는 행동이 낳을 다양한 결과들에 주의를 기울이지 않았기 때문이다. 또는 자신의 관점에서 과업을 수행할 뿐, 고객이나 조직 전체의 관점에서 문제를 해결하려는 견해와 생각이 미흡했을 수도 있다.

즐겁거나 좋아하는 일은 좋은 결과를 만든다. 한편 즐겁지 않거나 싫어하는 일은 좋은 결과를 낳기 어렵다. 일과 생활에서 자신의 편견이나 선호를 벗어나 타인과 전체의 이익과 행복을 고려하는 마음과 태도가 중요하다. 대인관계나 업무 수행에서 문제가 발생하는 핵심 원인은 개인의 선호나 편견이 깔려 있다. 개인의 선호나 편견에서 벗어나 타인과 조직 전체의 이익과 행복을 함양하는 수련으로 자애명상이 있다. 마음챙김이 존재하는 모든 것에 대해 지혜와 통찰을 개발한다면, 자애慈愛는 모든 존재의 행복과 평안을 바라는 마음이다. 온전한 마음챙김이 되기 위해서는 지혜와 자애가 함께 가야 한다. 특히 자애심은 마음챙김 리더에게 지혜와 통찰력이 뛰어나며 타인과 전체의 이익과 행복을 바라는 온전한 리더로 자리잡는데 도움을 준다.

자애명상은 우리 내부에 강력한 긍정적 정서를 개발하고, 악의나 성냄을 내려놓게 도와주는 명상 수련이다⁴. 자애명상은 자신의 내면에 있는 친절, 배려, 사랑, 행복의 긍정적 에너지를 일깨워 타인과 전체에 대한 자애심으로 확산함으로써 탐욕이나 성냄, 어리석음과 같은 집착에서 벗어나도록 돕는다. 이러한 자애심은 개인의 선호나 편견에서 벗어나 자연스럽게 타인과 조직 전체의 관점에서 문제를 생각하고 해결하려는 마음과 행동의 개발을 돕는다. 일찍이 붓다는 자애수련의 의미를 불교 경전인 《쌍윳따니까야》에서 다음과 같이 말씀하였다.

> "자기를 보호하면서 남을 보호하고 남을 보호하면서 자기를 보호한다.
>
> 자신을 보호하면서 남을 보호하는 것은 마음챙김의 확립을 많이 수련함을 통해서이다."

[실습] 자애명상 수련하기

자애명상 안내문

자애(慈愛)명상을 또 다른 말로 자비(慈悲)명상이라고도 한다. 자애명상은 바닥에 앉거나 의자에 앉아서 하는 정좌명상의 방식으로 한다. 먼저 자리에 앉아 호흡에 대한 알아차림으로 명상을 시작한다. 호흡에 대한 알아차림은 숨이 들어오고 나가는 과정을 관찰하고 호흡에 주의를 기울인다. 그런 다음 자애명상으로 넘어간다.

먼저 자신의 마음속으로 친절과 관대, 자애와 행복의 마음을 불어넣는다. 자애의 에너지를 숨 쉬듯 들이마시고 내쉬면서 자애로움이 충만하도록 자신을 감싸 안는다.

첫 단계는 나 자신에 대한 자애명상으로 들어간다. 마음속으로 나 자신을 떠올리며 내 안에 친절과 관대, 자애와 행복의 마음을 기원해 본다. 그리고 자신의 마음속으로 간단한 자애의 문구를 천천히 되뇌어 본다.

"내가 행복하고 평안하기를!"
"내가 안전하고 자유롭기를!"
"내가 고통과 슬픔에서 벗어나기를!"

처음에는 이러한 문구를 읊는 것이 어색할 수 있다. 그러나 나 자신을 위한 간절함과 신심을 담아 위 문구를 세 번씩 마음속으로 읊조려 본다. 필요하면 낮은 목소리로 읊조려도 좋다. 각 문구를 읊으면서 자신이 진심으로 행복해지고 안전하고 고통에서 벗어나는 마음을 느껴본다.

두 번째 단계는 타인에 대한 자애명상으로 들어간다. 먼저 나에게 소중하며 내가 존경하는 혹은 좋아하는 한 사람에게 자애의 마음을 불러일으킨다. 필요하면 그 사람의 모습을 떠올려도 좋다. 그 사람이 가족일 수도 있고, 부모나 형제일 수도 있고, 친구나 동료일 수 있다. 그 사람을 위해 자신만의 친절하고 관대하며 자애와 행복을 기원하는 문구를 마음속으로 읊조려 본다. 자애의 문구는 세 번씩 반복해서 읊어 본다.

"그분이 행복하고 평안하기를!"
"그분이 안전하고 자유롭기를!"
"그분이 고통과 슬픔에서 벗어나기를!"

각 문구를 읊조릴 때는 그분이 진심으로 행복하고 안전하고 고통에서 벗어나기를 염원하는 간절한 마음으로 기원한다. 만약 감정이 너무 복받쳐 오면 가만히 호흡에 주의를 기울이면서 그분에 대한 자신의 마음과 감정을 관찰해 본다.

다음은 나를 힘들게 하거나 아프게 하거나 혹은 싫은 한 사람에 대한 자애의 마음을 불러 일으켜 본다. 그 사람이 가족일 수 있고, 부모나 형제일 수 있고, 친구나 동료 혹은 이웃일 수 있다. 마음속에 그 사람을 떠올리며 자애의 마음을 불러 일으켜 본다. 나를 힘들게 하거나 아프게 하거나 혹은 싫은 사람을 떠올리는 것이 마음이 불편할 수 있다. 그러나 타인을 위한 자애의 마음은 또한 나 자신을 위한 자애의 마음을 불어넣는 것과 같다. 자신의 마음속으로 그 사람을 떠올리며 자애의 문구를 세 번씩 읊어 본다.

"그 사람이 행복하고 평안하기를!"
"그 사람이 안전하고 자유롭기를!"
"그 사람이 고통과 슬픔에서 벗어나기를!"

자신을 힘들게 하거나 싫은 사람을 떠올리기가 힘들 수 있다. 혹은 너무나 끔찍해서 몸이 떨리고 호흡이 가빠질 수 있다. 그럴 때는 잠시 호흡에 주의를 기울이면서 호흡에 주의를 돌려도 좋다. 그 사람을 친절과 관대함, 자애와 행복을 바라는 마음으로 대하면서 그 사람에 대한 불만이나 좌절, 두려움이나 불편함의 감정들이 점차로 물러나게 된다. 그 역시 또 한 사람의 인간 존재임을 조금씩 느끼게 된다. 그 사람을 향한 자애의 마음을 불어넣는 것이 용서한다는 의미는 아니다. 그 사람도 나와 같이 뭔가를 갈망하고 괴로워하고 행복하기를 바라는 한 사람으로 인정하는 것이다. 그에 대한 나 자신의 불안, 분노, 슬픔, 후회의 감정을 흘려보냄으로써 내 안의 평화와 안정을 찾는데 있다. 만약 그 사람에 대한 감정이 너무 심할 경우 처음에는 이 단계는 건너뛰어도 좋다.

세 번째 단계는 모든 존재에 대한 자애명상이다. 마음속으로 이 세상에 존재하는 모든 존재를 떠올려 본다. 이 세상에는 어렵고 힘들고 고통스러워 하는 많은 사람들이 있다. 또한 위험하거나 위기에 빠진 동물, 식물 생명체들도 있다. 이러한 모든 존재를 떠올리며 마음속으로 친절하고 관대하며 자애롭고 행복한 마음을 담아 자애의 문구를 마음속으로 세 번씩 읊어 본다.

"이 세상의 모든 존재가 행복하고 평안하기를!"
"이 세상의 모든 존재가 안전하고 자유롭기를!"
"이 세상의 모든 존재가 고통과 슬픔에서 벗어나기를!"

필요하면 자애의 문구는 개인이 좋아하는 문구로 바꾸어도 좋다. 또는 전체를 대상으로 인류애, 전쟁, 환경, 동물이나 식물 등 개별적 존재에 대해 자애심을 불어넣어도 좋다. 나 자신, 타인과 전체에 대한 자애의 마음을 불어넣은 뒤 자신의 호흡으로 다시 돌아온다. 호흡에 주의를 기울인 후 천천히 자애명상에서 나온다.

직장에서 자애명상 활용하기

자애명상은 자신의 마음속으로 자애와 연민의 정서를 불러 일으키는 명상이다. 이러한 명상 방법이 처음에는 낯설 수 있다. 그러나 자애명상을 꾸준히 수련하면서 나를 힘들게 하거나 아프게 했던 사람에 대한 마음이 조금씩 바뀌는 것을 볼 수 있다. 특히 타인의 조그마한 행동에도 불편해하고 마음에 들지 않았던 마음의 문이 조금씩 열리고 상대방을 이해하게 된다. 예전 같으면 갑작스럽게 화를 내거나 마음이 상했던 일임에도 상대방을 이해하고 편안한 마음으로 대하는 나 자신을 발견하게 된다.

직장에서 자애명상을 활용하는 제일 좋은 방법은 정해진 시간에 꾸준히 하는 것이다. 자애명상을 하는데 짧게는 5분에서 20분 정도 소요된다.

아침이나 저녁 시간 등 시간을 정해서 정좌명상을 하면서 병행해도 좋다.

자애명상을 특별한 순간에 해도 좋다. 예를 들면 직장 상사가 나무라거나 화가 많이 날 때 잠시라도 그 사람에 대한 자애의 문구를 속으로 읊조리는 것도 도움이 된다. 잠시 눈을 감고 그 사람을 떠올리며 다음의 문구를 되뇌어 보자.

> "그 사람이 행복하고 평안하기를! 그 사람이 안전하고 자유
> 롭기를! 그 사람이 고통과 슬픔에서 벗어나기를"

이 세 문구를 읊조리는데 10초도 걸리지 않는다. 그 사람에 대한 화나 불편했던 감정이 조금씩 가라 앉고 객관적으로 그 사람을 보거나 상황에 대해 관찰하는 눈이 열린다.

또는 고객 미팅이나 회의 혹은 면담을 할 때에도 상대방에 대한 자애명상을 짧게 진행하고 미팅을 진행하는 것도 효과적이다. 특히 고객 상담이나 면담에서 잘 되길 애쓰면서 불편감, 부담감 등이 느껴질 수 있다. 그때 상대방에 대한 친절하고 관대하며 자애롭고 행복한 마음을 기원해 보면, 좀 더 평안하고 진솔한 마음으로 대화를 풀어가는데 도움을 준다. 자신의 말과 행동이 자신의 마음과 생각을 따라가도록 통제하는 힘을 키워준다.

모든 일에 대한 마음챙김이 지혜가 될 수 있는 것은 자애심을 바탕으로 하기 때문이다. 타인과 전체에 대한 자애로움이 지혜와 통찰의 힘을 강화하며, 선한 결과를 만드는 역할을 한다. 마음챙김 리더의 바른 행동은 자애심을 바탕으로 한 지혜에서 나온다.

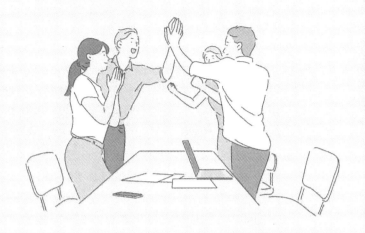

제 **3** 부

마음챙김 경영혁명

"초일류가 아니면 살아남을 수 없다."

1993년 독일 프랑크푸르트에서 삼성그룹 고 이건희 회장이 말한 신경영 선언의 핵심 어구이다. 이 회장의 절박한 위기의식이 오늘날의 삼성전자를 만들었다. 이제 초일류 정신은 우리 조직들이 나아가야 할 좌표이다. 초일류는 현재의 상황을 뛰어넘어 최고를 지향한다. 또한 초일류는 현재의 경쟁원리를 넘어 새로운 시장의 룰을 창조한다.

지금까지 초일류는 기술격차에 초점을 두었다. 일반적으로 초일류 조직은 세계 최고의 제품과 서비스를 제공하는 기업이나 기관들을 생각한다. 그러나 기술력만을 가지고는 초일류 조직이 될 수 없다. 기술 격차는 차이가 있지만 따라갈 수 있다. 기술은 후발주자들에게 따라잡힐 수 있다. 과거에는 기술과 규모를 가지고 초일류를 정의하였지만 이제 초일류의 개념도 바뀌고 있다.

진정한 초일류는 사람들의 마음속에 있다. 고객과 직원, 주주들의 마음속에 이 조직이 최고의 조직이라는 공감대가 초일류 조직을 만든다. 또한 초일류 조직은 어떤 위기나 어려움 속에서도 극복할 수 있는 마인드와 역량을 가지고 끊임없이 진화한다. 이 세상에 존재하는 모든 것들은 변하지 않으면 살아남을 수 없다. 코로나19는 기업경영에 기존과 다른 생존방식을 요구한다. 기업의 경영환경은 항상 새로운 도전자들로 가득하다. 신생 조직들이 기존 거대 기업들을 무너뜨리고 새로운 시장을 장악하는 힘은, 새로운 제품이나 서비스에 대한 고객들의 마음에서 나온다. 고객들의 마음을 사로잡을 수 있는 초일류 조직의 경영원리는 무엇일까?

3부에서는 초일류 조직이 되기 위한 지렛대로 마음챙김 경영혁명을 제안한다. 마음챙김 경영은 비즈니스 현장에 마음챙김 리더십의 5가지 바른 길을 실천하는 경영이다. 또한 마음챙김 경영혁명은 초일류 조직을 향한 성과 창출과 구성원, 고객 모두의 행복 실현을 목적으로 한다. 각 장의 구성은 마음챙김 경영의 실제 적용 방법을 쉽게 이해하기 위해 'Z전자'라는 가상의 기업사례를 스토리텔링 방식으로 기술한 뒤, 마음챙김 경영혁명의 4가지 원리와 실천방법을 살펴본다.

마음챙김 경영혁명의 4가지 원리는 무상無常 경영, 무실체성 경영, 무위無爲 경영과 자애慈愛 경영이다. 마음챙김 경영의 4가지 원리는 마음챙김 리더십의 4가지 축과 5가지 바른 길을 기반으로 한다. 마음챙김 경영혁명은 조직의 지속가능한 성장과 구성원 및 고객의 행복을 추구하는 신新 초일류 경영을 제안한다.

제10장

초일류 조직의 변화관리
: 무상(無常) 경영

변화를 거부하는 기업은 무너지는 땅 위에 서 있는 것이다. - 조셉 슘페터

[스토리1] 초일류 조직을 향한 경영전략

Z전자라는 가상의 중견기업이 초일류 기업으로 혁신하는 사례에서 마음챙김 경영의 의미와 방법을 알아본다. Z전자는 매출액 1천 5백억 원, 종업원 수가 200여 명 되는 중견 생활가전 제조기업이다. Z전자는 창업한 지 20년의 업력을 가진 생활가전업체로 선풍기, 공기청정기, 청소기 등을 주력 제품으로 한다. 최근 Z전자는 국내 중저가 제품 중심의 사업에서 '초일류 스마트 가전기업'으로 새로운 비전을 제시하고 변신의 노력을 기울이고 있다.

Z전자는 새로운 도약을 위해 '초일류 스마트 가전기업의 비전을 어떻게 달성할 것인가'에 대한 "임원팀장 경영전략 워크숍"을 실시하였다.

초일류 기업을 향한 비전 설정

강사장: 바쁜 가운데에도 중장기 사업전략을 수립하기 위한 경영전략 워크숍에 빠짐없이 참석해 주셔서 고맙습니다. 올해 우리 Z전자는 어려운 국내외 환경에도 3/4분기까지의 매출 실적은 작년과 비슷합니다. 다행이라고 생각할 수도 있지만 암담한 지표는 매출액이 지난 5년 동안 1천 5백억 원 내외에서 정체되어 있고, 영업이익도 점점 줄어들고 있습니다. 이제 영업이익 5% 달성도 힘겨운 실정입니다. 속된 말로 이자와 세금 떼고 나면 남는 게 없다는 말입니다. 이런 상황에서 연구개발이나 신제품 출시도 쉽지 않습니다. 연구개발과 신제품 출시를 못하면 앞으로의 생존을 장담할 수 없는 실정입니다. 우리 회사는 지난 20년 동안 부침도 있었지만 지속적으로 성장해 왔습니다. 초기 우리가 꿈꾸었던 매출 1,000억 원을 달성한 지 10년이 지났는데 아직 2,000억 원은 요원해 보입니다. 오히려 성장보다는 수성도 쉽지 않은 상황입니다. 이에 저는 새로운 결단을 하고자 합니다. 이렇게 가다가는 Z전자는 성장이 아닌 쇠퇴의 길을 걸을 것입니다. 한때 잘 나가던 회사들이 꼬꾸라진 것은 위기 상황에서 치고 나가지 못하고 주저 앉았기 때문입니다. 현 상태만 유지하면 잘 될 것이라는 생각은 버려야 합니다. 올해 4월에 우리가 세웠던 '초일류 스마트 가전회사'의 비전을 어떻게 실현할 것인가에 대해 허심탄회하게 이야기하고 아이디어도 제시하는 1박 2일의 시간이 되었으면 합니다. 금일 진행은 경영관리담당인 김상무가 진행할 것입니다. 저도 전체 회의에 모두 참석할 것이며, 이야기를 하기보다 주로 들을 것입니다. 여기 계신 전 팀장들과 임원분들은 직위 고하를 막론하고 어떠한 의견이라도 제시해 주시길 바랍니다.

김상무(경영지원담당): 금번 워크숍의 목적은 우리 회사가 '초일류 스마트 가전기업'의 비전 달성방안을 수립하는데 있습니다. 세부적으로는 첫째, 초일류의 구체적 목표 설정. 둘째, 초일류 스마트 가전기업으로 전환하는데 장애요인과 대책. 셋째, 초일류 스마트 가전의 비즈니스 모델과 사업 방향 설정입니다. 각 시간 배정은 나와 있지만 금번 워크숍은 시간에 구애받지 않고 끝날 때까지 진행하는 끝장 토론으로 진행토록 하겠습니다. 혹시 진행 관련 질문 있습니까?

(잠시 침묵이 이어졌다. 모두 아무런 말이 없이 깊은 생각에 잠긴 듯한 표정이었다.)

김상무: 그럼 본격 토론에 들어가기 전에 각자 마음을 가라앉히고 금일 워크숍 주제에 대해 숙고해보는 명상 시간을 5분간 가지겠습니다. 모두 편안한 자세로 앉으시고 잠시 마음챙김 명상에 들어갑니다.

(잠시 침묵과 명상의 시간을 가진다.)

자 그럼 눈을 뜨고 단상을 바라봐 주시기 바랍니다. 그럼 첫 번째 주제인 초일류 스마트 가전기업의 목표를 어떻게 가져가야 할지 각자 의견을 말씀해 주시길 바랍니다.

여전무(영업본부장): 지난 4월에 초일류 스마트 가전기업의 비전을 수립하면서 5년 후 매출액 3천억, 영업이익 15%라는 경영목표를 세웠는데 또 다른 목표가 필요하다는 의미인가요?

김상무: 맞습니다. 당시 2025년 매출액 3천억 원, 영업이익 15% 해서 '5315'의 목표를 선언했습니다. 그런데 현재 6개월이 지난 시점에서 그 목표가 유효한지, 올해의 실적을 보았을 때 내년과 내후년에 어떻게 할 것인지를 검토하자는 것입니다.

연상무(연구소장): 저는 금일 토론은 우리가 좀 더 솔직하게 이야기를 했으면 합니다. 2025년까지 3천억 원은 상징적인 의미라고 생각합니다. 현실적으로 그때까지 2천억 원이라도 달성하면 잘했다고 봅니다. 현재 우리의 실력으로는 현실유지도 버거운 실정입니다.

(잠시 침묵이 흘렀다. 강사장의 얼굴이 약간 굳어졌다. 뭔가를 말하려다 참는 듯한 표정이었다.)

해부장(해외영업팀장): 제가 한마디 해도 될까요?

김상무: 해외영업팀장님 이야기하시죠.

해부장: 좀 전에 연구소장님께서 말씀하신 것은 현재의 상황을 고려했을 때 맞는 말씀이라고 생각됩니다. 그러나 사장님께서 말씀하신 5년 후에 2배의 매출액을 올리기 위해서는 지금과는 다른 접근법이 필요하다고 봅니다. 그래서 오늘 3/4분기를 마친 시점에서 우리에게 숙제를 주는 것이 아닌가 생각됩니다. 정리하면 현재 상태에서 목표를 생각할 것이 아니라 새로운 목표를 설정하고 그에 맞는 사업을 어떻게 구성할 것인가에 대해 제로베이스에서 생각하자는 의미라고

생각합니다.

공전무(공장장): 해부장이 생각하는 3천억 원을 달성하기 위한 사업은 어떤 거라고 생
　　　각합니까?

해부장: 사실 저도 구체적으로 '이거다'라고 제안하기는 어렵습니다. 다만 한 가지 제
　　　안드린다면 우리 같은 중견기업이 국내도 버거운데 초일류를 달성하려면 전 세
　　　계적인 차별화된 제품을 만들어야 한다고 봅니다. 또한 제품개발력과 생산력,
　　　국내외 판매력까지 아우를 수 있는 새로운 비즈니스 모델도 필요합니다.

소부장(생산팀장): 아니 해부장님, 우리의 현재 역량으로 가능한 초일류 사업 아이템이
　　　무엇이라고 생각하십니까? 저는 초일류 사업 아이템은 다른 것이 아니라 현재
　　　우리가 만드는 제품 중에서 초일류 제품을 만드는 방안을 생각해야 한다고 봅니
　　　다. 남들이 하니까 우리도 하자거나, 현재 히트치는 상품을 우리도 하자는 식
　　　의 연구개발이나 판로개척은 하기도 어려울뿐더러, 한다 하더라도 리스크가 너
　　　무 큽니다.

정부장(개발1팀장): 저도 소부장님과 해부장님의 생각에 모두 동감합니다. 현재 우리
　　　제품 중에서 초일류 제품으로 키울 수 있는 것이 무엇인지를 찾는 것이 중요하
　　　다고 봅니다. 그러나 지금과 같은 개발과 생산 판매방식으로는 30% 이상의 매
　　　출을 확보하긴 어렵습니다. 새로운 비즈니스 모델을 만들어야 한다는 점에는
　　　동감합니다.

강사장: 어느 정도 의견이 모아지는 분위기네요. 일단 젊은 팀장님들께서 좋은 의견을 주셔서 고맙습니다. 제가 5년 후 3천억의 비전을 다시 이야기하는 것은 먼저 우리들 마음속에 5년 내 2배 이상의 매출을 올리자는 의지를 먼저 다지자는 의미입니다. 그래야 현재의 제품과 사업 방식에서 탈피하고 새로운 도전을 할 수 있지 않을까 싶습니다. 또한 우리 회사의 조직구조와 사업방식 등 모든 것을 완전히 바꿔야 한다는 점을 함께 공감해 주시길 바랍니다.

김상무: 사장님께서 첫 번째 세션을 정리해 주시는 말씀이었습니다. 잠시 쉬었다가 두 번째 주제로 넘어 가겠습니다.

(잠시 휴식을 취한 뒤 다시 모두 자리에 앉았다.)

초일류 사업 전환의 장애요인

김상무: 좀 전에 사장님께서 말씀하셨듯이 오늘 세부적으로 목표를 세우기보다는 큰 틀에서 5년 후 2배의 성장 목표 달성이라는 의지를 확고히 하는 점과 이를 위해 무엇을 새롭게 해야 할 것인가에 초점을 두었으면 합니다. 그럼 두 번째 주제인 '초일류 스마트 가전사업으로 전환하는데 장애요인'이 무엇인지 짚어보았으면 합니다.

이부장(개발2팀장): 저는 초일류 가전기업이 되기 위해서는 가장 중요한 것이 개발력이라고 봅니다. 또한 개발 중심의 회사로 재편하기 위해서는 먼저 개발 인력의 충원이 시급합니다. 특히 우리 같은 중견 기업에 뛰어난 엔지니어들이 와야 하는데 고급인력을 데리고 오기가 어렵습니다. 따라서 특급인력에 대해서는 파격적인 대우도 필요하다고 봅니다. 현재는 2~3년 일하다가 대기업으로 이직하는 직원이 너무 많습니다. 이런 고질적인 문제도 시급히 해결해야 한다고 봅니다.

마부장(마케팅팀장): 저는 좀 다른 관점을 가지고 있습니다. 우리 회사가 매출액 3천억 원을 달성하면 초일류 기업이라 할 수 있는가라는 의문이 듭니다. 매출액이 1조가 되는 기업도 초일류가 아닌 기업도 많다고 봅니다. 저는 사장님께서 말씀하시는 초일류는 단지 매출액만이 아니라 그 제품에서는 다른 회사가 따라오지

　　　　못하는 초격차를 내는 기업이라고 생각됩니다.

강사장: 마부장의 지적이 정확합니다. 3천억 원이 초일류 기업으로 가기 위한 상징적인 의미도 있습니다. 초일류 기업의 핵심은 다른 기업이 따라올 수 없는 제품과 서비스를 제공하는 기업이 맞습니다. 마부장의 생각을 또 이야기해 보죠.

마부장: 예, 사장님께서 초일류 기업의 정의를 확실히 해주셔서 감사합니다. 우리가 초일류의 제품을 가지면 3천억 원을 넘어 그 이상도 가능하다고 봅니다. 문제는 우리가 어떤 사업 아이템으로 초일류 제품과 서비스를 만드는가에 달렸습니다. 그러려면 현재 우리 제품으로 초일류 제품으로 도약할 수 있는 것이 무엇이냐는 점인데, 마케팅팀을 하면서도 저도 아직 찾지 못하고 있습니다. 다만 우리 회사는 모터와 생활가전을 기반으로 한 제품에 20년을 해왔습니다. 그러면 현재의 모터 능력을 배가하면서 다가올 사업의 트렌드를 잘 접목한다면 가능성이 있다고 봅니다.

오부장(생산기술팀장): 그래도 우리가 만든 선풍기는 국내와 해외에서 인지도가 높은 편입니다. 국내외 유통망도 갖추고 있고 품질도 안정된 상태입니다.

정부장(개발1팀장): 그렇지만 지금의 선풍기는 다이슨의 선풍기에 비하면 세계 최고라고 하기엔 부족한 면이 많습니다. 기술 격차도 있고요. 솔직히 개발 생산 판매 모든 면에서 국내외 대기업들과 차이가 나는데 어떻게 초격차를 하겠다는 건지, 무리가 많다고 봅니다.

강사장: 정부장이 현실적 문제를 잘 지적했다고 봅니다. 연구개발, 생산, 판매채널에서 밀리는데 어떻게 초일류를 할 수 있느냐는 지적은 뼈아프지만 사실입니다. 그런데 지금 초일류 기업으로 성장한 구글이나 페이스북, 알리바바나 샤오미도 모두 몇 년 전까지 중소기업이었지요. 사실 그 기업들은 우리가 사업을 처음 시작할 때 있지도 않은 기업들이었고요. 무엇이 그런 기업들을 오늘날의 초일류 기업으로 만들었을까요? 저는 생각의 차이라고 판단합니다. 저들에게는 초일류가 되자는 목표와 생각이 있었는데 우리에게는 초일류는 먼 나라 이야기로 생각했다는 점입니다. 바로 우리도 초일류 기업이 되자는 의식의 전환이 선행되어야 초일류 기업이 될 수 있습니다.

초일류 기업을 향한 비즈니스 모델

김상무: 금방 사장님께서 중요한 말씀을 해주신 것 같습니다. 우리에게 필요한 것은 초
일류 기업이 되고자 하는 갈망과 의지가 중요하다고 하셨습니다. 물론 될 수도
있고 안될 수도 있지만 꿈조차 꾸지 못한다면 절대로 될 수 없다는 말씀입니다.
다음으로 세 번째 주제인 '초일류 제품을 위한 비즈니스 모델과 사업방향'에
대해 간략하게 이야기하고 보완해서 내일 또 토론하겠습니다.

마부장: 제가 우리 회사에 온 지 5년 정도 되었습니다만 우리 회사 제품을 보면서 느낀
점과 앞으로의 방향에 대해 저의 의견을 말씀드리겠습니다. 우리뿐만 아니라
대부분의 기업은 제품에 고객의 요구를 반영하지만 실제로는 기능적 의견만
반영한다고 봅니다. 우리도 신제품 출시할 때 새로운 기능, 첨단 기능을 중시했
지만, 실제 고객의 니즈나 앞으로의 트렌드에 대해서는 약간 무감각한 점이 있
었다고 봅니다. 둘째로는 초일류가 되기 위해서는 앞으로 시장 트렌드에 좀 더
민감하게 반응해야 한다고 봅니다. 예를 들면 코로나19로 안전과 환경에 대한
의식이 강화되고 있다고 보는데, 우리 제품에서도 안전과 환경의 가치를 어떻
게 반영할지를 좀 더 고민해 봐야 합니다. 셋째는 우리 제품에 기능과 아울러
디자인에 좀 더 집중해야 한다고 봅니다. 초일류 제품이 되기 위해서는 기능도
좋아야 하지만 패키지부터 실제 제품, 사용자 인터페이스UI 측면도 고려한 디
자인에 역점을 둘 필요가 있다고 봅니다.

연구소장: 저도 마부장의 이야기에 동의합니다. 우리가 반성할 점은 제품의 기능을 구
현하기 위해 많은 시간을 써 왔지만 다른 제품들을 보면 다 비슷한 느낌이 듭
니다. 사실 다이슨이 만든 선풍기를 보면 많은 생각이 듭니다. 초일류 제품이
되기 위해서는 사용자의 요구, 시장환경의 트렌드, 그리고 디자인 중심의 제
품이 필요합니다. 그렇지만 우리 회사에 디자인을 전공한 사람은 마케팅팀장
인 마부장밖에 없어서 어떻게 하죠?

마부장: 디자인 역량도 문제지만, 현재 우리 회사의 역량으로 초일류가 되는 것은 거의
불가능에 가깝습니다. 우리 회사 외부에 있는 전문가 혹은 협력업체들과 어떻
게 파트너십을 잘 맺어 열린 혁신을 하느냐가 중요하다고 봅니다. 이제는 내부

뿐 아니라 외부의 자원을 얼마나 잘 활용하느냐도 중요하다고 봅니다.

강사장: 지금 마부장이 중요한 이야기를 해주었네요. 우리 같은 중견기업이 초일류 기
업이 되기 위해서는 내부의 역량만을 가지고 생각해서는 불가능합니다. 바로
외부 역량을 잘 활용하는 오픈 이노베이션이 중요합니다.

김상무: 네, 사장님께서 우리가 나아가야 할 비즈니스 모델과 사업방향에 대해 마부장
님의 의견을 적극 받아들이셨습니다. 오픈 이노베이션이 핵심적인 비즈니스 모
델이 될 것 같네요. 세부적인 내용은 또 구체화해봐야 할 것 같고요. 사업방향
은 마부장님이 이야기하신 세 가지, 고객 니즈, 시장 트렌드, 그리고 디자인 중
심의 제품개발로 정의될 듯합니다. 이러한 사업방향에 대해 다른 의견 있으신
분은 말씀해주시길 바랍니다.

초일류 조직을 향한 마음챙김 경영혁명

그릇된 욕망이 위기를 부른다

2008년 9월 전 세계 금융시장을 공포로 몰고 간 미국 투자은행 리먼
브라더스의 파산은 글로벌 금융위기의 시발점이 되었다. 이후로 전 세계
수많은 금융회사들의 파산과 인수합병이 뒤를 이었으며 미국과 유럽 등
전 세계 국민들은 장기간 피해를 입었다. 서브프라임 모기지론비우량주택담
보대출의 부실로 촉발된 경제위기에 대해 미국 금융위기조사위원회의 조사
결론은 다음과 같다.

> "당시의 위기는 인간의 행동과 무대책의 결과이지, 천재지
> 변이나 컴퓨터 모델 문제가 아니다. 셰익스피어를 인용하자면
> 잘못은 저 별들이 아니라 우리에게 있다."[1]

이러한 결론에 대해 영국 옥스포드대 경영대학원 교수인 레이첼 보츠먼은 그녀의 책『신뢰이동』에서 리먼 브라더스 사태로 촉발된 금융위기의 핵심에 대해 다음과 같이 갈파했다.

> "보고서에 따르면 위기의 주범은 실패한 금융제도가 아니라 제도를 제대로 운영하지 못한 인간이라는 결론에 이른다. 무모한 위험 추구와 탐욕, 무능과 어리석음, 책임감과 총체적인 윤리의식 부재가 원인이었다."[2]

리먼 브라더스로 촉발된 금융위기의 핵심 원인으로 금융이라는 정교한 시스템과 제도가 제대로 작동하지 않은 핵심에 인간의 탐욕과 무지, 책임감과 같은 윤리의식의 부재를 꼽고 있다. 리먼 브라더스 이전에도 석유파동, 중동전쟁 등 수많은 위기가 있었다. 리먼 브라더스 사태로 촉발된 금융위기는 기존의 위기와 달리 파생상품을 설계한 금융기관과 규제하는 정부 당국 등 개인의 윤리의식 부재가 핵심 원인이었다. 앞으로 닥칠 위기에도 인간의 사고와 행동이 중요한 문제 원인으로 작용할 것이다.

실제로 많은 위기와 위험의 근본 원인에는 인간의 탐욕과 무지, 책임감 부재와 같은 인간 의식의 문제가 깔려 있다. 잘 나가던 기업들이 갑자기 위기에 빠지거나 파산하는 경우를 종종 본다. 최근 LG전자가 스마트폰 사업에서 철수를 발표했다. 2015년부터 누적된 적자가 5조 원이 넘는다고 한다. 보통 기업이었으면 일찌감치 자금압박으로 사업을 접었을 것이다. LG전자 스마트폰 사업의 철수 이전에 베가시리즈의 스마트폰을 출시했던 팬택이 있었다. 팬택은 2014년 법정관리 이후 인수합병을 거치면서 지금은 공중 분해된 상태이다. 또한 글로벌 통신기업으로 확대해 보면, 노키아, 모토로라, 블랙베리 등 쟁쟁한 기업들이 성공과 실패의 역사에 이름을 올렸다.

수많은 기업들의 흥망성쇠를 보면 위기의 시초는 시장경쟁에서 점차 밀리면서 자금압박을 견디다 못해 파산이나 인수합병의 물결로 사라져 갔다. 그렇다면 잘 나가던 기업이 시장경쟁력을 잃게 되는 원인은 무엇일까? 이러한 기술과 시장경쟁력 상실의 근본에는 경영진을 비롯한 구성원들이 비즈니스 변화를 제대로 인식하지 못한 의식의 문제가 크다. 위기는 과거나 미래에 있는 것이 아니라 지금 일어나고 있는 변화를 인지하지 못해서 일어난다.

리더십 혁명에서 경영혁명으로

조직에서 리더십은 경영 시스템을 통해 완성된다. 리먼 브라더스의 파산과 같은 금융위기의 원인을 탐욕과 무지 그리고 책임감 부재라는 개인 차원의 문제로 한정짓는 것은 또 다른 오류를 범할 수 있다. 탐욕과 무지가 개인의 그릇된 욕망이지만, 그 욕망은 개인을 넘어 조직 전체와 경제 시스템에 만연한 문제였다. 앞서 4장에서 살펴본 <그림 4−1>처럼, 마음챙김 리더십 혁명은 인간개발을 넘어 경제개발이라는 조직과 사회 시스템 전체로 확산되어야 한다. 리더 한 사람의 마음챙김 리더십 전환은 조직 내 구성원들에게 영향을 미친다. 그러나 조직 전체와 사회적으로 영향력을 발휘하기에는 한계가 있다.

따라서 마음챙김 리더십 혁명이 조직 전반에 영향을 미치기 위해서는 경영 시스템으로 운용되어야 한다. 일반적으로 리더십은 타인에게 미치는 영향력으로 리더의 자질과 역량에 초점을 둔다. 반면 경영은 사업의 관리와 운영에 대한 시스템을 의미한다. 마음챙김 리더십이 효과를 발휘하기 위해서는 조직 내 경영시스템과 연동되고 체계화되어야 한다. 리더

십이 경영 시스템으로 이어지지 못한다면, 리더 개인에 의존하거나 리더
십이 바뀔 때마다 조직은 위기와 혼란을 반복할 수 있다.

　　마음챙김 경영혁명의 필요성에 대해 LG 스마트폰의 실패 사례를 통
해 반추해 보자. LG 스마트폰의 쇠락에는 여러 위기가 있었지만, 결정적
인 위기는 2016년 G5 모델에서 찾을 수 있다. G5의 핵심 컨셉은 모듈형
스마트폰 배터리와 'LG 프렌즈' 컨셉의 G5 액세서리인 보조 카메라, 배터
리, 음향기기 등과 연동할 수 있는 스마트폰이었다. G5는 새로운 도전이
었지만 고객과 시장의 니즈를 고려하지 않은, 제조사의 기능적 차별화에
초점을 둔 제품이었다. 특히 고객은 G5와 연동되는 보조 제품의 추가 구
입에 고개를 갸우뚱거렸다. 또한 다음 시리즈에서도 이러한 컨셉이 지속
될지에 대해서는 회의적인 반응이었다. 역시 다음 시리즈에서는 G5가 시
도한 모듈형 배터리와 액세서리 연동 컨셉은 폐기되었다. G5를 구매했던
고객들은 LG전자에 속은 기분을 느꼈고, 그나마 있었던 LG 스마트폰 고
객들이 대거 이탈하는 결정적 계기가 되었다.

　　이러한 G5 모델의 실패 핵심 원인을 정리하면, 첫째, 제품 컨셉 선정
에서 고객과 시장의 니즈를 제대로 반영하지 못한 점. 둘째, 제품 컨셉의
연속성 부재라는 전략의 실패. 셋째, 기능 중심의 제품개발 한계로 요약
할 수 있다. LG 스마트폰의 쇠락은 많은 비즈니스 실패사례의 압축판이
다. 이 사례는 시장과 고객 니즈의 변화와 자사의 현실을 직시하는 조직
차원에서 마음챙김 경영의 필요성을 일깨워준다.

　　LG 스마트폰 사업과 같은 위기 상황에서 마음챙김 리더는 어떻게 대
응해야 할까? 마음챙김 경영은 조직에서 일어나는 문제들을 있는 그대로
보고 받아들이는 데에서 출발한다. 위 세 가지의 문제 원인을 찾았다고
하자. 어떻게 조치할 것인가? 마음챙김 리더가 현장에서 문제를 해결하는
핵심 열쇠는 알아차림의 지혜와 자애의 실천이다. 먼저 고객의 요구사항

과 경쟁사의 동향을 토대로, 자사의 강점과 약점을 파악하여 해결방안을
도출한다. 또한 구성원들이 그 해결안을 실행할 수 있도록 배려와 자율의
원칙을 준수한다. 그러나 회사의 조직체계가 위계 중심의 구조이고 상명
하복의 문화가 강하다면, 마음챙김 리더십이 효과적으로 발휘될 수 있을
까? 많은 리더십 이론들이 비즈니스 현실에서 가로막히는 이유는, 경영
현장에 적용될 때 발생하는 조직문화와 시스템의 문제에 직면하기 때문
이다.

　　마음챙김 리더십이 조직 내에 제대로 작동하기 위해서는 조직 차원에
서 마음챙김 경영이 이뤄져야 한다. 마음챙김 경영은 구성원들이 비즈니
스에서 일어나는 모든 일들을 있는 그대로 보고 받아들여, 지혜와 자애로
써 조직을 자율적으로 운영하는 열린 경영이다. <그림 4-3>에서 보듯
이, 마음챙김 경영이 이뤄지기 위해서는 조직 구성원들이 마음챙김의 태
도를 견지하며 비즈니스 현장에서 마음챙김 리더십의 5가지 바른 길을
실천해야 한다. 이 과정에서 조직 전체에 깨어있는 경영과 지혜와 자애의
태도가 확립되는 마음챙김 경영혁명이 이뤄진다. 이에 대해 조직 구성원
들이 마음챙김의 태도를 확립하기에는 너무 많은 시간과 자원이 투입되
어야 하지 않느냐고 우려할 수 있다. 모든 일은 하루아침에 이뤄질 수 없
다. 먼저 나부터 마음챙김 리더십을 확립하고, 주변 사람들이 마음챙김의
태도가 지속가능한 성장의 발판임을 자각할 때, 마음챙김 경영혁명은 자
연스럽게 이뤄진다. 마음챙김 경영혁명은 행위함이 없는 무위無爲의 변화
과정이다.

마음챙김 경영혁명의 4가지 원리

마음챙김 리더는 조직 내부와 외부에서 일어나는 변화를 알아차리고

자연스럽게 대응한다. 시장의 동향과 고객요구의 변화, 경쟁사의 움직임을 항상 예의 주시한다. 그 속에서 변화의 패턴을 통찰하고 자사의 경영에 반영한다. 또한 조직 내부 구성원들의 의견을 수렴하고 구성원들 스스로가 자기 업무의 리더로 행동할 수 있도록 시스템과 문화를 형성한다. 이처럼 조직 내외의 변화를 있는 그대로 보고 받아들여 구성원들의 자발적 실행을 이끌어 내는 것이 바로 마음챙김 경영이다.

앞서 2부에서 비즈니스 현장에서 리더가 해야 할 마음챙김 리더십 실천의 5가지 바른 길을 살펴보았다. 이 5가지 바른 길은 바르게 보기, 바르게 생각하기, 바르게 일하기, 바르게 말하기, 그리고 바르게 행동하기이다. 마음챙김 리더십 실천의 5가지 바른 길은 외부 환경 변화를 바르게 볼 수 있는 견해와 사고를 형성하며, 바른 말과 행동, 바르게 일하기를 통해 조직의 지속가능한 성장과 구성원들의 행복을 실현하는데 목적이 있다.

마음챙김 리더십 실천의 5가지 바른 길을 체득한 리더가 조직을 경영하는 데는 마음챙김 경영원리를 기본으로 한다. 마음챙김 경영을 실천하기 하기 위해서는 먼저 마음챙김 명상을 통해 <그림 4-2 마음챙김 리더십의 4가지 축>인 주의집중, 통찰하기, 지혜롭기와 자애롭기를 체득해야 한다. 또한 마음챙김 리더십 실천의 5가지 바른 길을 수련함으로써 자연스럽게 마음챙김 경영을 실천해 간다. 이러한 마음챙김 리더십의 4가지 축을 기반으로 마음챙김 경영혁명의 4가지 원리를 도출하였다.

마음챙김 경영혁명의 4가지 원리는 무상無常, 무실체성, 무위無爲, 그리고 자애慈愛이다. 먼저 무상無常 경영은 '존재하는 모든 것은 변화한다'는 무상無常의 원리를 경영에 적용한 것이다. 마음챙김 리더는 조직에서 일어나는 변화를 있는 그대로 보며 자연스럽게 대응한다. 일어나는 변화를 알아차리는 것은 마음챙김 리더십의 첫 번째 축인 '주의집중'의 결과이다. 주의집중은 일어나는 모든 변화에 주의를 기울여 원인과 조건을 있는 그대로 알아차린다. 초일류 조직을 향한 무상 경영은 변화의 원인과 조건을 알아차려 대응하는 경영이다.

무실체성 경영은 '변화 속에서 고정된 실체는 없다'는 무아無我의 원리를 경영에 적용한 것이다. '실체가 없다'는 의미는 무無존재를 의미하는 것이 아니라, 고정불변의 존재가 없음을 뜻한다. 변화 속에서 고정불변의 실체가 없다는 무실체성은 마음챙김 리더십의 두 번째 축인 '통찰하기'의 결과이다. 무실체성을 통해 조직 변화에 대한 바른 견해를 얻을 수 있다. 마음챙김 리더는 환경 변화에 유연하고 민첩하게 대응하는 조직운영을 한다. 오늘날 애자일 경영이 바로 무실체성 경영의 대표적 사례라고 할 수 있다.

무위無爲 경영은 '조건에 따라 스스로 이뤄지는' 무위無爲의 원리를 경영에 적용한 것이다. 무위 경영은 마음챙김 리더십의 세 번째 축인 '지혜롭기'를 통해 길러진다. 지혜롭기는 바른 태도의 확립과 자기통제를 기반으로 한다. 무위 경영의 핵심인 자율과 위임은 마음챙김 리더의 지혜로운 행위이다. 이러한 무위 경영은 구성원들의 자발성과 참여를 통해 이뤄지며, 스스로 책임과 권한을 다하는 수평적 조직문화가 중요하다. 무위 경영은 수평적 조직문화를 바탕으로 구성원들의 자율과 헌신을 이루는 조직경영이다.

끝으로 자애慈愛 경영은 모든 사람의 행복과 안녕을 추구하는 자애慈愛의 원리를 실천하는 경영방식이다. 자애 경영은 마음챙김 리더십의 네 번째 축인 '자애롭기'를 비즈니스 현장에서 실천한다. 이러한 자애심은 마음챙김 명상을 통해 수련한다. 자애 경영의 실천은 이윤추구를 중시하는 조직에서 구성원들과 고객 모두의 행복을 추구하는 행복 플랫폼을 지향한다.

그림 10-1 마음챙김 리더십 실천 모델과 4가지 경영원리

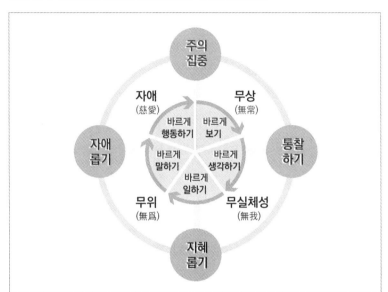

　　마음챙김 경영혁명은 마음챙김 리더십 실천 모델을 바탕으로 하며, 4
가지 경영원리를 구체화하면 <그림 10−1>과 같다. 마음챙김 경영혁
명의 4가지 원리를 다음 4개의 장에 걸쳐 세부 내용과 실천방법을 살펴보
기로 한다.

[마음챙김 경영혁명1] 무상(無常) 경영

변화를 인지하지 못하는 4가지 이유

　　경영의 핵심에는 변화가 있다. 생명체와 마찬가지로 개인이나 기업
사례에서도 환경 변화에 대비하지 못하고 사라진 예는 수없이 많다. 일찍
이 19세기 중반 찰스 다윈이 설파한 적자생존의 원리에서 보듯이 조직 경

영도 변화와 적응의 과정이다. 그럼에도 불구하고 많은 기업들이 경영환경 변화를 꿰뚫어 보지 못하는 이유는 무엇 때문일까?

개인과 조직이 변화를 제대로 인지하지 못하는 첫 번째 이유는 사람들의 닫힌 사고 때문이다. 대표적인 닫힌 사고는 자신이 처해있는 현 상태가 지속될 거라는 생각, 자신의 성공이나 실패가 영원하리라는 생각, 자신이 알고 있는 지식이나 경험이 절대 법칙이라는 생각 등 자기 중심적 사고는 세상과 외부의 변화에 대해 문을 닫는다. 또는 그릇된 견해나 신념체계에 의해 사물을 볼 때 사물의 전체를 보지 못하고 부분만 보고 판단한다. 이러한 그릇된 견해는 바꾸기가 쉽지 않다.

그렇다면 사람들이 닫힌 사고를 하는 이유는 무엇 때문일까? 그것은 자신이 가진 부와 명예와 재산을 지속하고 싶은 욕망에서 비롯된다. 이러한 속성은 성공한 사람들에게서 많이 볼 수 있다. 나는 이것을 '성공 증후군'이라 부른다. 자신의 성공방식은 절대적인 것이 아니라 어떤 과정의 산물일 뿐이다. 새로운 환경과 변화가 오면 과거의 성공방식은 작동하지 않거나 장애물로 전락한다. 새로운 변화를 받아들이는 열린 사고가 필요한 이유다.

변화를 인지하지 못하는 두 번째 이유는 지각의 오류이다. 앞서 5장에서 살펴보았던 <그림 5-1> 루빈의 잔 그림이 있었다. 사람들은 그동안 형성된 자신의 경험이나 습관에 따라 사물을 지각한다. 한번 표상으로 형성된 사물에 대한 인식은 좀처럼 바뀌지 않는다. 대표적인 예가 전체를 보지 못하고 부분을 보는 경우이다. 또는 사물을 객관적으로 보기보다는 자신의 이해에 따라 보고 싶은 것만 보려고 한다. 이것은 앞서 살펴보았던 그릇된 견해에서 나온 잘못된 지각과 관계가 깊다.

세 번째는 정보의 한계이다. 오늘날 우리는 정보가 넘쳐나는 시대를 살고 있다. 그러나 그 많은 정보 중에서 무엇이 바른 정보이고 그릇된 정보인지를 판단하기 어려울 때가 많다. 그만큼 다양한 정보를 통해 사실을 통찰하는 지혜가 더욱 중요해지고 있다. 다양한 정보 속에서 바른 통찰을 얻어내기 위해서는 정보를 객관적으로 보고 받아들이는 열린 관점이 필요하다. 정보에 대한 객관적이고 중립적인 태도가 변화 속에서 통찰을 얻는 지혜를 가져다 준다. 그것이 바로 5장에서 살펴보았던 비즈니스 현상을 바르게 보는 마음챙김의 통찰력이다.

변화를 인지하지 못하는 네 번째는 조직 내 의사소통체계의 문제를 들 수 있다. 개인들은 선호나 가치에 따라 정보를 취사 선택하는 경향이 있다. 이러한 개인의 인지 오류를 막기 위해서는 조직구성원들의 다양한 소통채널을 통해 다양한 목소리가 오고 가야 한다. 그러나 많은 정보가 이사회나 최고경영자 회의에 올라가지 못하고 사장된다. 특히 수직적이고 상명하복의 조직체계가 강한 조직에서 리더가 꼭 알아야 할 정보는 누락되고 보기 좋은 보고나 문제없다는 시그널만 상부로 올라간다.

빠르게 변화하는 환경에서는 정보가 신속하면서 있는 그대로 소통되는 것이 중요하다. 초일류 조직의 의사소통체계는 수평적이며, 개인의 자율과 책임을 중시하는 형태가 되어야 한다. 앞의 Z전자의 사례에서도 조직 구성원들이 각자의 의견을 자유롭게 개진할 수 있었던 것은 수평적이며 상호 신뢰하는 조직문화가 형성되었기 때문이다.

무상 경영의 실천 방법

변화는 조직 외부에서만 일어나지 않는다. 조직 내부에서도 매일 수많은 일들이 발생한다. 잘 다니던 직원이 갑자기 회사를 그만두기도 하고, 잘 진행되던 프로젝트가 갑자기 어려움에 봉착하기도 한다. 리더는 조직 내부와 외부에서 발생하는 다양한 변화를 꿰뚫어 보고 바람직한 방향을 제시해야 한다.

　사전적 의미로 무상無常이란 '만물은 항상 변하며, 영원한 실체로 존속하는 것은 없다'는 뜻이다. 개인의 삶에서 무상이란 인생의 덧없음을 뜻하는 말이 아니다. 개인 차원에서 무상경영이란 자신이 처한 상황과 생로병사의 조건에 따른 변화에 적응해 가는 것을 말한다. 그러므로 개인에게 무상 경영은 허무한 삶이 아닌 매 순간 정진하고 노력하는 능동적인 삶을 강조한다. 한편 조직 차원에서 무상 경영이란 매 순간 변화하는 비즈니스 상황을 꿰뚫어 보고 능동적으로 대응해 가는 변화경영이다. 무상 경영을 실천하는 조직은 매 순간 변화하는 비즈니스 상황에 촉각을 세우며 그 변화가 자사에 미치는 영향을 고려하여 조직을 운영해야 한다.

　변화하지 않는 조직은 소멸한다. 대우자동차, 팬택, 코닥, 리먼 브라더스 등 한때는 잘 나가던 수많은 기업들이 사라진 이유는 변화하는 상황을 제대로 직시하지 못하고 위기에 적극적으로 대처하지 못했기 때문이다. 위기가 닥친 후에는 사후처리가 남을 뿐, 새로운 변신을 시도하기에는 이미 늦다. 변화의 시간은 늦었지만 늦은 그 순간의 변신도 도약의 발판이 될 수도 있다. 모든 존재는 생명이 다하는 그 순간까지 존재의 의미를 가진다. 만약 소멸하는 운명이라면, 마지막 모습이 초라하지 않으면서 새로운 싹을 틔우는 씨앗을 남겨두어야 한다, 그 씨앗이 새로운 창조의 꽃을 피우도록.

　올바른 변화경영은 매 순간 변화를 인지하고 위기가 닥치기 전에 대비하고 변신한다. 그러한 변화경영이 바로 무상 경영이다. 무상 경영은 일상적 경영활동에서 위기의 신호를 포착하고 매 순간 변화를 일으킨다. 무상경영을 실천하는 리더와 구성원들은 자신이 속한 팀이나 조직이 변하지 않으면 소멸한다는 평범한 진리를 항상 기억한다. 이러한 무상의 인식이 변화를 두려워하지 않고 기꺼이 새로운 도전에 참여하는 적극적이고 강인한 혁신을 일으킨다.

　그렇다면 매 순간 무상 경영을 효과적으로 운용하려면 어떻게 해야 할까? 먼저 비즈니스 현장에서 일어나는 모든 것에 마음챙김 리더십 실천 첫 번째 요인인 '바르게 보기'를 활용한다. 바르게 보기는 앞서 5장에서 살펴보았다. 바르게 보기란 사물의 본질이나 문제 상황의 조건을 꿰뚫어 보는 것이라고 했다. 바르게 보기를 통해 사물의 변화에 대한 통찰의 힘을 키워 바른 견해를 갖게 된다. 바른 견해는 객관적이며 제3자의 관점에서 변화를 보고 판단하는 능력을 의미한다. 조직 구성원들이 사적인 욕망이나 부서 이기주의에서 벗어나 고객과 전체 관점에서 문제 상황에 대응한다면 변화관리 역량은 더욱 강해진다.

　무상 경영은 '일어나는 모든 것은 변화한다'는 무상의 본질을 꿰뚫어 보는 경영이다. 변화의 속성을 있는 그대로 보고 받아들이기에 갑작스런 변화나 위기에도 침착하고 질서있는 대응이 가능하다. 무상 경영의 실천은 급작스런 변화나 위기에도 흔들리지 않는 뿌리 깊은 나무와 같다.

　다음으로 무상 경영은 구성원들의 바른 견해를 통한 바른 행동을 실천한다. 또한 바른 행동은 매 순간 깨어있는 노력이 동반되어야 한다. 노력은 모든 성취의 뿌리이며, 나태나 게으름은 실패의 지름길이다. 무상 경영은 매 순간의 변화를 자각하며 대응하는 성실한 자세를 요구한다.

　모든 사람들은 매 순간 움직인다. 의미 없는 일을 하면서 시간을 보낼 수도 있고, 바르게 일하면서 보낼 수도 있다. 누가 시켜서 마지못해 일할 수도 있고, 시키지 않아도 자발적으로 일하는 사람도 있다. 일이 힘들 때는 어떤 때인가? 일의 의미도 모르면서 수동적으로 일할 때이다. 그러면 일이 즐거울 때는 언제인가? 자신이 하고 싶어 하는 일을 스스로 실행할 때 즐겁다. 매 순간 의미 있고 자발적으로 일한다면 변화는 새로운 에너지를 자극하는 자양분과 같다. 매 순간 자신의 감정과 기분, 외부 환경의 변화를 인식함으로써 바른 행동이 나온다. 따라서 무상 경영은 바르게 보고, 바르게 행동하는 경영이다.

무상 경영의 세 번째 방법은 열린 시스템의 활용이다. 열린 시스템은 닫힌 체계의 반대개념이다. 닫힌 체계는 닫힌 사고를 바탕으로 폐쇄적 구조와 작동 방식을 갖는다. 열린 시스템은 열린 사고를 바탕으로 조직 내부와 외부가 열린 구조로 작동하는 체계이다. 열린 체계가 되려면 조직구조도 유연해야 하며, 변화에 따라 스스로 변신하는 능력을 갖춰야 한다.

열린 시스템의 대표적인 예는 오픈 이노베이션이다. 조직 내부의 제한된 자원과 역량으로는 경영환경의 변화와 기술의 발전을 따라가기 쉽지 않다. 외부의 조직이나 인력과 원활한 네트워킹과 협업체계를 구축함으로써 조직의 경쟁력을 배가시킬 수 있다. 또는 외부 조직과의 인수합병이나 제휴 등도 열린 시스템에 고려할 필요가 있다.

그러나 조직 내부 차원에서 열린 시스템 구축은 더욱 어렵다. 조직구조 자체가 경직된 체계를 바탕으로 하며, 한번 구축된 체계는 유연하게 변화하기 힘들다. 다음 장에서 살펴볼 애자일 조직이 그 대안이 될 수 있다. 열린 시스템의 중간 단계로 기본조직은 정형화된 조직체계를 가지며, 실행 조직이나 하부 조직은 유연하고 자율적인 이원적 조직체계를 구성하는 것도 고려해 볼 만하다. 혹은 기존의 조직체계에서 과제나 프로젝트에 따라 팀이 유기적으로 변화하는 열린 조직 운영도 생각해 볼 수 있다. 무상 경영에서 중요한 점은 변화에 능동적이며 유연하게 조직을 운영하려는 바른 견해와 실천 의지이다. 마음챙김 경영의 조직관리는 다음 11장 무실체성 경영에서 좀 더 살펴보기로 한다.

무상 경영과 마음챙김 명상: 비즈니스 스캔

마음챙김 기반 스트레스 감소MBSR의 공식명상법 중에 바디스캔이 있다. 바디스캔은 몸의 각 부분에 주의를 기울여서 몸의 감각이나 느낌을 관찰하고 알아차리는 명상 방법이다. 마치 단층촬영장치CT로 몸의 각 부분을 스캔하듯이 관찰하고 알아차린다.

일반적으로 바디스캔은 누워서 발끝에서 시작하여 머리끝까지 스캔하면서 주의를 옮겨간다. 예를 들면 오른쪽 발에서 시작하면, 오른쪽 발가락에서 느껴지는 감각과 느낌, 오른쪽 발바닥 움푹 파인 곳과 발 뒤꿈치의 느낌과 감각을 관찰한다. 오른쪽 발을 스캔하면서 통증이나 뻐근함이 느껴지면 그 부위에 친절하고 관대한 숨을 불어넣어 준다. 그다음 오른쪽 발목으로 주의를 옮겨 온다. 발목 부위의 연골, 뼈, 힘줄, 살을 스캔하듯이 관찰한다. 오른쪽 발목의 특정 부위에 통증이나 뻐근함이 느껴지면 그 부위에 따뜻하고 친절한 숨을 불어넣는다.

이런 방식으로 오른쪽 발에서 발목, 오른쪽 다리, 무릎, 넓적다리 그다음 왼쪽 발, 발목, 종아리, 무릎, 넓적다리, 골반, 허리, 배, 가슴, 양팔, 얼굴, 머리 순으로 주의를 옮겨가면서 관찰하고 통증과 같은 느낌을 알아차린다. 신체의 각 부위를 주시하며 감각을 관찰하고, 각 부위에서 일어나는 느낌을 알아차리면서 그 부위에 호흡을 불어넣고 배출하는 작업을 반복한다.

몸을 스캔하면서 몸의 각 부위를 관찰하고 감각과 느낌을 알아차리듯이, 비즈니스의 각 프로세스에서 일어나는 현상과 문제를 비즈니스 스캔 해보자. 먼저 편안한 자리나 바닥에 누워서 호흡에 대한 알아차림에 들어간다. 그다음 자사의 비즈니스 프로세스의 첫 단계에서 마지막 단계까지 스캔하듯이 현재 상황을 관찰하고 떠오르는 문제나 이슈를 알아차린다.

비즈니스 스캔은 단위 조직인 팀 차원에서 할 수도 있고, 사업부나 조직 전체 프로세스에 대해 할 수도 있다. 다음은 조직 전체 차원의 비즈니스 스캔 안내문이다.

비즈니스 스캔 안내문

먼저 편안한 자리에 앉거나 눕는다. 숨이 들어오고 나가는 호흡에 주의를 기울인다. 숨이 들어오면 '들숨'이라고 알아차리고, 숨이 나가면 '날숨'이라고 알아차리면서 머문다. 잠시 후 마음이 고요하게 가라앉으면 자사의 비즈니스 프로세스 전반에 대한 비즈니스 스캔에 들어간다. 비즈니스의 첫 과정인 영업부문을 떠올려 본다. 고객의 주문이나 수주 과정, 고객과의 만남, 고객주문 접수와 개발 및 생산조직에 정보 전달, 영업 인력이나 영업조직의 운영, 국내 및 해외 지사망 등을 차례로 스캔하듯이 관찰한다. 영업 부문의 각 단위 조직이나 직원들의 상황을 있는 그대로 관찰한다. 억지로 문제를 생각하려 하지 말고 떠오르는 생각들을 '00생각', '00문제', '00고민' 등으로 알아차린다. 일어나는 하나의 생각에 집착하지 말고, 생각이 일어나고 머물고 사라지는 것을 있는 그대로 알아차린다.

다음은 개발부문으로 넘어간다. 개발부문의 각 조직과 연구소를 하나씩 스캔하듯이 관찰한다. 개발A팀, 개발B팀, 연구소 등의 차례로 개발인력, 개발진척도, 개발이슈 등을 관찰한다. 관찰하는 과정에서 특정 문제나 이슈가 떠오르면 '00문제', '00이슈'라고 알아차린다. 문제나 이슈에 너무 집착하지 말고, 생각이나 느낌이 일어나고 지속되고 사라지는 것을 있는 그대로 알아차린다.

다음은 생산부문으로 넘어간다. 자재와 재료의 구매와 관리, 생산공정, 생산부서의 직원, 공장 설비나 건물 등을 차례로 스캔하듯이 관찰한다. 관찰하는 과정에서 특정 문제나 이슈가 떠오르면 '00문제', '00이슈'라고 알아차린다. 문제나 이슈에 너무 집착하지 말고, 생각이나 느낌이 일어나고 지속되고 사라지는 것을 있는 그대로 알아차리면서 머문다.

끝으로 지원부문으로 넘어간다. 지원부문 각 팀의 직원들과 업무 상황에 대해 스캔하듯이 관찰한다. 일이 잘 되거나 잘못되는 현상에 너무 집착하지 말고 조직과 구성원, 업무에 대해 관찰하면서 특별한 문제나 이슈가 떠오르면, '00문제', '00이슈'라고 알아차린다. 여기서 어떤 문제를 해결하려 하지 말고 문제가 떠오르면 '문제'라고 알아차리고,

원인이나 해결 아이디어면, '원인', '해결안'이라고 알아차린다. 만약 비즈니스 스캔을 하면서 기쁘거나 슬프거나, 화와 같은 감정이 일어나면 '○○'감정이라고 알아차리면서 머문다. 이 과정에서 조직의 특정 이슈나 문제에 집착하지 말고 있는 그대로 보고 알아 차린다.

필요하면 명상을 종료한 후에 특정 이슈나 문제를 반추하는 시간을 가진다. 전체 조직 에 대한 비즈니스 스캔이 마무리되면, 나와 직원, 조직이 잘 되길 기원하면서 비즈니스 스캔을 마치고 명상에서 나온다. 명상 종료 후, 필요하면 명상 과정에서 떠올랐던 아이 디어를 간단하게 메모해 둔다.

　　비즈니스 스캔의 목적은 비즈니스 프로세스 전반에서 일어나는 문제 나 상황을 있는 그대로 관찰하고, 문제나 이슈를 알아차리기 위함이다. 비즈니스 스캔의 과정은 문제해결의 과정이 아니라, 문제나 이슈를 있는 그대로 보고 알아차리는 데 있다. 또한 비즈니스에 대해 전체적 관점에서 상황을 파악하고 각 프로세스가 긴밀히 연결되어 있음을 자각한다. 구성 원들과 조직이 전체로 연결되어 있는 상황에서 문제와 이슈를 알아차리 고 해결의 아이디어를 검토한다. 한편 조직 전반에서 일어나는 다양한 문 제나 이슈에 대해 모든 것을 해결하려는 자신의 집착을 알아차린다면, 구 성원 각자가 단위 조직의 문제나 이슈를 해결할 수 있는 조건과 의욕을 불 러 일으키기 위해 노력한다.

　　비즈니스 스캔은 사무실이나 회의실, 집이나 이동 중간에도 할 수 있 다. 조직 전반을 스캔하기 위해서는 20분 이상이 소요될 수 있다. 한편 팀 단위 조직에 대해 스캔할 때에는 5분 이내로 짧게 진행할 수도 있다. 이러 한 비즈니스 스캔은 팀이나 부문, 전체 조직의 비즈니스에서 문제나 이슈 가 일어나고 머물고 사라지는 것을 있는 그대로 관찰하고 알아차리는데 도움을 준다.

제11장

초일류 조직의 조직관리
: 무(無)실체성 경영

혁신은 혼돈의 경로를 따라 움직인다. - 알렉산더 오스터왈드

[스토리2] 초일류를 향한 조직 개발

Z전자는 '초일류 스마트 가전기업 비전 달성을 위한 경영전략 워크숍' 후속 조치로 초일류 조직을 어떻게 구성할 것인가에 대한 경영회의를 개최하였다.

초일류를 향한 조직개편의 회오리

경부장(경영지원팀장): 지금부터 9월 경영회의를 실시하도록 하겠습니다. 금번 경영회의의 주요 안건은 지난 8월에 실시된 '초일류 스마트 가전기업 비전 달성을 위한 경영전략 워크숍'의 후속 조치로서 초일류 조직개편 방안에 대해 보고를 드리겠습니다. 먼저 금번 조직개편의 취지에 대해 경영지원담당인 김상무님께서 간략하게 말씀드리겠습니다.

김상무(경영지원담당): 금번 조직개편의 방향은 크게 5가지로 정리할 수 있겠습니다.

첫째, 초일류 스마트 가전기업의 비전 달성을 위한 혁신적이고 사업부별 책임과 권한을 대폭 강화한 사업중심의 조직 구성입니다. 둘째, 사업부 중심의 조직 운영을 위해 기존 기능별 부문별 조직을 사업부 내에 영업과 개발, 지원을 통합적으로 운영하는 진정한 독립 사업부제를 운영합니다. 셋째, 사업부 산하 각 팀의 유연성과 민첩성을 높이기 위해 셀형 팀 조직으로 운영합니다. 넷째, 생산부문의 책임과 권한 강화를 위해 라인별 소사장제를 적극 운영합니다. 다섯째, 경영지원부문은 전략과 기획, 소싱 기능 중심의 전략적 헤드쿼터 역할을 충실히 하고 인사/재무/총무 기능은 각 사업부 산하로 이관합니다. 그럼 세부 조직구성 방안에 대해 경영지원팀장인 경부장이 보고하겠습니다.

연상무(연구소장): 잠깐 김상무님, 금번 조직개편과 관련하여 사전에 각 조직별로 의견 수렴을 하셨는지요?

김상무: 조직개편의 큰 방향은 지난번 워크숍에서 공유를 하였습니다. 그때도 사업부 중심의 조직구성과 유연하고 민첩한 팀 조직 운영, 지원부문의 전략 및 기획 기능 강화에 대해 지난번 워크숍에서 발표를 하였습니다. 금번 조직개편안은 사장님 보고를 마치고 지금 공유를 드립니다. 물론 세부 팀 조직 설계는 변경될 조직 부서장과 함께 협의할 예정입니다.

강사장: 금번 조직개편은 기존의 부문별 체계에서 성장해온 우리 회사가 독립 사업부제를 강화함으로써 자율과 책임의 경영을 구현하고, 수평적 조직으로 전환함으로써 유연하고 민첩하게 움직이자는 의미입니다. 각 부문장님들이 총괄하던 시대에서 각 독립사업부로 세분화함으로써 수평적이면서 책임 있는 경영을 구현하자는 취지입니다.

경부장: 그럼 조직개편 방안에 대해 보고 드리겠습니다. 우리 회사는 현재 3개 부문 20개 팀에서 7개 사업부 2실 체계로 개편됩니다. 7개 사업부는 4개의 영업개발사업부와 3개의 생산사업부가 있고, 2실은 사업지원실, 생산지원실로 구성됩니다. 4개의 영업개발사업부는 기존 제품별 조직을 계절가전사업부, 주방가전사업부, 청소가전사업부, 소형가전사업부로 변경하고, 각 사업부 산하에 영업, 마케팅, 개발 및 지원 기능을 통합하여 운영합니다. 각 영업개발사업부는 독립채산제로 운영됩니다. 다음으로 생산사업부는 현재의 생산라인을 크게 3분화하

여 생산1, 생산2, 생산3 사업부로 구분하고 각 사업부는 소사장제로 운영하며 독립사업부로 운영합니다. 각 생산사업부는 자사의 제품 이외에 타사 혹은 자체 제품 생산도 가능합니다. 생산지원실은 생산기획, 자재 및 품질관리, 물류, A/S 업무를 총괄합니다. 경영지원실은 사업전략, 경영기획, 구매, 법률 및 재무 업무 등 헤드쿼터의 역할을 담당합니다. 혹시 세부 조직개편방안에 대해 질문 있습니까?

여전무(영업본부장): 지금까지 국내 영업과 해외 영업으로 이원화해서 운영하던 영업 인력을 각 사업부로 나누어 운영하기에는 역량이나 인원 면에서 부족하지 않을까 싶습니다.

강사장: 이제는 각 사업부장이 국내와 해외 영업, 제품개발까지 총괄해서 인력을 선발하고 육성해야 합니다. 부족한 부분은 각 사업부가 협력해서 진행하거나 사업부 자체의 인력순환체계를 만드는 것도 필요합니다.

공전무(공장장): 3개의 생산사업부는 현재 3개 동의 공장을 구분한 것으로 큰 문제는 없을 듯합니다. 그러나 생산라인별 제품군이 달라서 다른 사업부의 제품을 생산하려면 라인체인지를 해야 합니다. 그러면 변경에 따른 작업시간과 인력 재배치 등 시간 소모가 많습니다.

강사장: 저도 공장의 라인체인지 어려움을 잘 알고 있습니다. 그렇지만 이제 우리 생산 부문도 변화가 필요합니다. 라인체인지의 속도를 올리거나 혼류생산(하나의 생산라인에서 2개 이상의 제품을 생산하는 시스템), 스마트 팩토리와 같은 방식으로 강화할 필요가 있습니다.

경부장: 그럼 이어서 각 사업부별 책임자를 발표하겠습니다. 계절가전사업부장에 여전무님, 주방가전사업부에 김상무님, 청소가전사업부에 연상무님, 소형가전사업부에 마부장님, 그리고 생산1사업부장 소부장님, 생산2사업부장에 오부장님, 생산3사업부장에 정부장님, 생산지원실장에 우부장님, 경영지원실장에 경부장입니다. 각 사업부별로 팀 구성은 신임 사업부장님들과 협의 하에 구성하며 가급적 팀과 TFT Task-force Team조직을 혼용하는 형태로 구성해 주시길 바랍니다. 각 실은 별도의 팀 없이 대팀제 운영을 원칙으로 합니다. 이상입니다.

(잠시 침묵이 흐른 뒤 강사장이 마무리 발언을 하였다.)

강사장: 이번 조직개편의 신속함과 혁신적 변화에 모두 놀랐으리라 생각합니다. 이번 조직개편은 저희 회사가 초일류 스마트 가전 기업으로 거듭나기 위한 대변신이라고 생각됩니다. 각 사업부장님께서는 책임을 지고 사업부를 어떻게 효율적으로 운영할지, 영업과 개발이 효과적으로 운영될 수 있는 방안을 고민해 주시길 바랍니다. 아울러 생산사업부는 조직 구성원들의 역량과 생산효율 향상에 각별히 신경을 써주길 바랍니다. 그럼 경영지원실장은 금번 조직개편방안을 금일 오후에 전사 공지하기 바랍니다.

경부장: 그럼 이상으로 9월 경영회의를 마치도록 하겠습니다.

(모두 겸연쩍은 표정으로 자리에서 일어나 한 명씩 회의실을 빠져나갔다. 영업본부장인 여전무와 연구소장인 연상무가 경영관리담당인 김상무에게 다가갔다.)

여전무: 아니 김상무, 조직개편을 이렇게 큰 폭으로 진행할 때는 사전에 귀띔이라도 해야 하는 것 아닌가? 어떻게 한마디 상의도 없이 일사천리로 진행할 수 있어?

김상무: 전무님, 저도 사전에 공유하려고 했지만 사장님께서 일절 비밀로 하라 하셨습니다. 저도 어쩔 수 없었습니다. 그리고 최종안은 어제 사장님께서 결정했습니다. 사실 저도 몇 번 반대를 했지만 사장님의 뜻이 워낙 강했습니다.

연상무: 아니 연구개발만 20년 이상 해온 나보고 사업부를 맡아서 운영하라니 좀 당황스럽구먼. 실적이 나쁘면 자르겠다는 뜻인가?

김상무: 아니 벌써 실적을 고민하십니까? 연상무님 산하에 영업 경험이 있는 팀장을 배치하고 그분들과 잘 협의해서 운영하면 문제없을 것입니다. 오히려 이제 사업부의 권한이 커졌기 때문에 예전에 개발하지 못했던 제품도 개발 시도를 해 볼 수 있을 것입니다. 물론 판로를 어떻게 확보하느냐가 관건이겠습니다만.

여전무: 사장님이 이제 임원들을 경쟁시키려는 거구먼. 누가 실적을 잘 내나 보시려고.

김상무: 그건 너무 나가신 것 같습니다. 그냥 회사의 큰 변화를 일으키려는 의도로 보시면 좋을 듯합니다. 각 사업부별 조직구성과 관련해서는 먼저 각 사업부에서 검토하시고 모레 오후에 다시 사업부서장 회의를 개최하오니 그때 협의를 하시죠.

김상무: 이제 완전 몰아붙이는구먼. 이렇게 몰아붙이는 게 애자일 방식인가?

(모두 웃으면서 각자의 사무실로 돌아갔다.)

애자일 팀 구성하기

(다음날 연상무는 강사장과 티타임을 요청해 사장실로 들어갔다.)

강사장: 어서 오세요, 연구소장님! 아니 이제는 청소가전사업부장이시죠. 우리 연상무님은 카푸치노를 좋아하시는데 카푸치노는 없고 대신 아메리카노 괜찮으세요?

연상무: 예, 아메리카노도 좋아합니다.

강사장: 어제 갑자기 사업부장으로 발령을 내려서 놀라셨죠?

연상무: 예, 조금 놀랐습니다. 사장님과는 제가 팀장 시절부터 함께 일했으니 벌써 10년이 훌쩍 넘었네요.

강사장: 그렇죠. 제가 대기업에서 일 잘하시는 상무님 모셔오느라 고생했죠. 그때나 지금이나 항상 고마운 마음입니다. 그래도 연상무님 오시고 우리 회사 제품의 품질이나 성능이 많이 좋아졌어요.

연상무: 감사합니다. 사실 어제 좀 놀랐습니다. 예전에는 사전에 함께 협의도 하시면서 조직개편을 했는데 이번에는 아무런 협의 없이 발표하셔서 좀 당황스러웠습니다.

강사장: 오해는 마세요, 연상무님! 이번에는 경영지원담당인 김상무에게도 그 전날 통보를 했습니다. 모두 몰랐을 거예요. 그만큼 저도 고민을 많이 했고. 다른 회사의 동향을 볼 때도 현재의 조직 상태를 가지고는 '초일류 스마트 가전기업'이라는 비전에 모두 코웃음을 치는 것 같더군요. 일종의 충격파라고 보시면 될듯합니다.

연상무: 사실 연구개발과 제품제작에 집중하느라 영업에는 조금 자신이 없습니다. 차라리 영업팀장을 사업부장으로 올리시고 제가 그 밑에서 연구개발을 담당하면 어떨까 싶습니다.

강사장: 연상무님은 타인에 대한 배려와 조직에 대한 충성심이 강하신 분입니다. 그러니까 여기까지 저와 함께 왔고요. 그리고 영업과 마케팅에도 충분한 역량을 가지고 계십니다. 제품에 대한 전문성과 연구개발에 대한 열정만으로도 고객을 충분히 감동시킬 수 있습니다.

연상무: 사장님께서 그렇게 믿어주시니 한번 해보겠습니다. 그럼 사업부 조직을 어떻게 구성하면 좋을까요?

강사장: 저는 사업부에 무엇을 채우기보다는 텅 빈 공간으로 놓고 그 속에 직원들이 스

스로 채울 수 있는 조직, 자율적으로 모였다가 흩어지는 유연하면서 정형화된 실체가 없는 무실체성 조직으로 만들었으면 합니다.

연상무: 무실체성 조직이라면 실체가 없다는 뜻인데, 어떻게 실체가 없는 조직이 존재할 수 있죠?

강사장: 실체가 없다고 아예 없는 것은 아닙니다. 다만 고정된 실체가 없이 지속적으로 변화하는 조직을 의미합니다. 앞으로 고객과 시장, 환경의 변화는 더욱 빠를 것입니다. 이렇게 빠르게 변화하는 상황에서 고정된 실체의 조직은 변화를 따라갈 수 없습니다. 변화하는 상황에는 유연하면서 민첩한 조직이 필요합니다. 바로 정해진 실체가 없이 자발적으로 참여하고 제로베이스 관점에서 생각하고 스스로 조직화하는 조직이 무실체성 조직이라고 봅니다.

연상무: 변화하는 상황에서 고정된 실체가 아니라 유연하고 민첩하게 자기조직화하는 조직이라 재미있겠군요. 드디어 그동안 강조하셨던 무(無)자 경영을 실천하시는군요. 저도 그럼 상황에 따라 유연하게 변화하고 스스로 조직하는 팀을 만들어 보겠습니다. 그럼 그 답을 찾아서 보고하도록 하겠습니다. 사장님 한 가지만 약속해 주시죠. 그동안 생각했지만 못했던 제품개발도 맘껏 제안해도 되는지요?

강사장: 물론입니다. 다만 매출액 목표는 꼭 달성하셔야 합니다. 사업부는 결국 매출과 이익으로 말하는 거 아시죠?

연상무: 예, 잘 알고 있습니다. 1차년도부터 초과 달성하는 모습을 보여드리겠습니다.

초일류 조직 만들기

아마존은 어떻게 월마트를 뛰어넘었는가?

세계 최대 유통기업 월마트는 어떻게 아마존에 자리를 내줬을까? 월마트는 2014년 기준 매출액 4,700억 달러, 종업원 수 190만 명으로 미국 식료품 판매의 19%를 차지하고, 미국 내 매장 4,092개, 월마트 인터내셔널 매장이 6,263개에 달하는 세계 최대의 유통기업이다.[1] 이런 50년 전통의 세계 최대 유통기업을 넘어선 기업이 바로 아마존이다. 아마존은 1994년 온라인 서점으로 출발하여 전자제품, 가구, 옷, 음식 등 다양한 제품군으로 확대하였다. 아마존은 별도의 판매 매장이 없다. 물론 홀푸드나 아마존고와 같은 자회사를 통해 일부 식품과 제품을 판매하고 있다. 월마트는 전 세계 1만 개 이상의 매장에서 장을 보는 사람들이 방문해서 제품을 구매한다. 그러나 아마존은 매장 방문 없이 인터넷에서 주문을 하고 배송을 통해 제품을 받아본다. 매장이 없는 아마존이 거대한 매장을 가진 월마트를 넘어서고 있다.

전 세계 소프트웨어 솔루션 분야는 SAP와 오라클, 마이크로소프트 등이 장악하고 있다. 기존의 소프트웨어 솔루션은 큰 돈을 들여 서버를 구축하거나 소프트웨어 패키지 프로그램을 구입하여 설치해야 했다. 또한 유지 및 관리를 위해 직원이나 전문가를 상주시켜야 했다. 이러한 소프트웨어 시장에 클라우드 서비스로 도전장을 내민 기업이 마크 베니오프의 세일즈포스다. 세일즈포스는 기존의 소프트웨어 패키지 형태로 제공되던 고객관계관리 솔루션을 SaaS방식 클라우드 컴퓨팅 서비스로 제공한다. 고객들이 필요로 하는 소프트웨어 프로그램을 클라우드에 접속하여 사용하고 매월 소정의 사용료를 지불한다. 현재 포천 500대 기업의

80% 이상이 세일즈포스의 고객관계관리 솔루션을 사용하고 있다. 무형의 소프트웨어 상품에서도 기존의 서버를 구축하고 소프트웨어 패키지를 구매하는 방식이 아니라, 클라우드라는 가상의 공간을 사용하고 사용한 만큼 구독료를 지불하는 서비스를 제공한다.

제4차 산업혁명으로 대표되는 핵심기술인 인공지능AI, 바이오, 클라우드, 빅데이터, 자율주행 등의 기술은 눈에 보이거나 실체를 가진 것이 아니라, 가상의 공간과 무형의 데이터, 기계에 의해 작동된다. 이처럼 비정형 제품과 서비스로 무장한 조직들이 기존 산업화 시대의 정형화된 제품과 서비스를 초월해 가고 있다.

무실체성 조직의 특징

"天下萬物生於有, 有生於無"

이 구절은 노자 ≪도덕경≫에 나오는 구절이다. 풀이하면 '천하의 만물은 유有에서 나오고, 유有는 무無에서 나온다.'라는 의미이다. 이 구절에서 무無는 사전적 의미로 '아무것도 없는 도의 근본 바탕'을 의미한다. 또한 무無는 완전한 없음의 무가 아니라 존재하지 않는, 실체가 없는 무無로 해석할 수 있다.

4차 산업혁명의 시대를 거치면서 보이지 않고 실체가 없는 제품과 서비스는 더욱 증가하고 있다. 기존의 거대 기업은 엄청난 규모와 실체를 가지고 있었다. 앞에서 예로 든 월마트는 어디를 가든지 볼 수 있었다. 그러나 아마존의 매장은 찾아볼 수 없다. 인터넷이라는 가상의 공간에서 클릭이라는 행위와 함께 존재한다. 세일즈포스는 클라우드라는 가상의 공간에서 데이터망을 구축하고 서비스를 제공한다.

4차 산업혁명이 가속화될수록 조직의 무실체성은 더욱 확산될 것이다. 여기서 조직의 무실체성은 유연하고 민첩하며 스스로 조직화하고 변화하는 조직을 의미한다. 무실체성은 최근 회자되는 애자일Agile 조직의 특징과도 유사하다. 이러한 무실체성 조직의 특징은 다음과 같다.

먼저 무실체성 조직은 조직이 없는 것이 아니라 조직이 있다. 그러나 무실체성 조직은 기존의 기능조직이나 사업부 조직과 같은 상명하복의 위계서열식 수직적 조직이 아니라, 프로젝트나 사업에 따라 형성과 소멸을 스스로 하는 자기조직화 조직이다. 대표적인 자기조직화 조직은 과업 중심으로 모이고 해체하는 태스크 포스팀Task-force Team이다. 때로는 기능조직이나 사업부 조직의 형태로 운영되지만 과제나 프로젝트에 따라 이합집산을 자유롭게 한다.

무실체성 조직은 과제나 상황에 따라 스스로 변화하고 민첩하게 움직이기 위해서는 자기결정권을 가진다. 여기서 자기결정권이란 조직 구성원 개개인이 스스로 업무를 선택할 수 있는 자율과 결과에 대한 책임을 의미한다. 구성원들에게 자율과 책임이 주어졌다는 것은, 구성원 상호 간의 신뢰가 형성되어야 하며 결정권한에 대한 위임이 이뤄져야 가능하다.

많은 조직들이 유연하고 민첩한 애자일 조직을 지향하지만 실제 애자일 조직을 만들지 못하는 이유는 구성원들에게 자율과 위임이 안되었기 때문이다. 이것은 기존의 상명하복Top-down 방식에 익숙한 리더나 관리자들이 권한과 결정을 위임하지 않으려 하기 때문이다. 직원들이 자신의 역할을 선택하고 그 결과에 책임지지 않는 풍토 속에서 애자일 조직은 요원할 뿐이다.

이러한 무실체성 경영은 가치Value에 기반한 결정과 실행이 핵심이다. 개인들이 선택하고 결정하는 기준은 조직이 정한 기준과 일치해야 한다. 이것은 구성원들이 동일하게 사고한다는 의미가 아니라, 조직이 정한 가치에 부합하는 판단과 실행을 자율적으로 한다는 의미이다. 또한 조직의 규모가 커지고, 초일류 조직을 지향하는 상황에서 구성원들의 사고와 행동을 강제할 수 없다. 다양성이 강조되는 현대사회에서 획일적 사고로는 기업들이 생존할 수 없다. 무실체성 조직은 겉보기에 무분별하고 다양하게 움직이지만, 그 안에는 지켜야 할 가치와 규칙Rule에 따라 스스로 움직인다.

이러한 무실체성 조직의 특성이 가장 잘 나타난 기업은 고어텍스로 유명한 고어사W. L. Gore & Associates이다. 고어사는 60년 이상의 전통을 자랑하는 화학회사로 30여 개 국가 1만 명 이상이 일하고 있다. 게리 하멜이 쓴 『지금 중요한 것은 무엇인가?What Matters Now』에서 하멜은 고어사의 전 CEO 테리 켈리와의 인터뷰에서 고어사의 특징 4가지를 이야기한다.

고어사는 서열과 직급, 지시나 고정 업무, 그리고 관리자가 없다. 고어사는 회사 이름에 있듯이 모든 구성원들이 동료Associate이다. 각 구성원들은 업무에 대한 권리와 책임을 가진다. 구성원들은 프로젝트를 중심으로 팀을 구성하고 팀의 리더는 구성원들에 의해 선출된다. 위에서 결정되어 내려오는 리더나 관리자가 없다. 팀 구성은 작게는 3~5명이고 큰 팀도 250명이 넘는 조직은 만들지 않는다. 250명이 넘을 경우 자연스럽게 조직을 나누는 전통을 가진다. 작은 조직이 효율적이고 민첩하게 움직인다는 철학을 예전부터 실천해 오고 있다. 모두가 동료이기 때문에 모두가 회사의 주인이며 하고 싶은 일은 스스로 찾아서 한다. 이처럼 유연하고 민첩한 조직 운영이 바로 무실체성 경영의 표본이다.

[마음챙김 경영혁명2] 무(無)실체성 경영

애자일 조직과 무실체성 경영

혁신 기업의 대명사 애플의 창업자 고 스티브 잡스는 평상시 혁신에 대해 다음과 같이 말했다.

> "혁신을 일으키기 위한 시스템은 시스템을 갖지 않는 것이다."

이 말은 혁신이란 어떤 정해진 틀이나 프로세스에 의해 일어나는 것이 아니라 직관이나 우연에 의한 비정형적 체계나 활동을 통해 일어난다는 의미이다. 스티브 잡스가 말한 혁신의 의미를 ≪비즈니스위크≫지와 인터뷰한 내용에서 좀 더 살펴보자.

> "혁신은 복도에 선 채로 회의를 하거나 밤 10시 반에 새로운 아이디어가 떠올랐다며 서로 전화로 대화하는 사람들에게서 생깁니다. 그들은 그동안 고심해왔던 문제들에 대한 해법을 떠올렸기 때문에 그렇게 행동하는 것입니다. 혁신은 자신이 아주 괜찮은 새로운 것을 알아냈다고 생각하여 나머지 사람들이 자신의 아이디어를 어떻게 생각할지 알고 싶어하는 사람이 소집한 여섯 명의 즉석회의 같은 것입니다."[2]

만약 스티브 잡스와 함께 일하는 직원의 입장에서 이런 상사를 만나서 함께 일한다면 어떤 기분이 들까? 늦은 밤에 걸려오는 전화, 갑작스러운 회의 소집, 새로운 아이디어로 그동안 개발하던 제품의 사양변경 등 수시로 변화하는 요구사항을 반영하느라 정신이 없을 것이다. 오히려 함께 일하는 것이 엄청난 스트레스를 동반하는 고역일 수 있다. 그러나 스티브 잡스는 혁신의 핵심을 간파하고 있었다. 혁신에서 정해진 틀이나 프로세스는 없다. 혁신 그 자체가 변화이고 변화의 실체는 정형화되어 있지 않다.

많은 기업이 혁신을 추진하면서 혁신 프로세스나 시스템을 구축하려고 애를 쓴다. 보이지 않는 것을 보이게 만들고 정해지지 않는 것을 정하려고 한다. 그러나 보이게 만들고 정형화하는 순간 고객의 요구나 환경은 다시 바뀐다. 그럼에도 불구하고 혁신을 정형화된 실체로 인식하는 이유는 무엇일까? 그것은 모방을 통해 성장해온 조직의 특징이다. 많은 회사들이 선진 기업의 혁신을 모방하기 위해 혁신의 프레임과 프로세스, 시스템을 정형화하여 혁신 시스템을 구축한다. 혁신은 흉내낼 수 있지만 모방할 수는 없다.

혁신의 대명사로 유명한 3M을 보자. 3M의 혁신 성공원리의 하나가 15% 룰이다. 15% 룰은 자신의 업무시간 중에 15%는 혁신활동에 사용할 수 있다는 의미이다. 그렇다면 실제로 3M 직원은 자신의 혁신활동을 위해 업무시간의 15%를 사용할까? 3M의 15% 룰은 상징적인 의미이다. 자신이 원하는 일이나 과제에 자신의 업무시간을 적극적으로 활용하라는 의미이다. 이를 위해 3M은 전 세계의 엔지니어들이 소통하고 혁신의 아이디어를 나눌 수 있는 온라인 네트워크를 만들어 그 속에서 서로가 소통하고 배우는 장을 만들어 놓았다. 전 세계에 있는 3M 직원들은 자신의 아이디어나 생각을 그 분야의 전문가 혹은 관심 있는 사람들과 언제든지 토론하고 아이디어를 구체화하는 활동을 보장받는다. 성공이나 실패를 떠나 구성원들이 혁신적 아이디어를 장려하고 만들 수 있는 기회를 제공한다.

표 11-1 산업화 조직과 애자일 조직 특징 비교[3]

구분	산업화 조직	애자일(Agile) 조직
경영방식	중앙집권화 경영(지시와 복종)	분권화 경영(자율과 책임)
인력관리 방식	명령과 통제 기반의 수직적 관리 (Top-Down)	신뢰와 자율 기반의 수평적 관리 (Bottom-Up)
조직구조	고정된 부서에서 정해진 업무를 수행하는 상시구조 형태	기본기능 담당하는 플랫폼만 상시적 존재, 그 외 수시로 이합집산 유연조직
책임과 권한	책임과 권한 분리 (의사결정과 실행 분리 운영)	책임과 권한 실행부서 위임 (의사결정과 실행 일치 운영)
성과관리 평가보상	목표관리 방식의 상대평가, 개인보상 중시	프로젝트 관리 중심, 절대평가, 팀/조직 보상 병행

많은 조직들이 애플이나 3M과 같은 혁신 기업들을 벤치마킹하고 혁신 시스템을 구축하지만 정작 혁신을 장려하는 활동이나 혁신을 지원하는 제도는 미흡하다. 오늘날 유행하고 있는 애자일Agile 조직도 마찬가지이다. <표 11−1>은 기존 산업화 시대의 조직과 애자일 조직의 특성을 잘 보여준다. 이 표의 저자인 장은지 이머징 대표는 애자일 조직으로 전환하기 위한 핵심으로 신뢰와 자율 기반의 수평적 관리를 강조하며, 기존의 상시조직 형태가 아니라 수시로 이합집산 조직화하는 유연조직을 강조했다. 기존 기업들의 애자일 조직 전환이 어려운 것은 기존의 명령과 통제 중심의 수직적 관리와 상시구조 형태에 익숙해 있기 때문이다. 애자일로 전환하려면 먼저 자신의 조직과 문화를 애자일 방식으로 전환하는 노력이 따라야 한다.

변화와 혁신에는 정형화된 실체가 없다. 혁신을 제대로 이해하려면 변화의 무실체성을 알아차려야 한다. 고정되고 정형화된 체계나 매뉴얼을 요구하는 순간 혁신은 사라지고 옛것이 된다. 순간순간 일어나는 변화의 실상을 있는 그대로 보고 알아차리는 것이 마음챙김이다. 일어나는 변화를 알아차리고 새로운 대안을 모색하는 일이 마음챙김 리더의 핵심 활동이다. 그렇다면 왜 사람들은 변화의 무실체성을 알아차리지 못할까? 그것은 일어나는 변화의 현상에 집착하여 변화의 본질을 제대로 보지 못하기 때문이다. 변화의 본질을 보기 위해서는 먼저 변화를 인식하고, 그 변화의 실상을 통찰할 수 있어야 한다. 그래서 스티브 잡스는 늦은 밤에 자다가 일어나서 전화를 하고 다음날 회의를 갑자기 소집하는 것이 혁신이라고 했다.

　변화의 무실체성을 알아차리지 못하는 또 다른 이유는 기존의 있었던 제품이나 서비스, 제도나 시스템에 대한 집착에서 비롯된다. 사람들이 기존의 익숙한 것과 결별하지 못하는 것은 그것이 성공방식이었고, 영원할 것이라는 고정관념 때문이다. 성공한 기업이나 잘 나가던 사람들이 갑자기 어려워지거나 실패의 나락으로 떨어지는 것은 바로 기존의 성공방식에 얽매여 있거나 새롭게 일어나는 변화를 제대로 읽지 못했기 때문이다.

　무실체성은 모든 존재하는 것은 변화하고 변화 속에 고정불변의 실체는 없다는 의미이다. 다만 순간순간 새로운 것을 시도하고 성공과 실패의 과정을 반복할 뿐이다. 따라서 일어나는 변화를 제대로 알아차리고 새로운 시도를 성공으로 만들기 위한 무실체성 경영이 요구된다.

무실체성 경영의 실천 방법

　조직 내부와 외부에서 일어나는 변화에 대해 무실체성 경영이 갖는 의미는 무엇인가? 무실체성의 경영이란 조직 내외부에서 일어나는 변화의 본질을 알아차리며 유연하고 민첩하게 대응하는 경영이다. 또한 열린 사고와 제3자적 관점에서 변화하는 존재의 속성을 파악하며 자율적 구조와 열린 조직으로 운영한다.

　4차 산업혁명시대의 변화 속에서 기존과는 다른 비즈니스 모델이나 새로운 기술로 무장한 기업들이 등장하고 있다. 산업화 시대에 통용되던 상명하복과 수직적 구조의 조직운영은 디지털 혁명이 가져오는 빠른 변화와 융복합의 현실에서 대응할 수 없다. 그렇다면 4차 산업혁명시대 제조공장은 어떤 모습이 될까? 오늘날 제조공장은 스마트 팩토리로 빠르게 변신하고 있다. 스마트 팩토리는 제품 생산의 전 과정이 무선통신으로 연결되어 각 공정이 자동으로 이뤄진다. 제품을 조립, 포장하는 전 과정이 인공지능과 빅데이터, 무선통신기술에 의해 자동으로 제어되므로 사람이 필요 없는 무인화 공장을 지향한다.

　그렇다면 스마트 팩토리를 운영하는 관리자와 직원들은 어떻게 일해야 할까? A생산라인에는 A제품만 만들고, B생산라인에는 B제품만 만드는 전통적 생산방식은 더 이상 통하지 않는다. 다양한 제품을 유연하고 민첩하게 생산하며 고객의 실시간 요구에 대응하기 위해, 통합적 관점과 전체적 사고와 운영능력을 갖춰야 한다. 이러한 생산과정에서 문제가 생길 때마다 본사나 관리자들의 지시나 방침을 기다려서는 자동화 생산의 빛이 바랠 수밖에 없다. 실시간 대응 시스템을 운영하기 위해서는 공정 담당자의 실시간 대응이 이뤄져야 한다. 이것은 현장 직원에게 권한과 책임을 위임하며, 복합적 문제에도 유연하고 민첩하게 대응하는 무실체성 경영이 필요한 이유이다.

　조직 내부와 외부에서 일어나는 변화의 본질을 알아차림에 따라 문제의 정의와 해결방식이 달라진다. 변화하는 존재의 무실체성에 대응하기 위해서는 순간순간 일어나는 일에 마음챙김하며 바르게 보고 생각하는 것이 중요하다. 이러한 무실체성 경영을 조직에서 효과적으로 운영하는 방법은 무엇일까?

　　먼저 일어나는 변화를 있는 그대로 관찰하기 위해 제로베이스 관점을 가진다. 어떤 문제나 현상이 발생했을 때 사람들은 기존의 경험이나 시각에서 바라본다. 그렇기 때문에 기존의 프레임에서 문제를 인식하고 해결 방안을 생각한다. 일어나는 현상이나 변화를 있는 그대로 보기보다는 자신의 생각이나 관점에서 문제를 해결하려 한다. 문제를 제대로 보지 못하면 문제를 바르게 정의할 수 없다. 이처럼 문제나 현상에 대한 편견이나 선입견에서 벗어나 바르게 보는 효과적인 방법이 제로베이스 관점이다.

　　특히 미래에 일어날 일에 대해 예측을 해야 할 때는 제로베이스 관점이 중요하다. 성공했던 많은 기업들이 실패 속으로 빠지는 것은 기존의 성공 경험이나 관점에서 미래를 바라보기 때문이다. 신제품 개발이나 투자를 함에 앞서 시장조사나 분석을 한다. 그러나 결론을 정해 놓고 진행하는 조사나 분석은 의미가 없다. 오히려 장애물이 될 뿐이다.

　　다음은 리더의 탈권위 의식이 요구된다. 탈권위란 권위적 사고나 행동에서 벗어난다는 의미이다. 조직에서 위로 올라갈수록 권한과 재량의 범위가 커진다. 또한 하급자들은 상급자의 결정이나 지시를 따른다. 그 과정에서 보이지 않는 벽과 권한의 힘이 작동한다. 그 속에서 권위적 사고와 행동은 강화되고 자신도 모르게 익숙해진다. 따라서 리더 스스로 권위적 사고나 행동에서 벗어나기 위해 의식적으로 노력하면서 생각하고 행동해야 한다.

　　리더의 탈권위가 중요한 또 다른 이유는 권위적 사고와 행동이 직원들의 자발성과 참여를 가로막기 때문이다. 변화와 혁신을 아무리 강조해도 구성원들이 자발적으로 움직이지 않는 이유는 불신이 깔려 있기 때문이다. 이러한 불신은 직원들의 사고와 행동에 바이러스를 심어서 스스로 행동하고 참여하는 것을 가로막는다. 어떤 기업은 리더의 탈권위를 위해, 호칭을 없애고 직급체계를 줄이는 활동도 한다. 또는 사무실의 환경을 바꾸어 중앙이나 좋은 위치에 있는 리더의 자리를 사무실 입구나 타원형으로 바꾸기도 한다. 물론 이러한 활동도 탈권위 의식을 가질 수 있는 좋은 행위이다. 그러나 리더 개개인이 마음속으로 탈권위를 의식적으로 인식하고 단속하는 마음챙김이 더욱 중요하다.

끝으로 무실체성 경영을 효과적으로 실천하기 위해, 리더는 구성원들이 스스로 제안하고 참여할 수 있는 자기조직화의 기회를 제공한다. 자기조직화의 대표적 방법은 기존 조직 이외에 필요에 따라 생성되는 태스크 포스팀Task-force Team조직이다. 조직 구성원들이 제안하고 참여하는 자율적 태스크 포스팀 활동은 자기조직화의 의미와 가능성을 체험하는 효과적인 장이다.

자기조직화는 작은 조직을 추구한다. 변화에 민첩하고 유연하게 대응하기 위해서는 일단 규모가 작아야 한다. 거대한 조직이나 팀으로는 변화에 둔할 수밖에 없다. 특공대처럼 작은 조직들이 스스로 모이고 흩어지는 과정 속에서 조직의 과업목표를 설정하고 타깃을 향해 함께 노를 저어가는 협력 과정에서 업무를 수행한다. 앞에서 살펴보았던 고어사가 3~5인의 작은 조직으로 팀을 만들고 전체 규모를 250명 이하로 제한하는 이유도 구성원 각자의 참여와 자기조직화를 유도하기 위함이다.

변화하는 모든 것은 정해진 실체가 없다. 어떤 변화 과정에서 실체가 있는 것처럼 보이는 것은 일순간의 변화 단면을 정형화했기 때문이다. 변화의 실체를 정의할 때 변화의 본질을 잘 파악해야 한다. 그러기 위해서는 기존의 편견이나 선호에서 벗어나 제로베이스 관점에서 변화를 바라보고 받아들여야 한다. 또한 있는 그대로 보기 위해서는 자신의 권위나 사익이 아닌, 모든 것을 내려놓고 변화를 직시해야 한다. 현재 자신이 가진 것을 지키려는 사익이 들어가서는 진정한 변화의 진면목을 볼 수가 없다. 리먼 브라더스 사태가 일어나기 전에 전문가들이 모기지론의 위험성을 모르지 않았다. 다만 대형 금융기관들이 투자하는 상품이기에 위험이 가리워졌을 뿐이다.

변화의 상황을 돌파하려는 조직은 기존의 전통적인 체계와 방법으로는 한계가 있다. 변화하는 것에는 실체가 없다면, 변화를 돌파하는 조직 역시 정해진 실체가 없어야 한다. 실체가 없다는 것은 존재 자체가 없다는 것이 아니다. 그 존재가 연속적 변화를 거듭하므로 변화대응체계도 유연하고 민첩한 조직이어야 한다.

마치 몽골의 칭기즈칸이 아시아와 유럽 대륙을 침공할 때, 현지에서 군대를 조달하고 현지인들과 함께 빠르고 민첩하게 전투를 치뤘듯이, 비즈니스 변화 상황에 맞는 전법을 개발하여 각 조직이 주도적으로 대응해야 한다. 칭기즈칸의 군대는 빠르고 민첩하게 현지의 국가들이 제대로 방비할 틈을 주지 않고 파도처럼 진격했다. 변화와 혁신을 추구하는 조직은 정형화된 실체가 없지만, 강고한 폭풍의 눈을 가지며 사방의 팀들이 중앙과 거미줄처럼 연결되어 마치 한 몸처럼 움직인다. 폭풍은 정형화된 실체가 보이지 않지만, 비와 바람에서 그 실체를 느낄 수 있다.

무실체성 경영과 마음챙김 명상: 문제 통찰 명상

무실체성은 변화하는 모든 것은 고정된 실체가 없음을 깨닫는 것이다. 이러한 무실체성을 비즈니스에 적용하면, 기업에서 일어나는 문제나 갈등의 본질적 실체가 공空함을 깨닫는다. 여기서 공空이란 존재하지 않음이 아니라 '비었다'는 의미이며, 새로운 생성의 시초임을 암시한다. 예를 들어 출시된 제품에서 품질 문제가 발생하여 고객으로부터 클레임이 들어왔다. 회사는 품질 문제를 해결하기 위해 긴급 TFT^{Task-force Team}를 구성하고 품질 문제해결에 들어간다. TFT 멤버들은 영업, 연구개발, 생산기술 분야의 전문가들이 모여 구성된다. 품질문제의 원인에 따라 책임의 소재가 달라질 수 있다. TFT 멤버들은 각기 팀의 귀책을 염려할 수도 있지만, 고객 클레임의 본질적 문제에 초점을 두고 조직 차원의 문제해결에 주의를 기울인다. 그러할 때 문제의 근본적 원인을 파악하고 올바른 해결책을 제시할 수 있다.

이처럼 무실체성 경영은 제로베이스 관점에서 문제에 주의를 기울여 본질적 원인과 해결방안을 알아차리는데 도움을 준다. 비즈니스 문제는 조건에 따라 발생한 것이며, 조건이 달라지면 또 다른 문제가 발생할 수 있다.

비즈니스에서 일어나는 문제나 이슈에 대한 무실체성을 깨닫는 명상 방법으로 문제 통찰 명상이 있다. 문제 통찰 명상은 공식명상인 정좌명상의 생각 알아차림에서 파생한 명상으로, 문제나 이슈에 집중하는 명상 방법이다. 비즈니스에서 일어나는 문제나 이슈에 대한 문제 통찰 명상법은 다음과 같다. 문제 통찰 명상에 들어가기 전에, 자신이 고민하는 문제나 이슈를 사전에 선정하고 들어가는 것이 좋다.

문제 통찰 명상 안내문

의자나 바닥에 앉아 정좌명상 자세를 취한다. 먼저 호흡에 대한 알아차림으로 들어간다. 숨이 들어오고 나가는 과정에 주의를 기울인다. 숨이 들어오면 '들숨'이라고 알아차리고, 숨이 나가면 '날숨'이라고 알아차린다. 잠시 동안 숨이 들어오고 나가는 과정을 알아차리면서 머문다.

다음 문제 통찰 명상에 들어간다. 사전에 문제나 이슈의 주제를 선정한 후에 문제 통찰에 들어간다. 만약 문제 통찰의 주제가 정해지지 않았으면, 명상 과정에서 떠오르는 주제를 선정해도 좋다. 먼저 문제의 상황을 떠올리며 일어나는 생각과 느낌을 있는 그대로 관찰한다. 문제 상황에 대한 관찰에서 문제의 현상이 떠오르면 '현상'이라고 알아차린다. 또한 문제의 원인이 떠오르면 '원인'이라고 알아차린다. 또는 문제의 해결 아이디어가 떠오르면 '해결안'이라고 알아차린다. 여기서 어떤 하나의 생각에 집착하기보다는 생각이 일어나고 지속되고 사라지는 것을 있는 그대로 알아차리면서 머문다. 만약 문제의 원인이나 해결안에 집착할 경우, 주의를 호흡으로 돌려 숨이 들어오고 나가는 과정에 주의를 기울인다.

문제나 이슈의 주제에 대한 알아차림의 과정에서 일어나는 슬픔, 기쁨, 분노, 아쉬움 등과 같은 느낌이나 감정이 일어나면 'OO느낌'이라고 알아차린다. 만약 어떤 느낌이나 감정이 강하게 일어나면 주의의 초점을 호흡에 가져와 숨이 들어오고 나가는 과정에 주의를 기울인다. 그다음 다시 문제나 이슈에 대해 주의를 기울인다.

여기서 문제나 이슈에 대한 주의를 기울일 때 유의할 점은 자신의 생각이나 관점이 아닌, 전체성과 상호 연결성의 관점에서 문제를 있는 그대로 관찰하고 수용하는 태도가 중요하다. 비즈니스에서 전체성과 연결성은 조직 전체의 관점에서 문제나 상황을 알아차림 한다.

문제의 관찰과 알아차림이 정리되면 다시 호흡으로 주의를 돌린 뒤 명상에서 나온다. 필요하면 문제 통찰 명상을 마친 뒤, 문제나 이슈에 대한 관찰과 알아차림의 결과들을 기록하거나 조사를 진행하는 것도 좋다.

문제 통찰 명상은 비즈니스에서 발생하는 문제나 이슈에 대해 명상을 통해 제3자적 관점에서 관찰하고 알아차리는 방법이다. 이 명상 과정을 통해 문제를 객관적이며 전체적인 관점에서 바라보고 자신의 생각을 정리한다. 다만 문제 통찰 과정에서 정확한 해답을 얻고자 지나치게 애쓰는 것은 피한다. 마음챙김 명상은 일어나는 모든 것에 대해 있는 그대로 보고 받아들일 뿐, 어디에 도달하려고 하거나 얻고자 하는 것이 아니다. 문제 통찰의 명상을 통해 자신의 생각이 문제나 이슈에 고정된 것이 아니며, 불안과 걱정 또한 실체가 없음을 깨닫는다. 이 과정에서 문제해결의 실마리를 찾고 바른 의사결정과 문제해결에 대한 자신감을 얻을 수 있다.

제12장

초일류 조직의 일 관리
: 무위(無爲) 경영

삼류 리더는 자기의 능력을 사용하고, 이류 리더는 남의 힘을 사용하고,
일류 리더는 남의 지혜를 사용한다. - 한비자

[스토리3] 초일류 조직을 향한 사업관리

킬러 제품을 찾아라

Z전자 신임 계절가전사업부장이 된 여전무는 영업본부장에서 사업부장으로 변경된 결정에 마음이 편치 않았다. 그러나 강사장의 결정에 대놓고 반대할 형편도 아니었다. 일단 변화된 조직 상황에 예의 주시하고 있다. 우선 사업부 산하에 개발팀장으로 기존의 소형 청소기 개발을 담당했던 이팀장을 선임하고, 영업팀장에 해외영업을 담당했던 해팀장을 선임하였다. 팀원들은 기존 개발팀과 영업팀에서 선풍기, 냉풍기, 휴대용 에어컨을 개발과 영업을 담당했던 직원들로 구성하였다. 거기에 인사와 회계를 담당했던 직원을 각 1명씩 지원받았다. 총 23명으로 선풍기, 냉풍기, 에어컨, 온풍기 등 회사의 주력제품인 계절가전사업부를 꾸렸다. 회사 전체 매출의 40%를 차지하는 큰 사업부다.

계절가전 제품의 제일 큰 고민은 국내 계절가전시장에서 인지도와 시장점유율이 높은 반면 킬러 제품이 없다는 점이다. 국내 가전 대기업들이 선풍기 시장에 직접 들어오지 않아 중소 가전회사들이 그동안 시장을 나눠왔다. 그러나 고가 시장은 다이슨, 캐리어 등 기업들이, 저가 시장은 중국 기업들이 시장에 진입하면서 시장점유율과 영업이익이 감소하는 추세였다. 특히 고가 시장에 제품 라인업은 자취를 감추었고 저가 시장은 중국 제품의 맹추격을 당하고 있다. 그나마 기존 제품의 인지도로 버텨왔지만, 중국 제품과 경쟁이 치열해지면서 5년 후에는 국내 시장마저 자리를 내줘야 할지도 모른다.

여전무는 사업부 전 직원들의 상견례를 겸해서 전체 1박 2일의 사업부 워크숍을 진행하기로 했다. 마침 12월 마감을 마치고 내년도 사업계획을 준비하면서 단합대회도 겸할 예정이다. 사업부 팀원들은 워크숍 장소에 도착해서 전체 소개와 상견례 그리고 사업부 매출 현황 등을 소개받았다. 휴식을 취한 후 2부에서는 사업부 전략방향 설정 및 핵심과제 선정에 대한 본격적인 토론에 들어갔다.

초일류 사업부를 향한 전략과제 설정

여전무: 앞 시간에 사업부 현황에서 소개를 하였지만 현재 우리 회사의 매출액은 3년째 정체 상태이고 영업이익은 갈수록 줄어들고 있습니다. 어려운 상황에서도 선방을 했다고 볼 수 있지만, 5%의 영업이익은 인건비 등 경비를 줄여서 이뤄진 부분이 많습니다. 소비자들의 구매 패턴도 해외 직구 등 온라인 시장이 활성화되면서 기존 오프라인 판매점들의 유통우위도 점점 사라지고 있는 추세입니다. 앞으로 우리 사업부가 어떤 제품을 어떻게 개발해야 할지, 그것을 위한 팀 구성을 어떻게 할지에 대해 전체 구성원들의 의견을 듣고 싶습니다. 그럼 2부 토론은 새

롭게 영업팀장으로 임명된 해팀장이 진행하겠습니다.

해팀장: 세부적인 과제와 조직에 대한 논의에 들어가기 전에 금일 사업부 워크숍의 취지에 대해 다시 한번 정리하고 들어가겠습니다. 기존까지는 조직과 전략과제가 Top-down 방식으로 내려왔습니다. 그러나 이제부터는 경영진에서 일방적으로 내려오는 전략과제나 조직체계로는 빠르게 변화하는 시장환경에 대응하고, 구성원들의 자발적 참여를 이끌어 내기에는 한계가 있다는 뜻입니다. 이제는 기존과 같은 방식으로는 외국의 선진사들이나 중국 기업들의 공세에 버틸 수 없다는 절박함이 있습니다. 어쩌면 올해와 내년까지 우리의 도전이 앞으로 10년의 먹거리를 결정하는 중요한 계기가 될 것입니다. 금번 사업부 워크숍의 중요성에 같이 공감해 주시고요, 앞으로 어떤 전략과제를 추진해야 할지 자유토론에 들어갑시다. 먼저 초일류 사업부를 향한 전략 방향과 과제에 대해 의견이나 아이디어를 주실 분은?

A과장: 사실 제가 입사한지 12년째인데 이런 워크숍은 처음인 듯 싶습니다. 안타까운 것은 이런 자유로운 과제 제안과 팀 활동이 좀 더 일찍 있었으면 좋았을텐데 하는 생각이 듭니다. 저는 해외영업팀에서 일해오면서 우리 회사 제품이 국내에서는 경쟁력이 있지만 해외 시장에서는 인지도가 높지 않다는 점을 알 수 있었습니다. 그동안 북미와 유럽에 저가 선풍기로 팔리고 있었는데, 이제 중국 제품이 그 시장을 거의 장악했습니다. 또한 온라인 시장에서는 중국 기업들이 절대적 강자에 올라섰습니다. 이런 상황에서 저가가 아닌 고기능 중가 전략으로 가야 한다고 봅니다.

B대리: 저는 개발팀에서 5년간 선풍기와 냉풍기, 온풍기 등을 개발해 왔습니다. 사실 기존 선풍기는 기능에 큰 차이 없이 가격과 디자인으로 경쟁해 왔습니다. 그런데 다이슨의 날개 없는 선풍기가 출시되면서 기능에 대한 혁신적 사고의 필요성이 대두되었습니다. 그동안 우리가 가격경쟁에 너무 치중하지 않았나 하는 생각이 듭니다. 현재의 개발비나 인력 상황을 봤을 때 우리가 그런 혁신적인 킬러 제품을 개발할 수 있을까 하는 의문이 듭니다. 저는 틈새시장을 공략해야 된다고 봅니다. 예를 들면 멀티 기능이 포함된 가전기기가 어떨까 생각합니다. 일반적으로 멀티 기능 제품은 신기술이나 원가경쟁력이 강한 기업이 선택하는 전략이라고

생각합니다. 그러나 멀티 기능 제품은 타깃 고객이 불분명하고 원가 상승 요인이 많아 히트 제품이 드문 것이 현실입니다. 따라서 다른 기업이 머뭇거리는 틈에 자사와 같은 중견기업이 틈새를 파고든다면 승산이 있다고 생각합니다.

C대리: 저는 국내영업팀에서 4년간 선풍기와 냉풍기를 판매해 왔습니다. 멀티 기능은 말이 좋아서 다양한 기능을 가진 제품이지 필패必敗의 길이라고 생각합니다. 잘못하면 기존에 장악했던 선풍기, 냉풍기의 고객마저 빼앗길 수 있습니다. 또한 고객들은 여름에 선풍기를 사용하지 온풍기를 사용하지 않습니다. 불필요한 기능들의 외부 노출 시 오히려 잔고장을 일으키고 제품 수명을 단축시킬 수 있습니다.

D사원: 저는 작년에 입사해서 B대리님과 함께 선풍기 개발업무를 하고 있습니다. 저는 B대리님의 의견을 지지합니다. 현재의 선풍기와 냉풍기, 온풍기 시장에서 자사 매출은 거의 5년간 정체 상태입니다. 고가는 메이저 업체들이 저가는 중국 제품들이 장악하고 있습니다. 그나마 상업용 제품 시장에서 자사 제품은 강점을 가지고 있습니다. 가정용 제품은 거의 퇴출 일보 직전입니다. 우리가 잃어버린 가정용 선풍기나 온풍기 시장을 다시 얻을 수 있는 방법은 선풍기와 온풍기를 결합하고 거기에 사계절 사용하는 가습기나 공기정화기의 기능을 한 기기라고 봅니다. 또한 공간을 절약하고 자원 낭비를 줄이고 거기에 친환경 컨셉으로 만든다면, 그러한 제품을 원하는 가정용 고객을 충분히 확보할 수 있다고 봅니다.

A과장: 물론 멀티 기능 제품을 원하는 고객이 있을 것입니다. 그러나 선풍기, 온풍기, 공기정화기 그리고 가습기의 역할을 할 수 있는 멀티 기능 제품을 우리가 개발할 수 있다면 벌써 개발했지 왜 그동안 못했을까요?

B대리: 그동안 개발팀에서 몇 번 제안을 했지만 영업쪽에서 반대입장이었습니다.

A과장: 아니 저도 영업팀에 있었지만 그런 이야기를 듣지 못했습니다. 혹시 개발팀 내부 아이디어에 그친 정도 아닌가요?

해팀장: 잠깐만요. 너무 논의가 개발과 영업의 대결 양상으로 가는 것은 바람직하지 않다고 봅니다. 지금 누가 찬성 반대했느냐는 중요하지 않다고 봅니다. 지금은 우리가 어느 시장에 포지셔닝 해서 어떤 제품을 누구에게 팔 것인가가 중요하다고 봅니다. 우선 B대리는 아까 말한 복합기능의 제품개발이 가능하다고 하더

라도 원가나 성능 면에서 기존 제품시장을 치고 들어갈 수 있을지에 대해 의견
을 주세요.

B대리: 아직은 아이디어 차원입니다. 예전에도 복합기능 제품은 크게 성공한 사례가 많
지 않습니다. 다만 복합기능으로 성공한 제품은 복사기와 프린트, 팩스, 제본 기
능이 들어간 사무용 복합기 정도가 성공 아이템입니다. 핵심은 프린팅이라는 기
능을 중심으로 연결 기능을 뭉쳐 놓은 것입니다. 그런데 선풍기의 시원한 바람을
만드는 원리와 온풍기의 따뜻한 바람을 만드는 원리가 다른데 이것을 하나의 기
기에서 어떻게 구현하느냐가 관건입니다. 지금 나온 기술은 기화냉각 방식과
PTC히터Positive Temperature Coefficient Heater 방식을 혼용한 기기입니다.

해팀장: 기화냉각 방식은 기존 제품에도 사용되고 있지요. 물이 증발하면서 주변의 열
을 내리는 방식이죠. 그런데 생각보다 시원한 느낌은 적지 않습니까?

B대리: 맞습니다. 에어컨에 비하면 시원한 느낌은 약합니다. 그러나 에어컨이 환경을 파
괴하는 프레온 가스를 사용하지 않습니까? 자연친화적 시원한 바람은 기화식
냉각이 좋습니다.

해팀장: 그리고 PTC히팅기술을 활용한 온풍기도 나와 있죠.

B대리: 예, PTC히팅기술은 현재 온풍기에 많이 사용되는 기술입니다. 온도조절이 가능
하고, 불꽃이 없기 때문에 화재나 아이들 안전에도 좋습니다.

A과장: 문제는 두 기능이 복합될 경우 크기나 디자인, 가격 측면에서 문제가 되지 않을
까요?

B대리: 물론 문제가 될 수 있습니다. 그러나 그것은 개발팀에서 어떻게 개발하느냐에
달려 있다고 봅니다. 우선 그런 컨셉의 제품이 시장에서 통용될 수 있는지, 어느
정도의 가격선에서 만들어야 할지를 결정하는 게 중요하다고 봅니다.

해팀장: 혹시 다른 분들 의견은 어떻습니까? 너무 복합기능 제품에 초점이 맞추어진 듯
한 느낌이 드는군요. 복합기능 제품군이 틈새시장인지 그리고 타깃을 어디로
해야 할지도 의견 바랍니다.

E과장: 저는 다른 회사에서 개발팀 연구원을 거쳐 Z전자에서 영업팀에서 8년 정도 근무
를 하였습니다. 기존 시장은 선풍기, 냉풍기, 온풍기 등으로 나눠서 제품들이 사
용되었습니다. 선풍기는 가정용이지만 냉풍기나 온풍기는 사실 상업용으로 많

이 사용되다가, 최근에 가정용으로 사용이 점차 증가하고 있습니다. 가장 큰 요인은 가격이 저렴하고 1인 가구 등 에어컨을 넣기 어려운 곳에서 이동용 냉풍기 구입이 증가하고 있습니다. 그 역시 선풍기 보조용이나 에어컨 보조용으로 많이 찾고 있습니다. 애매한 것은 최근에 사람들이 공기정화기를 많이 찾기 시작하면서 집안에 선풍기, 에어컨, 공기정화기, 가습기 등 제품이 너무 늘어나고 있다는 것입니다. 한 계절에 사용하고 창고에 넣었다가 다시 사용하는데, 공간도 부족하고 기능도 시원찮게 생각하고 있습니다. 무엇보다 넣었다 뺐다, 청소하는 것 등을 번거롭게 느끼는 고객이 많아요. 특히 공기청정기의 경우 필터 교체를 제때 해야 하는데 까먹는 사용자가 많다는 것입니다. 요즘은 에어컨에 공기 청정 기능까지 있어 사계절 사용하는 집도 있고요. 그런데 전기료가 많이 나오는 부담이 있다고 봅니다. 제 생각으로는 가격과 성능만 제대로 나온다면 복합기능 냉/온풍기 제품도 승산이 있다고 봅니다. 적어도 1인 가구나 신혼가구 등은 새로운 제품에 민감하니 시장성이 있다고 봅니다.

F사원: 저도 한마디 해도 될까요? 저는 인사팀에서 왔습니다. 우리 회사에 근무한 지 3년째인데, 제품 관련 회의 참석은 처음입니다. 생소하기도 하고 재미있기도 하네요. 저는 기존의 가전기기를 보면 모두 기능 중심의 하드웨어에 집중하지 않나 생각됩니다. 사실 비슷한 제품이 팔리고 있다고 봅니다. 차별화를 생각한다면 소프트웨어와 콘텐츠에 대한 차별화도 필요하다고 봅니다. 우리 냉풍기나 온풍기에 리모콘이 달려 있는데 실제 고객들은 거의 사용하지 않아요. 잃어버리는 경우도 많고요. 집에 리모콘이 너무 많아요. 앱을 만들어서 무선으로 조정도 되고 제품 사용시간에 따라 에너지 절약이나 친환경 지표를 나타내는 등 친환경 제품으로 포지셔닝 하면, 물을 갈거나 조금 덜 시원해도 우리 제품을 애용하는 충성 고객을 얻을 수 있지 않을까 싶어요.

이팀장(개발팀장): 이제 집안의 전자기기들이 인공지능이나 사물인터넷에 연결될 것입니다. 앞으로 소프트웨어에 연결되지 않는 제품은 점차 자리를 차지하기 어려울 거예요. 5년 후를 보면 우리도 소프트웨어 경쟁력을 확보해야 합니다. 근데 우리 사업부는 S/W 전문가가 한 명도 없습니다.

A과장: 우리 내부에는 S/W 엔지니어가 없지만 돈을 주면 앱을 개발해주는 회사는 많

습니다.

이팀장: 물론 외부 자원을 활용해도 좋지만 향후 S/W 경쟁력을 강화하기 위해서는 내부에서 개발도 하고 조율해 주는 사람이 필요합니다.

해팀장: 제품개발 관련하여 이처럼 난상토론을 해본 것은 처음이 아닌가 싶습니다. 다양한 아이디어가 나오긴 했는데 결정까지 가려면 좀 더 이야기가 필요하다고 봅니다. 다만 기존과 달리 새로운 제품 아이디어와 S/W 기능까지 확대하는 의견은 고무적이라고 봅니다. 다음에는 지금까지 나온 아이디어를 정리해서 과제화하는 작업과 이를 어떻게 조직화할 것인가에 대해서도 의견을 나눠보도록 하겠습니다. 혹시 사업부장님 2부 마무리 의견 있으신지요?

여전무: 2시간 넘는 시간 동안 좋은 의견을 자유롭게 해주셔서 고맙습니다. 워크숍 전에 아무런 이야기가 나오지 않으면 어떡하나 싶었는데 너무 자유롭게 의견을 이야기하니까, 제가 '구닥다리가 되었구나'하는 생각도 듭니다. 아까 복합가전기의 앱을 만들자는 의견은 신선한 충격을 주었고요. 더구나 영업이나 개발 멤버가 아니라 인사담당자가 그런 의견을 주었다는 점에서 더욱 신선합니다. 이제 영업과 개발, 지원의 구분은 점점 사라지는 느낌이 듭니다.  모두가 개발자가 되고 영업맨이라는 생각이 중요합니다. 이제 팀 조직도 자기 본연의 업무도 있지만 개발, 영업, 지원도 함께 하는 사업부 구성원이 되었으면 합니다. 적은 인력으로 최대의 성과를 만들려면 부서 간의 벽을 뛰어넘는 것이 중요합니다. 모두들 수고 많았습니다.

해팀장: 첫 번째 토론 세션인 사업부 전략방향 설정 및 과제 도출 관련 의견 감사합니다. 세부 과제설정은 내일 토론에서 지속하기로 하겠습니다.

스스로 일하는 조직

일터는 놀이터가 될 수 있을까?

구글에서 마케팅 전문가들이 모여 마케팅 전략 회의를 열었다. 토론이 한창 진행되던 중에 구글 창업자인 래리 페이지가 회의실에 들어왔다. 그때 마케팅 전문가들이 래리 페이지에게 다음과 같이 물었다.[1]

"래리, 당신은 구글이 어떤 식으로 마케팅하면 좋습니까?"
그러자 래리 페이지가 말했다.
"그 질문에 대한 답은 당신들이 더 잘 알지 않나요? 그건 당신들 일이잖습니까. 나는 잘 모릅니다."

위 짧은 대화에서 구글의 일하는 방식을 엿볼 수 있다. 먼저 구글은 구성원 각자의 역할과 책임을 강조한다. 위 래리 페이지의 말 중에서, "그건 당신들 일이잖습니까"라는 말에서 일에 대한 오너십을 강조하고 있다. 다음은 담당 업무에 대한 권한위임이다. 래리 페이지는 마케팅 전문가들의 질문에 "당신들이 더 잘 알지 않나요"라고 반문함으로써 직원들이 스스로 결정할 수 있도록 권한을 위임해 주었음을 상기시키고 있다. 끝으로 "나는 잘 모릅니다"라는 말에서 겸손을 읽을 수 있다. 경영자인 래리 페이지는 자신을 낮춤으로써 상대방의 전문성을 인정하고 직원들이 스스로 극복할 수 있는 대안 만들기를 장려하고 있다. 구글의 일하는 방식의 특징을 키워드로 정리하면 오너십, 권한위임, 겸손이라고 할 수 있다.

구글의 일하는 방식은 검색엔진을 비롯한 인터넷 세계의 절대 강자를 만든 기반이 되었다. 그렇다면 오너십과 권한위임, 겸손으로 대표되는 구

글의 일하는 방식은 어디에서 왔을까? 구글 창업자 래리 페이지가 언론과
의 인터뷰에서 말한 리더의 역할에서, 구글의 일하는 방식의 핵심을 엿볼
수 있다.

> "리더로서 내가 할 일은 우리 회사의 모든 직원이 커다란 기
> 회를 갖도록 하는 것, 그리고 직원이 각자 가치 있는 영향을 미치
> 고 있으며 사회를 좀 더 낫게 만드는 데 기여하고 있다고 느끼도
> 록 하는 것이다. 세계적으로 우리는 이 일을 잘 해나가고 있다.
> 하지만 내 목적은 구글이 다른 기업을 따라가도록 하는 게 아니
> 라 세상을 선도하도록 만드는 일이다."[2]

래리 페이지가 말했듯이 구글의 성공은 최고의 엔지니어들이 모여서
일할 수 있는 기회를 주는 것과 사회를 좀 더 낫게 만드는 노력 속에서 나
왔다. 리더가 사람들을 모아 일할 수 있는 장을 만들면 구성원들은 스스
로 일을 조직화하고 자율적으로 결정하며 성과를 창출한다. 이처럼 초일
류 기업을 만드는 핵심은 구성원들이 조직에서 잘 뛰어놀 수 있는 장을 만
드는 데 있다.

그런데 구성원들이 잘 뛰어놀 수 있는 장을 만드는 것이 왜 어려울까?
그 답을 찾기 전에 먼저 아이들이 뛰어노는 놀이터의 특성을 생각해 보
자. 놀이터에 가는 아이들은 누가 가라고 해서 가지 않는다. 자기들이 놀
이터로 달려간다. 그리고 놀이를 하면서 명령하는 사람이 없다. 혼자 떨
어져 흙놀이를 해도 되고, 여럿이 술래잡기를 해도 된다. 그렇게 놀다 심
심하면 미끄럼틀이나 시소, 그네를 타고 논다. 누가 어떻게 무엇을 하라
고 시키는 사람이 없다. 그냥 자기가 찾아서 논다. 어른들이 보기에 별로
재미있지도 않는 일에 아이들이 웃고 떠드는 이유는 자기들이 선택한 놀

이가 그냥 즐거울 뿐이다.

다시 우리들의 직장을 떠올려 보자. 지시하는 상사와 따르는 부하 직원, 마감을 지키지 못해 혼나는 직원, 잠시 한눈을 팔면 불호령이 떨어지는 사무실, 들리는 것은 숨소리뿐, 전화 받는 목소리도 나지막이 읊조린다. 사무실에서는 웃는 모습도 조심스럽다. 간혹 복도나 휴게실에서 웃음이나 대화가 들려올 뿐이다. 회의실은 침묵이 흐르거나 몇몇 사람이 뭔지도 모르는 것을 일방적으로 강조하며 목소리를 높인다. 때로는 회의가 결론 없이 끝나거나, 아니면 예정된 결론을 답습한다. 우리 직장에서 회의는 생기 없는 얼굴들이 모여서 활기 없는 이야기만 난무하지 않는가?

구글은 매주 금요일 전 직원들이 모여서 회사의 주요 안건이나 이슈에 대해 토론하고 결정하는 모임이 있다. 규모가 커지면서 모임의 단위가 달라지고, 때로는 지역을 초월하여 화상으로 회의를 한다. 이처럼 회사의 주요 사안들이 공개적으로 논의되고 토론을 통해 결정된다. 그 이유는 정보의 공개와 직원들의 참여, 자유로운 토론, 전체 의견을 모은 의사결정을 중요하게 여기기 때문이다. 직원들이 전사적 이슈에 참여하는 것은 회사의 주인은 바로 자신들이라고 생각하기 때문이다. 경영진 역시 직원들의 의견을 존중하며 직원들의 의견을 종합한 의사결정을 내린다.

무위경영은 자율경영이다

그렇다면 다른 조직은 왜 구성원들이 뛰어놀 수 있는 장을 만들지 못할까? 직장이 놀이터가 될 수 없는 이유는 회사의 주인은 경영진이고, 직원은 주어진 일을 수행하는 사람이라고 생각하기 때문이다. 각자 집에서 일어나는 일들에 식구들은 방관하지 않는다. 회사의 일을 직원들이 자기 일처럼 하기 위해서는 먼저 직원들이 회사의 파트너라는 공감대가 형성되어야 한다. 회사를 함께 이끌어 가는 파트너라면 그에 합당한 책임과 권한을 가져야 한다. 회사와 강한 연대의식을 가진 직원들은 일과 회의에서 자유롭게 의견을 개진하고 결정한 일을 스스로 조직화하는 장을 만든다.

또한 직원들이 어떤 일을 제안하고 스스로 하기 위해서는 개인들이 그 일을 할만한 가치를 느낄 수 있어야 한다. 래리 페이지가 말한 "사회를 좀 더 낫게 만드는 일"에 직원들이 스스로 참여하고 헌신한다. 이것은 누가 시켜서 하는 것이 아니라 스스로 찾아서 일하는 자기주도적 조직이다. 이처럼 사람들이 해야 할 일을 스스로 찾아서 실행하고 성과를 만드는 활동이 바로 무위 경영이다.

일반적으로 무위無爲라 하면 '아무것도 하지 않는 것'으로 이해한다. 혼히 무위도식無爲徒食이라면 '하는 일 없이 놀고 먹는다'라는 의미로 많이 사용된다. 또 다른 의미로 무위無爲란 '인위를 가함이 없이 저절로 이루어지는 행위'를 말한다. 이는 유위有爲의 반대말이며, 대표적인 무위의 행위는 명상이다. 정좌명상의 경우 앉아서 내면에서 일어나는 느낌이나 감정, 생각 등을 알아차린다. 아무런 움직임이나 인위적인 노력을 하지 않으면서, 일어나고 머물고 사라지는 것들을 있는 그대로 알아차리고 받아들인다. 유위가 어떤 일을 의도적으로 하는 행위라면, 무위는 조건에 따라 저절로 이뤄진다.

그렇다면 비즈니스 현장에서 무위를 실천하는 무위 경영은 무엇을 의미하는가? 무위 경영이란 인위적으로 지시를 하지 않아도 사람들이 해야 할 일을 스스로 찾아서 조건에 따라 실행하며 성과를 만드는 활동이다. 비즈니스에서 무위란 자율적 행동을 말하며, 무위 경영은 곧 자율경영을 의미한다. 조직에서 가장 가치 있고 의미 있는 활동은 바로 무위에서 나온다. 무위는 타인의 지시가 아닌 자기 내면의 자발성에 의해 자연스럽게 이뤄지는 활동이다. 앞서 구글의 래리 페이지가 말했던 "세상을 선도하도록 만드는 일"은 구성원들이 스스로 참여하고 자율적으로 일할 때 이뤄진다. 이러한 구글의 일하는 방식이 '인위적 힘을 가하지 않아도 스스로 찾아서 실행하는' 무위 경영의 대표적 사례이다.

[마음챙김 경영혁명3] 무위(無爲) 경영

무위 경영의 전제조건

비즈니스 세계에서 인위적 행위인 유위有爲가 아니라, 의도적 행위를 하지 않는다는 무위無爲을 이야기하면 이상하게 여길 수 있다. 비즈니스 세계에서 필사의 노력을 해도 부족한데 행위를 하지 않는다는 것은 납득하기 어려울 수 있다. 끝없이 변화하고 치열하게 경쟁하는 레드오션의 세계에서 무위 경영은 효과적인 방법일까?

항상 변화하고 정형화된 실체가 없는 상황에서 유위의 행위는 한계가 있다. 초일류 조직이 되기 위해서는 유위와 무위가 균형을 이루는 무위 경영이 요구된다. 무위 경영은 진정한 의미의 자율경영이다. 그렇다면 구성원들이 자신이 할 일을 스스로 찾아서 자율적으로 수행하기 위해서는 어떤 조건이 필요할까? 구성원들의 자율에 의한 무위 경영이 이뤄지기 위해서는 다음 두 가지 전제조건이 이뤄져야 한다.

먼저 구성원 전체가 합의한 자율과 위임의 경영원칙을 마련한다. 초일류 기업은 조직의 의사결정과 구성원 행동의 규범으로 경영원칙principle을 제정하여 운영하고 있다. 구글의 유명한 10가지 경영원칙을 비롯하여 1980년대 만들어진 휴렛팩커드의 경영원칙과 1960년대 만들어진 고어사의 경영원칙은 고전으로 통한다. 고어사의 4가지 경영원칙은 최소한의 내용으로 무위 경영의 철학과 원칙을 담고 있다.

고어사의 경영원칙

첫째, 동료 및 만나는 모든 사람에 대한 공정성Fairness이다. 즉, 공정성에 기반한 의사결정이다. 이는 직원들뿐만 아니라 협력업체나 고객 등 모든 이해관계자들을 공정하게 대하자는 의미이다.

둘째, 동료들의 지식, 기술 및 책임범위 확대를 장려, 촉진, 허용하는 자유Freedom이다. 즉, 구성원들은 자유라는 원칙에 입각해서 행동하며, 다른 동료들의 성장과 발전을 돕는다.

셋째, 약속하고 이를 지키는 능력Commitment이다. 이것은 직원들이 옳다고 생각하는 일을 스스로 실천하고 자율적으로 규율하는 것을 말한다.

넷째, 회사 명성에 영향을 미칠 수 있는 행위를 하기 전 다른 동료들과 상의한다. 이는 해수면waterline의 원칙이라 하는데 조직을 배에 비유할 때 배가 이상 없는지 전체를 파악하듯이, 의사결정을 할 때에도 배 전체를 침몰시킬 수 있는지 없는지를 생각하면서 리스크를 최소화하는 결정을 의미한다.

고어사의 창업자 빌 고어는 '인간에 대한 믿음'과 '작은 조직에서 힘이 나온다'는 경영철학을 바탕으로 공정성, 자유, 위임, 협의의 4가지 원칙을 공식화하였다. 특히 고어사의 경영원칙 중 자유Freedom와 위임Commitment은 자율경영을 실현할 수 있는 토대를 제공해 준다. 이처럼 자율경영은 구성원들의 행동규범이 실제 경영에 적용될 때 가능하다.

다음으로 무위 경영이 이뤄지기 위해서는 자율경영체계가 구축되어야 한다. 여기서 체계는 조직의 제도, 조직구조, 업무프로세스를 망라한다. 무위 경영은 무제도, 방임, 무시스템이 아니다. 무위가 아무런 일을 하지 않는 것이 아니라 저절로 이뤄지는 행위이듯이, 무위 경영은 구성원들이 자신의 일을 스스로 찾고 실행하는 조직구조와 업무시스템, 그에 관한 제도가 마련되어야 한다.

고어사의 사례를 살펴보면, 팀의 규모는 3~5명, 조직의 규모는 250

명을 넘지 않게 한다. 또한 업무가 제기되면 개인들이 선택하며, 일의 결과는 360도 평가를 통해 피드백 받는다. 물이 낮은 곳으로 자연스럽게 흐르듯 사람들이 자연스럽게 일할 수 있는 자율시스템을 구축한다. 리더는 자율시스템에서 무위의 리더십을 구현할 수 있다. 무위 경영의 자율경영시스템은 무상 경영에서 강조한 열린 시스템과 무실체성 경영의 자기조직화와 상호 연결된 조직운영체계이다.

무위 경영은 유위(有爲)와 무위(無爲)의 균형

비즈니스 상황에서 마음챙김 리더의 행위는 유위와 무위 연속적 과정이다. 먼저 마음챙김 리더의 유위는 어떤 것일까? 그것은 앞서 7장에서 살펴본 바르게 일하기를 말한다. 바르게 일하기란 '개인과 조직, 사회에 행복을 가져오기 위해 구성원들의 선한 의욕과 공공선을 실천하는 활동'이다. 또한 바르게 일하기 위한 4가지 방법으로 원칙과 솔선수범, 연민과 공정의 중요성을 강조하였다. 마음챙김 리더의 유위有爲 경영은 바르게 일하기의 실천이다. 무위 경영은 바르게 일하기인 유위와 함께 이뤄진다.

마음챙김 리더의 바르게 일하기는 바른 견해와 바른 생각을 바탕으로 한다. 바른 견해는 일어나는 모든 일들에 대해 편견 없이 있는 그대로 보는 것을 말한다. 이를 통해 사물의 본질을 꿰뚫어 보는 통찰력을 형성한다. 바르게 생각하기는 있는 그대로 본 결과로 형성된 사고이다. 바른 생각은 개인의 욕망이나 감정, 경험에 기초하지 않고 선한 의도와 전체성을 통해서 이뤄진다. 따라서 마음챙김 리더의 유위는 일어나는 모든 일들을 있는 그대로 보며 선한 의도와 전체적 관점에서의 행동이다. 선한 의도로 이뤄진 유위는 선한 결과를 가져오며 조직의 지속가능한 성장 발판이다.

기업에서 무위 경영이 작동하기 위해서는 가치에 기반한 경영원칙과

제도, 업무프로세스, 시스템 등 자율경영시스템이 구축되어야 한다. 마치 지구라는 시스템 속에서 땅, 물, 불, 바람이 있고 그 작용에 의해 만물이 일어나고 사라지는 것과 같다. 농부가 봄에 씨앗을 뿌리면 자연의 흙에서 영양분을 얻고 하늘의 비를 통해 생명력을 키워간다. 농부는 씨를 뿌리고 자연이 농작물을 키운다. 이 농작물 재배과정에서 농부가 한 일은 때에 맞춰 씨앗을 뿌리면, 일조량과 강수량에 따라 농작물은 결실을 맺는다. 때로는 태풍이나 수해로 농사를 망칠 수도 있지만 그 역시 자연조건의 일부분이다. 이러한 자연재해를 줄이기 위해 댐을 쌓거나 배수펌프를 작동하여 피해를 최소화한다. 이처럼 비즈니스에서 무위 경영은 바르게 일하는 유위를 바탕으로 스스로 일어나는 무위가 조화됨으로써 가능하다.

그렇다면 비즈니스 환경에서 유위와 무위의 균형이 중요한 이유는 무엇 때문인가? 먼저 비즈니스에서 과잉 행위를 제어한다. 자본주의 사회에서 기업은 이윤을 창출하기 위해 수단과 방법을 가리지 않는다. 과도한 투자, 잘못된 행동, 과잉 생산 등 너무 많은 낭비를 만들고 있다. 자본주의 체제에서 필연적인 과잉을 제어하기 위해서는 무위의 브레이크가 필요하다. 앞선 1장에서 살펴본 리더십 빙산 모델그림 1-1 참고을 보면 행동의 바탕에는 생각과 감정이 있다. 무한 증식하는 욕망을 있는 그대로 보고 스스로 통제하는 힘이 마음챙김이다. 이러한 마음챙김의 행위가 곧 무위의 과정이다. 또한 열린 자율경영시스템이 작동하기 위해서는 구성원 스스로의 자발성과 동기부여가 일어나게 하는 의욕이 필요하다. 소를 물가로 끌고 갈 수는 있어도 물을 먹는 것은 소의 자유의지이다. 최고의 성과를 이끌어 내기 위해서는 조직 구성원들의 자발적인 참여와 헌신이 중요하다. 이때 구성원들의 무위의 의욕은 참여와 헌신을 낳으며 초일류 조직을 이끈다.

일과 생활에서 무위 경영의 실천 방법

일상생활에서 무위 경영을 실천하는 방법은 무엇일까? 대표적 방법은 일상생활에서 마음챙김의 확립이다. 직장이나 가정에서 마음챙김이란 일어나는 일들을 있는 그대로 보고 받아들이는 과정에서 문제의 본질을 알아차린다. 또한 문제의 원인을 통찰함으로써 일이 스스로 해결되는 조건을 파악한다. 중요한 의사결정을 앞두고 수많은 분석자료가 산더미처럼 쌓인다. 그러나 결론을 내리는 것은 리더의 몫이다. 마음챙김 의사결정은 미래의 일어날 결과를 통찰하고 실행과정에서 장애를 대비하는 방책을 얻을 수 있다.

마음챙김 리더는 자신이 행해야 할 유위와 조건에 따라 이뤄지는 무위를 통해 목적을 이룬다. 상황에 따라 유위를 행할 때는 바른 견해와 생각을 바탕으로 바른 말과 행동을 하며 바르게 일하기에 어긋남이 없어야 한다. 또한 무위를 행하기 위해서는 조직 내의 수평적 의사소통과 자율경영시스템이 잘 구축되어야 한다. 일상생활에서 마음챙김의 확립을 통해 리더는 무위와 유위의 균형을 이루면서 무위 경영을 실천한다.

일과 생활에서 무위 경영을 실천하는 또 다른 방법은 '잠깐 멈춤'을 활용한다. 여기서 잠깐 멈춤이란 10초, 1분, 3분이 될 수 있다. 일상생활에서 발생하는 문제나 고난에 자동으로 반응하기 보다는, 잠깐 멈춤은 마음을 챙기며 통찰과 숙고를 통해 바르게 행동하는데 도움을 준다.

사람은 어떤 사안에 대해 번개와 같은 판단과 행동을 한다. 이러한 자동반응을 막는 잠깐 멈춤은 유위의 행동 속에 무위을 불어넣는다. 잠깐 동안의 멈춤만으로도 자신의 생각과 행동을 돌아보고 정도에 부합한지를 알아차리기에 충분하다. 예를 들어 우회전을 하면서 좌측 깜박이를 켜고 있지는 않은지 잠깐 멈춤을 통해 바로잡을 수 있다.

끝으로 무위 경영을 일상생활에서 실천하는 효과적인 방법은 인내와 초심이다. 어떤 문제나 갈등이 발생하면 사람들은 자동반응을 한다. 대부분의 조직 구성원들은 문제가 생기면, 리더를 바라보고 지시를 기다린다. 현장에서 자신이 문제를 해결해야 함에도 사람들은 지시와 명령을 따르는데 익숙하다. 그래서 구성원 모두에게 자율과 정도 경영이 중요하다. 또한 리더는 구성원들이 스스로 판단하고 실행함에 있어 인내심을 가지고 기다려 줄 수 있어야 한다. 기다림 없이 이뤄지는 것은 없다. 벼는 더운 여름을 지나야 익는다. 물은 차야 넘친다. 일은 조건과 때를 맞춰야 결과를 만들 수 있다. 아무리 많은 자원과 시간을 투입해도 시장여건이 성숙되지 않으면 히트 상품이 나오기 어렵다. 성공의 조건이 충족되었을 때 성공의 결실을 맺을 수 있다.

초심初心은 어떤 일을 할 때 처음에 가졌던 마음이다. 조직을 처음 만들거나 맡으면서 가졌던 초심이 시간이 흐르면서 점차 변하는 경우가 많다. 모든 것은 변하지만 그 속에서 계속 견지해야 할 원칙이 있다. 고어사의 4번째 경영원칙에 해수면 원칙이 있다. 회사의 명성에 영향을 끼치는 사안은 구성원들과 협의를 통해 의사결정을 하는 집단의사결정을 강조한다. 집단의사결정은 중요한 사안을 개인이나 몇몇이 결정하는 것이 아니라, 집단지성을 통해 아이디어를 모으고 합의를 이끄는 과정을 의미한다. 물론 이러한 과정이 시간과 인력의 과다한 소모를 가져올 수 있다. 그러나 조직에 위해危害를 끼칠 수도 있는 중요한 사안에 구성원들의 합의가 없으면 더 큰 위기를 불러올 수도 있다. 빌 고어가 창업을 하면서 만들었던 4가지 경영 원칙 덕분에 고어사는 60년이 넘는 지금까지 지속가능한 성장을 이루고 있다.

무위 경영은 자율경영시스템을 토대로 바르게 일하는 유위와 조건에 따라 스스로 이뤄지는 무위의 실천이다. 기업 경영에서 무위의 실천은 결코 쉽지 않다. 무위의 행위는 변화하는 상황과 분주한 움직임 속에서 인내를 가지고 초심을 견지해야 한다. 또한 일상생활에서 일어나는 상황에 대한 마음챙김의 확립과 10초간의 잠깐 멈춤을 일상화한다. 일상생활에서 많은 일을 하려고 하고 개입하려는 마음을 내려놓고 잠시 멈춤과 인내의 시간을 가져보자. 아무런 행위함이 없는 행위인 무위가 빛나는 이유는, 마음챙김과 멈춤의 과정이 나쁜 결과를 방지하고 최선의 결과를 만들기 때문이다. 무위 경영은 자율과 멈춤, 인내의 합주곡이다.

무위 경영과 마음챙김 명상: 행동 성찰 명상

무위 경영은 행위를 하지 않는 경영이 아니라, 조건에 따라 자연스럽게 이뤄지는 자율경영이다. 따라서 무위 경영은 무위와 유위의 균형 있는 행동을 의미한다. 비즈니스에서 조건에 따라 자연스럽게 이뤄지는 행위를 하기 위해서는 먼저 자신의 행동에 대한 성찰이 필요하다. 왜냐하면 반복적인 업무 수행에서 바른 것과 그릇된 것을 알아차림으로써 바른 의사결정을 통한 효과적인 업무수행을 할 수 있기 때문이다. 무위 경영 또한 바른 행동을 통한 성과창출의 방편이다.

비즈니스에서 무위 경영을 위한 명상법이 행동 성찰 명상이다. 행동 성찰 명상은 마음챙김 명상의 행동에 대한 알아차림을 기초로 한다. 행동 성찰 명상은 행동하는 그 찰나에 행동 하나하나를 성찰하는 알아차림을 할 수도 있고, 정좌명상의 방식으로 사후에 반조하는 형태로 진행할 수도 있다.

먼저 행동 알아차림은 자신이 행동을 하는 그 순간을 잠깐 멈춤이라는 무위의 과정으로 행동의 의도와 적합성을 반조한다. 순간의 관찰을 통해 자신의 행동이 바른지 그른지를 파악한다. 또한 자신의 행동을 반조하는 행동 성찰 명상은 사후에 자신의 행동을 거울에 비춰 보듯이, 행동의 의도와 적합성을 조사하는 명상이다. 다음은 사후에 자기 행동을 반조하는 행동 성찰 명상 안내문이다.

행동 성찰 명상 안내문

편안한 자세로 앉아 호흡에 대한 알아차림으로 들어간다. 숨이 들어오고 나가는 과정에 주의를 기울인다. 숨이 들어오면 '들숨'이라고 알아차리고, 숨이 나가면 '날숨'이라고 알아차리면서 머문다.

잠시 후 행동 성찰 명상으로 넘어간다. 마음속에 자신의 행동을 떠올려 본다. 어떤 특정한 행동을 가지고 반추하려 하지 말고, 마음속에 일어나는 행동 이미지를 하나씩 관찰해 본다. 만약 마음속에 행동이 일어나지 않으면 그냥 호흡에 주의를 기울이면서 머문다. 또는 특정 행동이 너무 강력하게 떠올라 몸의 감각과 느낌이 강하게 반응하면, 다시 주의의 초점을 호흡으로 가져와 몸과 마음의 안정을 취한다.

마음속에 떠오르는 행동이 파노라마처럼 펼쳐지고 그 행동 하나하나에 이름을 붙여 보면서 조사해도 좋다. 예를 들면 상대방에게 친절한 행동이면, '친절함'이라고 알아차리고, 상대방에게 화를 냈으면 '화냄'이라고 알아차리고, 상대방에게 그릇된 지시였으면, '그릇된 지시'라고 알아차린다. 이처럼 행동을 관찰하면서 그 행동의 의도와 적합성을 알아차리면서 행동을 성찰한다. 이러한 과정을 통해 자신의 행동이 바른 것인지, 그릇된 것인지를 분별하고, 행동의 의도 속에 똬리를 틀고 있는 집착과 탐욕, 성냄이나 어리석음을 내려 놓는다. 그 과정을 통해 마음의 평정을 찾고 지혜로운 행동을 알아차린다. 이처럼 행동 성찰이라는 무위의 과정을 통해, 자신의 행위가 바르고 지혜로운 행위가 되는 균형점을 찾는다.

자신의 행동에 대한 성찰 과정에서 특정한 느낌이나 생각이 강하게 떠오르면, 그 느낌과 생각도 함께 알아차린다. 예를 들면, 행동 성찰을 하는데 화의 감정이 일어나면, '화'라고 알아차리고, 슬픔이 일어나면 '슬픔'이라고 알아차린다. 어떤 특정 느낌이나 생각이 강하게 일어나면 다시 호흡으로 돌아온 뒤, 행동 성찰을 지속한다. 행동 성찰을 마친 뒤에는 주의를 호흡으로 돌리며 천천히 명상에서 나온다.

　　처음에는 찰나의 행동을 알아차리기가 쉽지 않다. 그때 앞에서 배운 잠깐 멈춤을 통해 행동 성찰을 하면 효과적이다. 또한 마음챙김 명상에서 몸과 마음에 대한 알아차림을 진행한 뒤에 행동 성찰 명상을 진행하는 것도 좋다. 행동 성찰 명상은 자신의 행동을 반조하는 과정을 통해 바른 행위의 길을 찾는 명상이다.

제13장

초일류 조직의 성과관리
: 자애(慈愛) 경영

> 인간은 권력을 획득하는 데는 능숙하지만,
> 권력을 행복으로 전환하는 데는 능숙하지 못하다. - 유발 하라리

[스토리4] 초일류 조직을 향한 성과관리

틈새시장을 공략하라

마케팅팀장에서 소형가전사업부장이 된 마부장은 사업부 전체 성과 목표설정 회의를 소집했다. 지난번 사업부 워크숍을 통해 사업부의 방향과 중점과제, 팀 조직을 구성하였다. 그러나 말이 사업부지 전체 직원이 11명으로 팀 수준에 불과했다. 또한 기존 주력 상품인 선풍기, 공기청정기, 청소기에서 새롭게 분리되어 소형가전사업부를 별도로 만들었다. 기존에는 소형가전이 돈이 되지 않는다고 투자를 하지 않았던 분야다. 그러나 이제는 1인 가구가 증가하고 휴대용 제품들이 많이 출시되면서 시장규모도 조금씩 커지고 있다. 무엇보다 중국 및 동남아 시장이 성장하고 있어 수출도 노려볼 수 있는 틈새시장으로 성장하고 있다.

새로운 틈새시장을 공략할 책임으로 마부장이 임명된 것이다. 마부장

은 부족한 팀원으로 최대의 성과를 내기 위한 방안으로 이원적 팀제를 운영하기로 했다. 기존에는 매트릭스 조직으로 불렸는데, 조직 규모가 큰 기업에서 제품별 기능별 이원적 조직을 운영할 때 구성하던 방식이다. 기능조직으로 영업팀과 개발팀을 기본조직으로 하고 제품별 TFT^{Task-force}Team를 병렬적으로 운영한다. 쉽게 말해 한 팀원이 2개의 조직에 속해 있는 방식이다. 개발팀은 6명이고, 영업팀은 5명을 배치했다. 영업팀 5명 중 한 명은 인사와 재무 업무를 담당하는 직원이다. 실제 영업직원은 4명이다. 지난번 워크숍을 통해 중점 제품군은 소형 공기청정기, 소형 산소발생기, 소형 선풍기로 선정하였다. 중점 제품별 태스크 포스 조직은 소형 공기청정기 파트에 개발 2명과 영업 2명을, 소형 산소발생기 파트는 개발 2명에 영업 1명, 소형 선풍기 파트는 개발 2명에 영업 1명을 배치하였다. 소형가전사업부 전체가 하나의 팀으로 운영되며 가로축 기능조직은 개발과 영업 2개의 조직으로, 세로축인 3개의 제품조직이 서로 교차하면서 운영되는 방식을 채택했다. 한 팀원은 2명의 리더로부터 지휘를 받는다. 개발과 영업의 선임직원이 팀장을 맡고 제품 태스크 파트는 팀원이 자율적으로 리더를 선임하도록 했다. 선임결과 제품 태스크 파트의 리더는 모두 대리급 사원이 맡게 되었다.

고객만족을 위한 성과목표 설정

마부장: 반갑습니다. 오늘 전체 회의는 지난번 워크숍을 통해 설정된 사업부의 중점과제와 팀 구성에 따라 세부적인 성과목표와 성과지표 그리고 사업부 운영의 기본 방향을 수립하는 자리입니다. 기존에는 위에서 탑다운 방식으로 중점과제와 성과목표가 내려왔지만 올해부터는 각 사업부 자율적으로 중점과제와 목표

를 설정해서 운영하게 되었습니다. 더구나 우리 사업부는 소형가전 분야의 새로운 신제품을 개발해야 하는 신생 사업부입니다. 또한 인력도 적은 상황에서 기능과 제품 조직을 교차 운영하는 매트릭스 조직 형태로 운영할 계획입니다. 이러한 조직 형태는 우리 회사에서 처음 시도하는 것이라서 약간 혼란스러울 수 있습니다. 그에 대한 팀 운영 방향도 함께 이야기 나눴으면 합니다. 먼저 새롭게 선출된 우리 팀장과 리더들의 조직 운영 방향과 각오를 듣고 시작하도록 하겠습니다. 금일 진행은 영업팀장인 A차장이 진행합니다.

A차장(영업팀장): 지난번 워크숍에서 팀장으로 선임된 뒤 처음 여러분 앞에 서는 것 같습니다. 일단 전체 영업팀원은 지원인력 1명 포함해서 총 5명입니다. 영업팀은 각 제품별 파트에 4명이 소속되어 주요 활동은 각 파트에서 진행할 예정입니다. 부족한 인원이고 각 제품팀에 소속되어 움직이기에 서로 지원과 협력이 원활하게 이뤄져야 시너지를 낼 수 있습니다. 모두가 잘 협력해서 사업부 목표를 달성할 수 있도록 최선을 다합시다.

B과장(개발팀장): 우리 사업부 개발팀 5명을 지원할 B과장입니다. 기존의 제품을 소형화해서 개발 및 판매하자는 의도에서 우리 사업부가 생긴 것으로 압니다. 신제품을 한꺼번에 3개를 개발해야 하는 부담도 있지만 잘 만들어서 우리 사업부가 회사에서 보석 같은 사업부가 될 수 있도록 노력하겠습니다. 또한 각 팀원들이 제품별 파트에 속해 있어서 개발업무가 잘 진행될 수 있도록 지원하겠습니다.

C대리(소형공기청정기파트장): 입사 5년차에 파트장의 중책을 맡아서 고민이 많습니다. 우리 팀은 개발 2명, 영업 2명으로 구성되었는데 팀원으로 A차장님이 계셔서 무엇보다 든든합니다. 도전적으로 제품개발하고 영업하라는 취지로 시킨 것이라 알고 씩씩하게 추진해 보겠습니다.

D대리(소형산소발생기파트장): 소형 산소발생기파트를 맡은 입사 6년차 D대리입니다. 산소발생기는 우리 회사에서 처음으로 시도하는 제품입니다. 그렇지만 공기청정기의 또 다른 버전으로 경쟁도 되겠고, 틈새시장을 잘 노려 좋은 제품을 만들어서 좋은 실적낼 수 있도록 최선을 다하겠습니다.

E대리(소형손선풍기파트장): 기존 선풍기 개발을 담당했었는데 이번에는 제품 소형화를 통해 새로운 시장을 두드리게 되었습니다. 우리 파트는 저 말고 영업과 개발

각 1명씩 모두 사원입니다. 제일 젊은 팀인데 작은 고추가 맵다는 말처럼 매운 맛
을 제대로 내도록 노력하겠습니다. 우리 파트는 초기에는 해외 제품 수입과 유통
에 집중하면서 제품개발은 추후 추진할 계획입니다.

A차장: 네, 저를 포함해서 팀장과 파트장들이 나름 잘 진행할 수 있도록 모두 많은 협조
　　　바랍니다. 먼저 사업부의 핵심성과지표를 무엇으로 할지 의견주시기 바랍니다.

B과장: 일반적으로 핵심성과지표는 매출액, 영업이익, 고객수, 직원만족도, 직원 역량
　　　등을 중심으로 관행적으로 설정하고 평가했다고 봅니다. 이번에는 우리 사업부
　　　가 지향해야 할 사업목적을 구체화한 뒤, 성과지표와 연결하면 좋을 듯합니다.

E대리: 제 생각으로 우리 사업부가 지향해야 할 사업목적은 고객만족과 시장선도 제품
　　　출시, 그리고 직원행복이라고 봅니다.

G사원(소형산소발생기파트): 저는 성과지표에 부서 간 팀원 간의 협력을 중시했으면
　　　합니다. 특히 이번에는 교차기능팀으로 운영하기에 협력이 무엇보다 중요합니
　　　다. 그리고 소형제품을 어느 생산사업부에서 할지 아니면 외주로 진행할지 아직
　　　정해져 있지 않기에 협력지수를 반영했으면 합니다.

C대리: 협력지수는 중요한 지표라고 봅니다. 그런데 시장선도 제품 출시와 직원행복은
　　　약간 추상적인 느낌이 있습니다. 이제 시작하는 마당에 시장선도란 너무 나간
　　　것 같고요. 직원행복은 너무 순진한 생각이 아닌가 생각됩니다. 그냥 매출증대,
　　　직원만족도로 하는 게 현실적이라고 봅니다.

마부장: 잠깐 제 의견을 드리면 성과지표와 사업목적은 구별이 필요할 듯합니다. 첫 번
　　　째 사업목적은 고객만족입니다. 둘째는 고객만족을 통한 매출 증대입니다. 셋
　　　째로 매출 증대를 위해서는 시장선도 제품개발과 협업이 중요합니다. 넷째는
　　　제품개발과 협업이 잘 되기 위해서는 사업을 추진하는 직원들의 행복해야 합
　　　니다. 이러한 사업목적 아래 성과지표를 만들면 좋을 듯합니다.

A차장: 그럼 사업부장님이 정리하신 네 가지 사업목적을 토대로 성과지표를 설정해 봅
　　　시다. 제가 의견을 드리면, 성과지표는 먼저 고객만족 항목에 고객만족도와 재
　　　구매율, 다음 매출증대 항목에 매출액과 영업이익, 시장선도 항목에 신제품 매
　　　출액과 시장점유율, 다음 협업 항목에 조직 간 협력도와 팀원 간 협력도, 끝으로
　　　직원행복 항목에 직원만족도와 직무역량 강화를 제안합니다.

B과장: 저도 좋다고 봅니다. 모두 10개의 지표인데, 집중하기 좋다고 봅니다. 물론 정량
　　　적으로 산정하기 어려운 항목도 있는데 자체 측정도구를 잘 만들어서 실행하면
　　　좋을 듯합니다.

A차장: 그럼 논의한 10개의 핵심성과지표를 공동지표로 하고, 팀이나 파트별로 별도의
　　　성과지표가 필요한 경우 자율적으로 반영하기로 합시다. 모두 다른 의견 없으면
　　　성과지표는 박수로 합의한 것으로 하겠습니다. (일동 박수) 시간 관계상 모든
　　　성과지표별 목표를 협의하기는 어렵기 때문에 각 파트별로 협의해서 정하는 것
　　　으로 하고, 전체가 모였을 때 경영지표인 매출액과 영업이익, 시장점유율의 세
　　　부 목표에 대해 이야기를 나눴으면 합니다.

D대리: 제 생각으로는 사업부 첫 해가 중요하다고 봅니다. 우리 회사 매출이 1,500억 정
　　　도 되니까, 우리 사업부 매출액은 100억 원 정도 설정해야 하지 않을까 생각됩니
　　　다. 영업이익과 시장점유율은 1년차 5%가 어떨까 싶습니다. 아무래도 개발비가
　　　많이 들어가기 때문에 1년차에 비용지출이 많을 듯합니다. 시장점유율은 국내 기
　　　준으로 3년 내 20%를 목표로 1년차 5%, 2년차 10%, 3년차에 20%를 제안합니다.

C대리: 도전적인 목표설정은 좋지만 아직 제품개발도 안된 상태에서 매출액 100억은
　　　너무 과한 것이 아닌가 생각됩니다. 올해는 시장에 출시되고 30억 원 정도의 매
　　　출을 올리는 것도 쉽지 않다고 봅니다.

B과장: 저도 C대리의 말에 동의합니다. 도전적인 목표 설정은 자칫 달성하지 못했을 때
　　　좋지 않은 영향을 미칠 수도 있습니다. 그리고 목표에 맞춰서 자재조달과 영업
　　　도 준비해야 하는데 과도한 목표는 부작용을 낳을 수 있다고 봅니다.

F사원(소형공기청정기파트): 저도 한 말씀드리면, 목표는 도전적으로 세워야 한다고
　　　배웠습니다. 그리고 공기청정기의 경우 작년 매출이 200억 원 정도 되었습니다.
　　　오프라인 채널과 온라인 판매망을 가지고 있기에 제품개발만 제대로 된다면 제
　　　품당 30억 원 정도의 매출은 가능하지 않을까 생각됩니다. 물론 판가가 낮아서
　　　판가 10만 원의 경우 3만 개를 팔아야 하는데 쉽지는 않지만 불가능한 숫자는
　　　아니라고 봅니다. 그리고 그 정도 해야 사장님께서도 사업부로서 존재가치를 인
　　　정해 주실 거라 생각됩니다.

마부장: 여러분 모두의 의견에 공감합니다. 아직 신제품이 제대로 만들어지지도 않았는

데 너무 도전적으로 한다는 의견, 그래도 기존에 개발역량과 판매망을 봤을 때 제품당 30억 원은 하자는 의견 모두 좋습니다. 사실 사업부장인 저도 숫자는 부담이 됩니다. 그렇지만 그런 부담이 없다면 회사는 존립하기 어렵겠죠. 우리가 신생사업부지만 기존에 만들던 개발역량과 판매역량을 믿고 함께 도전해 봅시다. 소형 산소발전기파트장의 의견대로 전체 사업부 목표 100억, 영업이익 5억 그리고 제품별 시장점유율도 5%가 어떨까 싶습니다.

A차장: 모두 사업부장님의 목표에 이의가 없으면 박수로 화답을 해주시길 바랍니다.
(일동 박수)

성과관리와 조직운영 방안 수립

A차장: 그럼 나머지 성과지표별 성과목표는 각 팀장과 파트장이 협의하여 구체적 목표와 산출근거를 마련해 봅시다. 끝으로 사업부 조직 운영과 관련하여 팀원 여러분의 제안이나 의견 개진 바랍니다.

H사원(소형손선풍기파트): 저는 소형 손선풍기파트의 영업을 담당하고 있는 입사 2년차 막내 영업사원입니다. 하라고 하시니까 손선풍기 영업을 맡았지만 사실 걱정이 많습니다. 아직 배워야 할 것도 많고 모르는 영업채널도 많은데 부담이 많습니다. 이런 상황에서 영업팀의 지원이 절실한데 모두 다른 제품을 맡고 있어 저의

팀 지원이 잘 될지 걱정이 많습니다.

A차장: H사원의 고민 충분히 이해합니다. 아마 다른 팀의 개발담당자나 영업직원들도 한 명 혹은 두 명으로 어떻게 개발이나 영업을 담당할까 고민이 많을 것입니다. 그에 대해 혹시 B과장님이 답변을 해주시면 좋을 듯합니다.

B과장: 쉽게 생각하면, 일주일의 4일은 제품별 파트에서 활동을 합니다. 그리고 금요일은 각 팀으로 돌아가서 진행사항을 공유하고 각 지원사항이 없는지 확인합니다. 또한 협력이 필요한 부분이 있으면 주간 협력사항을 전체 일정을 고려해서 함께 진행합니다. 영업은 개인별 담당채널의 전문성이 있는데 서로 협력이 필수라고 봅니다. 개발 또한 전자분야, 모터분야, 기계설계 분야 등 각각 특징이 있습니다. 개인에 따라서는 2개 혹은 3개의 제품 설계에도 관여할 것입니다. 다만 업무가 서로 몰리지 않도록 협력하고 제품에 따라서는 외주 용역이나 전문가 활용이 필요합니다. 따라서 각 제품별 파트장은 아이템 개발과 영업 및 마케팅을 어떻게 진행할지 전체 일정을 담당자와 잘 협의해서 진행바랍니다.

C대리: 제품 세부 사항으로 들어가면 각자 개발 영역이나 판매채널의 중복이 발생할 수 있습니다. 각자 진행사항을 전체가 공유하는 것이 중요합니다. 자사 업무프로세스 시스템을 최대한 활용하고 진행사항을 꼼꼼히 기록하여, 다른 직원들이 진척도를 잘 파악할 수 있도록 준비해야 합니다.

A차장: C대리가 말한 것처럼 업무가 복합적으로 진행되기에 각자 업무시스템에 진행 단계별 활동사항과 일정관리를 잘 정리하는 것이 매우 중요합니다. 또 어떤 것이 있을까요?

D대리: 전체가 잘 짜진 매트릭스로 움직이기 위해서는 각자 업무 여분으로 가능한 시간이나 범위를 자발적으로 오픈하고 문제가 예상되면 사전에 공유하는 것이 중요하다고 봅니다. 특히 잘 안되는 것을 오픈하기가 쉽지 않은데, 조직 차원에서 협업을 잘하는 사람에게 좋은 평가를 받을 수 있는 성과평가체계가 중요하다고 봅니다.

B과장: 지금 D대리의 이야기는 성과관리 전반에서 중요한 포인트라고 봅니다. 매트릭스가 잘 움직이기 위해서는 무엇보다 자발성과 협업이 중요합니다. 여분의 시간이나 문제를 오픈하여 스스로 참여하는 자발성과 다른 팀의 업무협력에 대한

평가 반영이 성과관리의 핵심이라고 봅니다. 또한 협업지수에 대한 평가를 개인별 평가에서도 비중 있게 반영할 필요가 있다고 봅니다.

F사원: 한 가지 추가로 말씀드리면 초과 성과를 달성할 경우 성과급 등 보상에 관해서도 사전에 명시해 주셨으면 합니다. 이전에는 실적이 좋아도 별다른 인센티브가 사실 없었습니다. 이제는 초과 실적에 대해서는 개인 차원이든 사업부 차원이든 반영을 해주시면 좋을 듯합니다.

A차장: 모두 좋은 의견을 많이 제안해 주셔서 감사합니다. 조직운영 원칙을 정리하면 첫째, 업무 진척사항을 업무프로세스 시스템에 잘 기록하기. 둘째, 문제는 사전에 오픈하고 팀원 간 협력하기. 셋째, 개인 및 조직 차원의 성과 인센티브 운영입니다. 일단 이 세 가지를 조직 운영의 핵심원칙으로 제안하겠습니다. 사업부장님의 마무리 의견 있겠습니다.

마부장: 먼저 짧은 시간이지만 적극적으로 참여해 주셔서 감사합니다. 처음에는 제품별 기능별 매트릭스 조직이 잘 될까 하는 의심도 있었는데, 여러분의 적극적인 참여와 협조에 잘 되리라는 확신이 듭니다. 더구나 목표도 공격적으로 잡고 팀 운영원칙도 잘 뽑았다고 봅니다. 문제는 실천입니다. 실행과정에서 여러 문제들이나 애로사항이 있을 것입니다. 사업부장실은 여러분과 같은 사무공간에 저의 자리가 있으니까 언제든지 방문해서 이야기 나누고 해결해 나갔으면 합니다. 다음달 전체 회의에서 성과관리 진척사항을 리뷰하면서 보완하도록 합시다. 모두 수고하셨습니다.

ESG와 자애경영

ESG경영과 기업의 사회적 참여

2021년 2월 8일 카카오 김범수 의장은 직원들에게 다음과 같은 공개 메시지를 보냈다.

"격동의 시기에 사회문제가 다양한 방면에서 더욱 심화되는 것을 목도하며 더 이상 결심을 더 늦추면 안되겠다는 생각이 들었고, 앞으로 살아가는 동안 재산의 절반 이상을 사회문제 해결을 위해 기부하겠다는 다짐을 하게 되었습니다."[1]

김범수 의장의 재산은 약 10조 원대로 추산되며 기부금액은 5조 원을 넘을 것이라고 한다. 기부금액도 화제지만 자신의 재산 절반을 사회에 환원하겠다는 발표 자체가 우리 사회에 신선한 자극을 준다. 김의장은 사회문제 해결을 위해 기부를 하겠다고 발표했다. 기존에는 장학재단이나 봉사재단 등 사회복지에 초점을 두었다면, 김의장은 사회문제 해결에 방점을 두었다. 평소에도 김의장은 '사회문제를 해결할 수 있는 가장 효율적인 조직이 기업'[2]이라는 이야기를 자주 했다.

최근 기업들의 사회적 문제해결 참여 선언이 증가하고 있다. 쿠팡 창업자 김범석 의장은 쿠팡의 뉴욕증시 직상장과 함께 쿠팡맨들에게도 쿠팡 주식을 나눠주겠다고 선언했다. 그 규모는 약 1,000억 원대에 이른다. 또한 김의장은 2025년까지 총 5만 명분의 일자리를 창출하겠다고 강조하며, "앞으로 서울 외 지역의 발전을 위해 사회기반시설과 일자리 창출에 수조 원을 투자할 것이며, 지방의 고른 발전을 통해 장기적으로 나라 전체가 발전할 수 있도록 하는 게 우리의 임무"라고 말했다.[3]

이러한 움직임은 최근 산업계에 강조되고 있는 'ESG경영'의 흐름과 무관하지 않다. 기업의 사회적 책임을 강조하는 ESG는 환경Environment, 사회Social, 지배구조Governance의 약자이다. ESG경영이란 기업이 환경보호를 비롯해 사회적 약자에 대한 배려와 투명한 경영체계를 갖추는 경영을 의미한다. 지구환경의 온난화 등으로 인한 이상 기후와 코로나19 바이러스와 같은 환경문제가 대두되면서 환경보호의 목소리가 높아지고 있다. 또한 지역 간 격차와 빈부격차, 인종차별과 성차별 등의 문제도 점점 사회적 갈등으로 심화되고 있다. 특히 우리나라에서는 기업의 지배구조 등 투명성에 대한 이슈와 경영체제 개선에 대한 목소리도 높아지고 있다.

이러한 움직임은 우리나라에만 국한되는 현상은 아니다. 기업의 사회적 책임을 강조하며 행동하는 대표적인 경영자는 미국 세일즈포스 Salesforce의 마크 베니오프 회장이다. 그는 2019년 10월 한 컨퍼런스에서 다음과 같이 연설했다.

> "양극화와 기후변화, 총기규제 문제를 정부가 해결하는 데
> 는 한계가 있다. 돈만 버는 CEO의 시대는 갔다. 기업 CEO 역할
> 은 인간 존재와 환경 등 사회 이해 관계자 Stakeholder들에 대한 책
> 임을 지는 것이다." [4]

마크 베니오프 회장은 기업이 사회적 문제해결에 적극적으로 나서야 함을 역설했다. 실제로 그는 미국의 정치사회적 문제에 적극적인 발언과 행동으로 직접 참여하고 있다.

신뢰는 자애심에서 나온다

기업의 사회적 책임을 강조하는 현실 속에서 또 다른 하나의 사건이 발생했다. SK하이닉스 직원들이 전년 기업 실적이 최고를 찍었음에도 불구하고 성과급이 경쟁사에 비해 턱없이 적다며, 최고경영자와 직원들에게 보낸 '성과급 산정 기준을 밝히라'는 이메일이 언론에 공개되었다. [5]

자영업자들의 입장에서는 코로나19 속에서 문을 닫거나 영업시간 제한으로 월세도 감당하지 못하는 현실에서 수천만 원의 성과급을 받는 직

원들의 하소연이 못마땅할 수 있다. 또는 많은 중소기업 직원들은 성과급은 고사하고 급여도 못 받거나 직장을 떠나야 하는 입장에서는 딴 나라의 이야기처럼 들릴 수 있다. 이러한 상황에서 SK그룹 최태원 회장은 자신의 SK하이닉스 급여를 전액 반납하고 회사 대표가 공개적으로 사과하며 성과급 지급방식의 개선을 약속하면서 일단락되는 모양이다. 그러나 SK하이닉스로 불거진 성과급 논란은 LG전자, 삼성전자, 현대자동차 등 다른 대기업에도 성과급 논란을 불러일으키고 있다. 또한 성과급 이슈는 신세대 직원들을 중심으로 한 새로운 노조설립의 도화선이 되고 있다.

비슷한 시기에 발생한 기업의 사회적 책임을 강조한 경영자의 목소리와 성과급의 공정성과 투명성을 요구한 신세대 직원들의 목소리는 무엇을 의미하는 것일까? 이 두 가지 사안은 다르지만 공통된 원인이 있다. 그것은 바로 조직 구성원과 이해관계자들에 대한 신뢰의 문제이다.

기업의 사회적 책임은 기업과 고객, 사회적 구성원과의 신뢰를 강화하자는 의미이다. 세일즈포스의 마크 베니오프 회장은 고객과의 신뢰 문제에 대해, "책임 있는 기업시민으로서 행동하는 것이 해야 할 옳은 일이어서가 아니라 소비자들이 그것을 요구하기 때문"[6]이라고 강조했다. 베니오프 회장의 말은 기업이 사회적 문제에 대해 침묵하는 것이 아니라, 적극적인 참여와 행동이 내부 구성원과 고객과의 신뢰를 증진하는 기반임을 강조했다.

직원들과 기업의 신뢰 문제에 대해 마크 베니오프 회장은 그의 책 『트레일블레이저』에서 다음과 같이 강조했다.

"갈수록 사람들은 가치를 공유하는 기업에서 일하고 싶어한다. 더 젊은 세대의 직원들은 그들이 하는 일이 더 숭고한 목적을 갖기를 원한다. 그들은 회사가 세상의 상태를 개선하는데 헌신하고 있기를 원한다."**7**

　앞으로 디지털 기술과 온라인 사회가 가속화될수록 정보의 투명성, 조직의 공정성, 개인의 자유와 사회적 격차 해소를 요구하는 목소리는 점점 더 높아질 것이다. 『신뢰이동』의 저자 레이첼 보츠먼은 미지의 상황에서 신뢰의 중요성은 더욱 커질 것이라고 강조했다.

　　"신뢰와 위험은 남매와 같다. 신뢰는 우리를 확실성과 불확
　　실성 사이의 틈새로 끌어당기는 놀라운 힘이다. 쉽게 말해 신뢰
　　는 아는 것과 모르는 것을 연결해 주는 다리다. 신뢰에 대한 내
　　정의는 단순하다. 신뢰는 미지의 대상과의 확실한 관계다."**8**

　위 레이첼 보츠먼의 지적은 불확실한 미지의 세계를 건너기 위해서는 조직 구성원과 고객과의 튼튼한 신뢰의 다리가 중요함을 강조한 말이다. 비즈니스는 신뢰를 먹고 산다. 신뢰를 얻는 기업은 흥하고 그렇지 못한 기업은 사라질 수밖에 없다. 그렇다면 고객과 조직 구성원 간의 보이지 않는 신뢰의 끈을 어떻게 만들 수 있을까?

　사람 간에 형성되는 신뢰의 밑바닥에는 상대방에 대한 존중과 배려의 마음이 있다. 존중과 배려는 모든 존재에 대한 자애의 마음에서 비롯한다. 자애慈愛란 바로 모든 존재의 행복과 평안을 바라는 마음이다. 고객과 직원 사이의 신뢰를 형성하는 근간에는 리더와 경영진의 자애심이 있고, 이를 바탕으로 하는 신뢰경영이 곧 자애慈愛 경영이다.

[마음챙김 경영혁명4] 자애(慈愛) 경영

직원이 행복해야 고객이 행복하다

조직을 경영하는 리더가 꼭 던져야 할 질문이 있다. '조직을 경영하는 목적은 무엇인가?' 이 질문 속에 리더의 궁극적 역할이 담겨있다. 일반적으로 기업은 이윤추구의 집단으로 정의한다. 또한 기업은 고객과 구성원들의 행복을 위한 기관이다. 물론 돈을 벌지 못하는 기업은 지속할 수 없다. 또한 고객을 행복하게 하지 못하는 기업은 생존할 수 없다. 그러나 이윤을 남기는 많은 기업들 중에서 고객과 조직 구성원들이 진정으로 행복을 느끼는 곳이 얼마나 될까?

또한 고객들이 진정으로 행복하기 위해서는 어떤 제품과 서비스를 제공해야 할까? 고객들이 원더풀을 외치면서 환호하는 기업이 되기 위해서는 어떻게 해야 할까? 조직 구성원들이 아침에 일어나면 직장에 가고 싶은 회사를 만들려면 어떻게 해야 할까? 직원들이 하루 일을 마치면서 보람과 긍지를 느끼려면 어떻게 해야 할까?

이러한 무수한 질문에 대해 불교 명상의 스승인 틱낫한 스님이 미국의 IT기업인 구글, 페이스북, 세일즈포스 등을 방문한 뒤 세일즈포스의 CEO 마크 베니오프에게 한 말에서 해답을 찾아보자.

> "사람들이 자신의 성공 희생자는 될 수 있어도, 행복의 희생자가 된 사람은 아무도 없었다. 더 고통을 겪어야 더 많은 돈을 버는 게 무슨 소용이 있겠어요? 당신에게 선한 포부가 있어야 더 행복해진다는 것을 이해해야 합니다. 사회가 변화하도록 돕는 것은 삶에 의미를 부여하는 일이기 때문이지요."[9]

　　틱낫한 스님의 위 말은 IT대기업에 종사하는 사람들이 성공했을지는 몰라도 행복한 것과는 거리가 멀다는 의미이다. 또한 기업의 리더나 경영진이 선한 의도를 가지고 일해야 행복해질 수 있음을 강조했다. 그렇다면 조직의 리더가 구성원들의 행복에 관심을 가져야 할 이유는 무엇일까?

　　먼저 행복한 직원들이 제공하는 제품과 서비스가 고객을 행복하게 만들기 때문이다. 반대로 직원들이 행복하지 않으면 고객들은 불만족스러운 제품이나 서비스를 받게 된다. 불만족한 고객은 그 회사에 클레임을 제기하거나 더 이상 구매하지 않는다. 기존에는 제품과 서비스 정보가 제한되어 다른 제품이나 서비스를 이용하는데 한계가 있었다. 또한 독과점 시장에서 고객들은 울며 겨자먹기 식으로 구매할 수밖에 없었다. 그러나 유사한 제품이 많고 정보가 투명하게 공개되는 상황에서 고객은 더 이상 불편을 감내할 이유가 없다.

　　다음으로 우수한 인재를 채용하고 유지하기 위해서는 직원들의 행복을 중요하게 여겨야 한다. 구인구직 매칭 플랫폼인 사람인이 조사한 '2018년 직장선택의 기준 조사결과'[10]를 보면, 직장인의 경우 연봉32.8%, 워라밸19.8%, 고용안정성17.5% 순으로 나타났다. 이 결과는 2016년 조사에서 나타난 연봉, 복리후생, 기업안정성 순서와는 사뭇 다른 결과를 보였다. 또한 직장인들이 뽑은 좋은 직장의 기준으로 '일과 생활의 균형이 유지되는 직장'75%, 복수응답이 가장 많았고, '급여, 성과급 등 금전적 보상이 뛰어난 직장'59.4%, '복지제도가 잘 되어 있는 직장'46.3% 순으로 나타났다.

　　이러한 결과는 실력이 뛰어난 우수한 인재들일수록 연봉보다 일과 생활의 균형으로 대표되는 행복의 가치가 더욱 중요하게 나타났다. 또한 신세대 직원들도 비슷한 결과를 보였다. 이제 직원들의 행복을 중요하게 여기지 않는 기업은 우수한 인재들의 선택을 받지 못하고 쇠퇴할 수밖에 없다.

직원들의 행복이 중요한 또 다른 이유는 직원들이 직장생활에서 받는 일과 인간관계로 인한 스트레스가 갈수록 증가하기 때문이다. 최근 엠브레인 트렌드모니터가 전국 직장인 대상 '직장생활 스트레스 및 번아웃 증후군 인식조사'[11] 결과, '평소 직장생활에서 스트레스를 받고 있다'고 응답한 직장인이 91.5%를 차지하고 있다. 이 중 31%는 스트레스를 '매우 자주 경험한다'고 응답했다. 직장인들의 스트레스 유발요인중복응답으로 직장상사50.9%, 외부 고객47.5%, 직장동료26.1%, 직장후배20.1% 순으로 나타났다. 특히 직장에서 스트레스를 유발하는 상사의 유형중복응답으로, '팀원과 직원들을 존중하지 않는 상사'47.5%, '업무능력이 떨어지는 상사'45.5% 순으로 나타났다.

사실 직장생활을 하면서 스트레스를 받지 않는 사람은 극히 드물다. 그러나 그 빈도나 강도가 갈수록 높아져 우려될 수준이다. 문제는 이러한 스트레스가 '번아웃 증후군'이라는 정신 질병 차원까지 확대된다는 점이다. 이러한 직장생활의 스트레스는 앞으로 4차 산업혁명이 가속화되면서 어떻게 될까? 단순 노동은 기계가 대신하지만 복잡하고 고난도 업무는 증가할 것이다. 또한 비대면 근무나 재택근무가 증가하면서 외로움 등 정신적 스트레스도 아울러 증가할 가능성이 높다.

따라서 조직 구성원들의 일과 생활의 균형 및 직장생활의 스트레스로 인해 직원들의 행복추구 요구는 더욱 늘어날 것이다. 또한 직원들의 행복 가치를 충족시키지 못하는 기업의 제품과 서비스는 시장에서 사라질 것이다. 이제 직원의 행복이 조직의 생존을 좌우하고, 고객행복을 결정하는 시대가 오고 있다. 이러한 시대적 변화상황에서 고객과 구성원들의 행복과 평안을 바라는 자애심慈愛心은 조직 경영에서 핵심 요인으로 고려해야 한다.

행복 일터를 만드는 자애 경영

자애 경영이란 모든 사람들의 행복을 추구하는 경영이다. 조직 내부의 구성원들뿐만 아니라 제품과 서비스의 공급자들과 그것을 사용하는 모든 고객, 나아가 지역사회의 모든 사람들의 만족과 행복을 추구한다.

2021년 5월 IT 대표기업 네이버의 40대 중간관리자가 집 근처에서 극단적 선택을 했다. 직장인의 자살이 어제 오늘의 일은 아니지만, 그의 죽음에는 몇 가지 특징들이 있다. 먼저 네이버라는 수평적 조직문화와 일하기 좋은 직장에서 발생했다는 점이다. 그의 죽음 배경에는 높은 노동강도와 상사로부터 지속적인 괴롭힘이 있었다고 한다.[12] 또 다른 특징은 40대 중간관리자가 받는 성과에 대한 압박과 스트레스이다. 이처럼 업무 실적과 성과 압박이 상사에 의한 지속적 괴롭힘과 결합될 때, 스트레스 강도는 더욱 높아진다. 끝으로 조직 내 다른 관리자들이 경영진에게 해당 직속상사의 강압적 리더십에 문제제기를 했음에도 받아들여지지 않았으며, 심지어 문제제기한 관리자가 해임되는 일까지 있었다고 한다. 이것은 조직 내 의사소통 채널의 단절과 상명하복의 위계적 조직문화가 강하게 작용했음을 의미한다. 우리 조직에 자애 경영이 필요한 이유는 인간존중과 수평적 조직문화, 행복의 가치를 불어넣기 위함이다. 성과와 실적에 대한 압박, 상사의 지속적 괴롭힘, 수직적 위계문화에서 인간존중과 행복의 가치는 자리잡기 어렵다.

자애로운 리더는 물질적 이익추구를 넘어선다. 자애 경영의 목적은 이윤을 넘어 인류의 보편적 가치를 실천하는데 있다. 인류의 보편적 가치를 추구하는 대표적 기업은 구글이다. 구글은 '모든 직원들이 세상의 정보를 체계화해 인류를 이롭게 한다'는 사명을 가지고 있다. 이 같은 인류 보편적 가치를 추구하는 사명을 전체 구성원들이 공감하고 각자 자신의 업무에 적용한다.

구글은 이러한 사명을 실천하기 위해 프로젝트의 수행이나 기업 인수 합병 등 실제 업무에서 기업의 가치와 적합한지 혹은 그렇지 않은지를 끊임없이 고민하고 토론한다. 대표적인 예가 2013년 구글이 보스턴다이내믹스를 인수해서 로봇사업에 뛰어들었지만, 3년 후에 다시 이 회사를 매각하는 결정을 했다. 그 이유는 구글과 보스턴다이내믹스의 사업비전이 맞지 않았기 때문이었다.[13]

또한 구글은 매주 'TGIFThanks God it's Friday 미팅'을 통해 구글의 직원들과 경영진이 소통하는 자리를 가진다. 이 자리에서 회사의 경영 현황 및 제도변경, 제품 출시 계획 등을 공유한다. 많은 기업들이 회사의 중요한 정보를 전 직원들과 나누는 것을 꺼리는 경향이 있다. 그러나 구글은 직원들의 배신이나 외부 누설을 두려워하기보다는 직원들을 신뢰하고 개인들이 회사의 주인임을 느낄 수 있는데 더 큰 가치를 둔다. 직원을 신뢰하고 주인의식을 불어넣는 가장 효과적인 방법은 회사의 정보를 투명하게 공유하고 구성원들의 합의를 이끌어 내는데 있다. 그 바탕에서 모든 인류의 행복과 안녕을 바라는 이타심利他心, 즉 자애의 마음이 있다.

그렇다면 자애 경영을 실천하면 어떤 효과가 있을까? 먼저 자애 경영은 모든 존재의 행복과 안녕을 바라는 선한 의지를 실천한다. 리더의 선한 의지는 물질적 요구뿐 아니라 인류의 보편적 가치를 추구하며 선한 결과를 추구한다. 카카오의 김범수 의장이 전 재산의 절반을 사회에 환원하고 기업의 사회적 책임을 다하는데 사용하겠다고 발표했다. 이러한 김범수 의장의 사회적 환원은 바로 모든 사람들의 행복과 평안을 바라는 자애심의 발로이며 자애慈愛 경영의 실천이다. 이처럼 리더의 자애심은 전체 구성원들에게 영향을 미치며 선한 결과를 만드는 자발적 행동을 촉진한다.

다음으로 자애 경영은 모든 사람들의 행복을 추구하는 전체적 관점을 바탕으로 인류보편적 가치를 실천한다. 자기 자신, 내 부서, 자기 조직만 생각해서는 이타심을 발휘할 수 없다. 자애의 가치는 조직 구성원들에게 전체를 생각하고 인류보편적 가치를 실천하려는 전체적 관점은 결정하고 행동하게 한다. 앞서 살펴본 구글의 'TGIF 미팅'이 단순한 회사의 현황과 정보를 공유하는 자리가 아니라 회사의 주요 사안에 대해 공유했다. 이러한 과정을 통해 직원을 주인으로 대우하며 일에 대한 전체적 관점과 자발성을 이끌어 낸다.

기업의 인류보편적 가치 실천은 기업이 단순한 이윤추구의 집단이 아니라, 사회적 책임과 역할을 주도적으로 실천하는 집단임을 의미한다. 이러한 사회적 책임과 역할을 강조한 대표적 경영자는 카카오의 김범수 의장이다. 그는 자신의 전 재산 절반의 사회 환원을 약속하며, 이를 실천하기 위해 '브라이언임팩트'라는 재단을 출범했다. 사회적 문제해결을 위해 기부한다는 그의 철학은 '더기빙플레지'에 잘 나타나 있다.

> "기업이 접근하기 어려운 영역의 사회문제 해결에 나서려 한다. 100명의 혁신가를 발굴해 지원하고 미래교육 시스템에 대한 적절한 대안도 찾겠다. 빈부격차로 기울어진 운동장을 바로 세우고자 노력하고 아프고 힘든 이들을 돕는 사람에 대한 지원을 아끼지 않을 것이다."[14]

지금까지 기업가들이 만든 재단이 기부문화 확산에 기여한 점은 높지만, 사회적 문제해결에 기여하기에는 한계가 많았다. 이러한 현실에서 김범수 의장이 만들어갈 기업의 사회적 책임과 역할에 기대해 본다.

끝으로 자애 경영은 모든 존재가 서로 연결되어 있으며 상호 영향을 미치므로 협업을 중시한다. 자애 경영의 전체적 관점은 모든 이해관계자

들이 서로 연결되어 있으며 나와 타인, 조직과 전체 사회가 서로 영향을
미치는 상호 연결성으로 이어진다. 모두가 연결되어 있기에 옆에 있는 동
료의 일이 잘 되어야 내 일이 잘 되고, 내 일이 잘 되어야 좋은 제품과 서
비스가 나올 수 있다. 내가 만든 제품과 서비스에 혼신의 힘을 다하는 이
유는 우리 회사의 제품과 서비스를 사용하는 고객들이 즐겁고 행복하기
를 바라기 때문이다. 이처럼 자애慈愛 경영은 구성원들의 자발적 협력과
헌신을 이끌어내는 역할을 한다.

자애 경영을 통한 성과관리

자애 경영을 일상적인 성과관리에 활용하는 방법에 대해 살펴보자.
먼저 조직 활동의 목적과 원칙에 자애심을 핵심 원리로 삼는다. 한 예로
인재를 선발할 때 조직이 추구하는 인재상에 자애심을 포함하여 자애심
을 선발기준의 한 요소임을 명시한다. 연봉이나 인센티브와 같은 물질적
가치만을 중시하는 사람은 인류보편적 가치를 추구하는 기업을 선호하지
않을 수 있다. 반대로 보수는 적지만 인류보편적 가치를 중시하는 사람은
물질적 가치보다는 모든 사람의 행복과 안녕을 바라는 조직을 위해 헌신
한다. 이처럼 인류보편적 가치 실현을 중시하는 직원들이 모인 조직은 일
상 업무 수행 과정에서도 자애심을 의사결정의 기준으로 여기며, 고객과
직원 모두의 행복과 배려를 생활화한다.

다음으로 조직 내 구성원 간 의사소통이나 대인관계에서 자애심을 행
동규범으로 한다. 자애로운 리더는 친절이 몸에 배어 있다. 그 이유는 자
애로운 리더는 자기 조직 구성원뿐만 아니라 만나는 모든 사람들이 행복
하고 평안하기를 기원한다. 그러한 자애의 마음이 행동으로 나타나는 대
표적인 것이 타인에 대한 배려와 친절이다. 타인에 대한 배려와 존중은

수평적인 조직관계를 촉진하며, 구성원 개개인이 스스로 일할 수 있도록 지원한다.

　　예를 들어 직원들이 자신의 일을 스스로 찾아서 실행할 때, 결과가 늦게 나오거나 원하는 일정을 맞추지 못할 때가 있다. 그 상황에서 많은 리더들은 기다리기보다는 일정을 맞추기 위해 인위적으로 개입하거나 다른 방법을 동원한다. 그러나 직원이 스스로 일을 수행할 수 있도록 믿고 기다려 주는 자애경영이 필요하다.

　　또한 직원의 강점에 기반한 조직운영을 한다. 사람마다 잘하는 일과 잘하지 못하는 일이 있다. 특히 업무 수행과정에서 직원들은 높은 성과를 내는 직원도 있지만 저성과자들도 있다. 조직마다 고민하는 일 중 하나가 성과가 낮은 사람들에 대한 동기부여이다. 저성과자들과 면담을 하고 회유나 압박을 해도 변화가 없는 경우가 많다. 한번 가라앉은 사기나 돌아선 마음을 다시 일으키기는 쉽지 않다. 사람을 동기부여하는 핵심 원리는 그 사람의 강점이 무엇인지, 좋아하는 일과 하고 싶어 하는 일이 어떤 것인지를 파악하는데 있다. 이런 통찰을 바탕으로 업무 기회를 부여하고 스스로 할 수 있는 여건을 조성한다면 조금씩 변화가 일어날 것이다. 사람을 바꾸는 가장 효과적인 방법은 바로 그 사람의 강점을 찾아서 기회를 주고 용기를 북돋워주는데 있다.

　　끝으로 성과 목표 설정과 평가에 자애심과 협업을 성과지표에 반영한다. 일찍이 피터 드러커는 "측정할 수 없다면 관리할 수 없고, 관리할 수 없다면 개선할 수 없다"고 강조하였다. 이것은 아무리 좋은 경영원칙과 철학도 조직운영에서 관리될 수 없다면 실현될 수 없음을 의미한다. 모든 성과목표 설정과 평가에서 자애와 협업을 명시하고 지속적으로 관리해야 한다. 그 과정에서 자애심과 협업이 자연스럽게 조직문화로 정착한다. 그 결과 조직 구성원들은 자애의 가치를 실천하기 위해 성과목표와 실행과제를 자발적으로 선정하고 헌신한다. 조직이 추구하는 자발심과 협업의 성과목표가 구성원들의 자발성과 헌신을 이끌어 내는 핵심 요인이 된다.

자애 경영과 마음챙김 명상: 일터 자애 명상

앞선 9장에서 자애명상의 방법과 직장에서 활용법을 소개하였다. 여기서는 직장 동료나 조직 전체에 대해 자애의 마음을 불어넣는 일터 자애 명상법을 소개한다. 일터에서 자애명상의 특징은 자신이 일하는 조직 구성원들에게 자애와 연민을 불어 넣는데 있다. 특히 조직 구성원 간의 갈등이나 일에 대한 의욕이 떨어질 때, 조직에 대한 자애의 마음은 일터에서 마음의 평정심을 찾고 동료와의 협력 활성화에 도움을 준다. 또한 자신과 마음이 맞지 않는 상사나 동료에게 자애의 마음을 불러일으킴으로써, 타인에 대한 미움과 원망을 감소시키고 배려와 협력의 분위기를 형성한다.

행복한 일터를 만들기 위한 자애 명상 방법은 다음과 같다.

일터 자애 명상 안내문

편안한 의자나 자리에 앉는다. 먼저 호흡에 대한 알아차림으로 들어간다. 숨이 코로 들어가서 목구멍을 거쳐 가슴, 배에까지 숨이 들어오고 나가는 과정에 주의를 기울인다. 숨이 들어오면 '들숨'이라고 알아차리고, 숨이 나가면 '날숨'이라고 알아차린다. 숨이 들어오고 나가는 것에 주의를 기울이면서 잠시 머문다.

잠시 후 일터 자애 명상으로 넘어 간다. 일터 자애 명상은 나와 동료, 조직에 대한 자애의 마음을 불러일으키는 명상이다. 먼저 숨이 들어오고 나가는 호흡에 자애의 마음을 불러일으킨다. 숨이 들어오는 들숨에 친절과 관대, 나가는 날숨에 자애와 행복의 마음을 불어 넣는다.

먼저 나 자신에 대한 자애의 마음을 불러 일으킨다. 마음속에 자신을 떠올리면서 마음속으로 다음과 같이 자애의 문구를 세 번씩 읊조려 본다.

"내가 행복하고 평안하기를!"
"내가 건강하고 안전하기를!"
"내가 고통과 슬픔에서 벗어나기를!"

다음은 직장동료에 대한 자애의 마음을 기원해 본다. 마음속으로 직장 동료 한 사람을 떠올려 본다. 필요하면 동료의 이름을 마음속으로 불러 봐도 좋다. 동료를 떠올리면서 마음속으로 다음과 같이 세 번씩 자애의 문구를 읊조려 본다.

"동료 000이 행복하고 평안하기를!"
"동료 000이 건강하고 안전하기를!"
"동료 000이 고통과 슬픔에서 벗어나기를!"

여기서 자애의 문구를 자신에 맞게 바꾸어서 진행해도 좋다. 직원 개개인에 대한 자애의 마음을 기원할 때 자신이 좋아하거나 존경하는 사람에게 할 수도 있다. 그다음 자신을 힘들게 하거나 싫은 상사나 동료에게 자애의 마음을 불러일으킬 수 있다. 특히 자신을 힘들게 하거나 싫어하는 사람에 대해 의도적으로 자애의 마음을 불러일으킴으로써 상대방을 이해하고 마음으로 용서하는 감정을 불러일으킬 수 있다.

다음은 조직 전체 구성원에 대한 자애의 마음을 불러일으켜 본다. 마음속에 조직 구성원 전체를 떠올린다. 자신이 좋아하는 동료도 있고 싫어하는 직원도 있을 수 있다. 이 모두에게 친절하고 관대하며 자애로운 마음을 불러일으켜 본다. 모든 상사와 동료 후배들을 떠올리며 마음속으로 다음과 같이 자애의 마음을 세 번씩 읊조려 본다.

"우리 회사 전 구성원이 행복하고 평안하기를!"
"우리 회사 전 구성원이 건강하고 안전하기를!"
"우리 회사 전 구성원이 고통과 슬픔에서 벗어나기를!"

> 동료와 전 구성원에 대한 자애의 마음을 기원한 뒤, 호흡에 대한 알아차림으로 돌아오며 명상에서 나온다.

일터 자애 명상은 조직 구성원들에 대한 친절과 관대, 자애심을 불어넣는 명상이다. 정좌 자세에서 수행할 수도 있고, 사무실이나 이동 중에 간단하게 자애의 마음을 기원할 수도 있다. 일터 자애 명상은 자애 경영을 실천하는 리더들이 자신과 타인 조직 구성원 모두에게 자애의 마음으로 행동하는 습관을 형성하는데 효과적이다. 또한 조직 구성원들을 신뢰하는 마음과 태도, 행동을 형성하는 데도 유용하다. 이처럼 삶의 현장에서 마음챙김 자애 경영의 실천은 자신과 조직 전체를 위한 행복 플랫폼을 만드는 첩경이다.

에필로그

인류보편적 가치를 실천하는
마음챙김의 확립

마음챙김 리더십을 강의하는 시간에 수강하던 한 CEO가 내게 말했다.

"강사님의 말씀은 이해는 되지만 현실은 그렇지 않아요. 현
실은 선한 기업이 성공하는 것이 아니라 독한 기업이 성공합니
다. 선한 경영자를 앞에서는 다들 좋아하지만, 나중에 사람들이
뒤통수를 때려요. 협력사는 단가를 올려 달라고 하고, 직원들은
급여를 올려 달라고 해요. 사람들의 욕심은 끝이 없어요."

그분의 말씀은 비즈니스의 냉혹한 현실을 대변했다. 당시 나는 그분
의 의견에 동감하면서도 다음과 같이 말했다.

"이제 사람들의 마음을 움직이지 못하는 조직은 살아남기
어려울 겁니다. 지금까지는 돈으로 사람들의 마음을 움직였다

면, 신세대 직원들은 돈이 아닌 공정과 신뢰라는 가치가 그들을
움직입니다. 직원들과 고객들, 사회 구성원들의 마음을 얻지 못
하는 조직은 사라질 것입니다."

당시 교육에 참가했던 CEO는 과거와 현실을 이야기했고, 나는 현재
와 미래를 이야기했다. 동시대를 살고 있는데 현실을 바라보는 견해는 달
랐다. 아직 오지 않은 미래는 아무도 모른다. 미래는 오늘을 살아가는 사
람들이 어떻게 그리는가에 달렸다.

다음은 미국 체로키 인디언들에게 전해 내려오는 이야기의 한 구절이다.

한 노인이 손자를 무릎에 앉히고 말했다.
"사람들의 마음속에는 두 마리의 늑대가 살고 있단다. 그중 한 마리는 악마와 같아서
마음이 온통 부정적이지. 분노, 슬픔, 후회, 열등감, 거짓 등 세상의 온갖 나쁜 것들을 다
품고 있단다.
다른 한 놈은 선한 놈이라 기쁨, 평화, 친절, 진실, 사랑 등 세상의 온갖 선한 것들을 품고
있단다. 그 두 마리는 언제나 으르렁 거리면서 지금 이 순간에도 끊임없이 싸움 중이란다."
이야기를 듣고 있던 손자가 곰곰이 생각하다 물었다.
"그러면 그 두 마리 늑대 중에서 누가 이기는 건데요?"
할아버지는 미소를 지으면서 손자에게 말했다.
"네가 먹이를 주는 놈이 이기지."

당신은 두 마리 늑대 중에서 어느 놈에게 먹이를 주고 있는가? 머리로
는 친절하고 사랑스런 선한 놈에게 먹이를 준다고 하지만, 몸은 분노와
거짓의 악한 놈에게 반응하지 않는가? 자신에게 일어나는 일에 자동반응
을 멈추는 방법은 무엇일까? 그것은 본서가 강조했던 마음챙김이다. 마음
챙김이란 '지금 여기에서 아무런 판단함이 없이 일어나는 모든 것들을 있

는 그대로 보고 받아들이는 것'이라고 했다. 내가 '악한 쪽으로 움직이고 있구나'하는 생각과 행동을 알아차리고, 재빨리 바르고 선한 쪽으로 돌아오는 것이다. 잠시 마음놓침의 상태가 되면 마음은 거짓과 위선, 태만과 나태, 분노와 어리석음의 모드로 움직인다. 이러한 마음놓침의 상태를 막기 위해, 매 순간 마음챙김의 태도를 유지해야 한다. 마음챙김의 태도를 확립하는 효과적인 방법이 바로 마음챙김 명상이다. 마음챙김 명상은 자신만의 시간과 공간을 내어 수련하는 공식명상과 일상생활에서 짧은 순간에도 할 수 있는 비공식 명상 수련이 있다. 이러한 명상 수련을 통해 마음챙김의 힘이 길러지면, 일상생활에서도 자연스럽게 마음챙김의 자세를 유지하게 된다.

　마음챙김 리더십은 마음챙김의 태도를 확립한 사람이 비즈니스 현장에서 발휘하는 영향력이다. 마음챙김의 태도를 비즈니스에 적용하기는 쉽지가 않다. 그렇지만 매 순간 깨어 있고, 있는 그대로를 보고 받아들이는 마음챙김의 태도는 경영 현장에서도 유용하다. 4차 산업혁명은 개인뿐 아니라 조직의 생태계에도 큰 변화를 주고 있다. 자율과 위임의 수평적 조직문화, 개인과 조직, 사회 전체가 연계된 열린 소통, 투명하고 공정한 의사결정을 위해, 조직 내에서도 마음챙김 리더십이 더욱 필요하다. 앞서 마음챙김 리더십이란 '일어나는 모든 것을 있는 그대로 보고 받아들여, 바르고 선한 영향력을 발휘하는 행위'라고 정의했다. 비즈니스 현장에서 바르고 선한 영향력을 발휘하기 위해 마음챙김 리더십 실천의 5가지 바른 길을 수련한다. 5가지 바른 길은 바르게 보기, 바르게 생각하기, 바르게 일하기, 바르게 말하기, 바르게 행동하기이다. 5가지 바른 길에서 바르게 보기와 생각하기는 내부 마인드의 영역이라면, 바르게 일하기와 말하기, 행동하기는 외부 행동의 영역이다. 마인드와 행동은 전체로 연결되어 있으며 실천으로 드러난다. 이러한 마음챙김 리더십의 바른 태도는 마음챙김 명상 수련을 통해 길러진다.

마음챙김 리더십의 5가지 바른 길을 수련한 리더가 비즈니스 현장에서 실천하는 경영이 바로 마음챙김 경영이다. 마음챙김 경영이란 '구성원들의 비즈니스에서 일어나는 모든 일들을 있는 그대로 보고 받아들여, 지혜와 자애로써 조직을 자율적으로 운영하는 열린 경영'이다. 이러한 마음챙김 경영혁명을 실천하는 4가지 원리는 무상無常 경영, 무실체성 경영, 무위無爲 경영, 그리고 자애慈愛 경영이다. 이 4가지 경영원리가 현재의 기업을 초일류 조직으로 나아가게 한다. 마음챙김 경영혁명의 4가지 원리는 마음챙김 리더십의 4가지 축과 5가지 바른 길과 긴밀하게 연계되어 있다. 비즈니스에서 일어나는 현상에 대한 바른 견해와 생각을 토대로 얻은 지혜가 바로 무상無常과 무실체성, 무위無爲와 자애慈愛의 경영원리이다. 이 4가지 경영원리가 현실에서는 바르게 일하기와 말하기, 행동하기로 나타난다.

그렇다면 개인의 마음수련 수단인 마음챙김 명상을 기업경영에 적용하는 이유는 무엇인가? 그것은 오늘날 기업경영의 한계를 극복하고 초일류 조직으로 나아가는 효과적인 대안이기 때문이다. 특히 ESG경영으로 환경과 사회적 책임, 기업의 지배구조의 개선을 요구하는 현실에서 이윤추구 중심의 경영방식은 한계가 있다. 또한 기업을 이윤추구의 수단으로만 보는 견해에서는 제대로 된 ESG경영을 할 수 없다. 미래를 개척하는 초일류 조직이 되기 위해서는 돈이 아닌 사람의 마음을 얻을 수 있는 경영방식이 요구된다. 초일류 조직은 이윤창출과 행복추구의 두 수레바퀴로 굴러간다. 이윤창출만을 추구하는 조직은 한쪽 날개를 잃은 새처럼 제자리를 맴돌거나 추락할 수밖에 없다. 지속가능한 성장을 추구하는 조직은 직원과 고객, 사회 구성원 모두의 행복을 중요시한다. 마음챙김 경영혁명은 비즈니스 현장에서 일어나는 일들을 있는 그대로 보고 받아들여 바르고 선한 영향력을 발휘함으로써, 사람들의 마음을 얻는 무위無爲의 경영혁명이다.

이제 기업은 직원과 고객, 사회를 연결하는 행복 플랫폼이 되어야 한다. 세일즈포스의 마크 베니오프 회장은, "기업 CEO의 역할은 인간 존재와 환경 등 사회 이해 관계자들에 대한 책임을 지는 것"이라고 말했다. 앞으로 기업들은 기존에 보지 못했던 새로운 문제에 봉착할 것이다. 대표적인 문제가 자원과 환경의 문제이다. 전 세계 78억 명의 인구를 먹이고 생활하게 하는 식량과 생필품, 소비품은 머지않아 한계에 봉착할 것이다. 특히 화석연료에 기반한 산업은 지구 자원의 고갈과 심각한 환경오염 문제에 직면하고 있다. 또한 이윤추구를 향한 인간욕망은 빈부 격차와 지역 격차라는 사회적 문제를 심화시키고 있다. 비즈니스 세계에서 이윤추구의 무한질주를 멈춰 세우고 인간존중과 인류보편적 가치를 실천하는 마음챙김 혁명이 필요한 때이다.

그동안 개인 차원에서 수련하던 마음챙김 명상은 리더십과 경영혁명을 이끄는 핵심 방법으로 진화하고 있다. 이제 인간존중과 인류보편적 가치는 기업의 핵심가치로 자리를 잡았다. 기업과 사회의 지속가능한 발전을 위해 마음챙김 경영의 지혜와 자애가 중요하다. 이를 위해 기업은 개인과 조직, 사회를 연결하는 행복 플랫폼의 중심 축이 되어야 한다. 초일류 기업으로 가는 행복 플랫폼은 마음챙김 리더십과 경영의 실천을 통해 이뤄질 수 있다. 이 책이 개인과 조직의 지속가능한 성장과 행복 플랫폼을 만드는데 일조하길 기대해 본다.

<주>

프롤로그: 행복 플랫폼으로 가는 마음챙김 리더십 혁명

1 NEWSIS, "일 몰입과 개인의 행복 그리고 국가의 경쟁력", 2020년 3월 27일자.

제1부 **마음챙김 자기혁명**

제1장_ 자기혁신으로 가는 마음챙김

1 데이비드 록, 김우열 역 (2006년), <고요한 리더십> (원서명: Quiet Leadership), 랜덤하우스.

2 존 카밧진, 엄성수 역(2019년), <존 카밧진의 왜 마음챙김 명상인가?> (원서명: Wherever You go, There You Are), 불광.

3 조선일보, "선한 직원이 안전하다고 느껴지는 게 중요, 조수용 카카오 대표", 2019년 10월 5일자.

4 존 카밧진, 김교현 외 2인 공역 (2017년), <마음챙김 명상과 자기치유> (원서명: Full Catastrophe Living), 학지사.

5 존 카밧진, 엄성수 역 (2019년), <존 카밧진의 왜 마음챙김 명상인가?> (원서명: Wherever You go, There You Are), 불광.

제2장_ 비즈니스와 마음챙김

1 매일경제, "구글 직원 3천여명 구글이 전쟁 사업해선 안된다", 2018년 4월 5일자.

2 에이브러햄 H. 매슬로, 데버러 C. 스티븐슨 외 1명 편, 왕수민 역 (2011년), <인간욕구를 경영하라> (원서명: Maslow on Management), 리더스북.

3 헨리 민쯔버그 외, 현대경제연구원 역 (2000년), <리더십>, 21세기북스.

4 엘렌 랭어, 이양원 역 (2015년), <마음챙김>, 더퀘스트.

5 월터 아이작슨, 안진환 역 (2011년), <스티브 잡스>, 민음사.

6 이투데이, "코로나19에 생존 기로 선 기업…긴급자금·세제 지원 요청", 2020년

3월 8일자.

7 전국경제인연합회, "500대 기업 ESG 준비실태 및 인식조사", 2021년 4월 5일.

8 한경BUSINESS, "해외 ESG 정보공시 전쟁은 시작됐다", 2021년 11월 24일자.

9 엘렌 랭어 외 1인, "Mindfulness in the Age of Complexity", <하버드 비즈니스 리뷰> 2014년 3월호.

제3장_ 위기와 스트레스에서 마음챙김

1 이데일리, "갑질의 원인은 권위주의 문화…. 직장 내 폭언, 폭행 가장 많아", 2020년 1월 12일자.

2 원지현, "리더의 비인격적 행동 코스트 높아졌다", <LG Business Insight> 2015년 6월 24일.

3 한국경제신문, "성과 못 내면 한순간에 잘릴 수도…. 정신과 찾는 대기업 임원들", 2010년 8월 2일자.

4 존 카밧진, 김교헌 외 2인 역 (2017년), <마음챙김 명상과 자기치유>, 학지사.

5 중앙선데이, "직장인 1% '임시직원' … 임원 세 중 둘 흙수저 출신", 2019년 1월 26일자.

제2부 **마음챙김 리더십 혁명**

제4장_ 마음챙김이 만드는 리더십 혁명

1 불교신문, "명상 바람 분다, 돌풍 넘어 열풍이다", 2018년 3월 27일자.

2 프라유드 파유토, 김광수 외 1인 (2019년), <붓다의 경제코칭> (원서명: Buddhist Economics-A Middle Way for the Market Place), 민족사.

3 짐 콜린스, 이무열 역 (2001년), <좋은 기업을 넘어 위대한 기업으로> (원서명: Good To Great), 김영사.

제5장_ [마음챙김 리더십 실천1] 바르게 보기

1 박찬희 (2020년), "평가 엇갈리는 웰치식 경영은 시대적 산물", <동아 비즈니스 리뷰(DBR)> 293호(2020년 3월 Issue 2).

2 삐야닷시 테라, 유미경 역 (2015년), <붓다의 옛길>, 달물.

제6장_ [마음챙김 리더십 실천2] 바르게 생각하기

1 삐야닷시 테라, 유미경 역 (2015년), <붓다의 옛길>, 달물.

2 프라유드 파유토, 김광수 외 1인 (2019년), <붓다의 경제 코칭> (원서명: Buddhist Economics – A Middle Way for the Market Place), 민족사.

3 법정 역 (2006년), <진리의 말씀- 법구경>, 이레.

4 파이낸셜뉴스, "바이오 의약품 코로나 백신 생산기지된 한국.. '팬데믹 뒤집기' 우리만의 기회를 찾다.", 2021년 1월 3일자.

5 존 카밧진, 김교현 외 2인 공역(2017년), <마음챙김 명상과 자기치유> (원서명: Full Catastrophe Living), 학지사.

제7장_ [마음챙김 리더십 실천3] 바르게 일하기

1 http://www.yuhan.co.kr/founder/founder_ane_view5.html

2 http://www.yuhan.co.kr/founder/founder_quotation.html

3 삐야닷시 테라, 유미경 역 (2015년), <붓다의 옛길>, 달물.

4 존 카밧진, 김교현 외 2인 공역 (2017년), <마음챙김 명상과 자기치유> (원서명: Full Catastrophe Living), 학지사.

5 삐야닷시테라, 유미경 역 (2015년), <붓다의 옛길>, 달물.

제8장_ [마음챙김 리더십 실천4] 바르게 말하기

1 삐야닷시 테라 (2015년), 유미경 역, <붓다의 옛길>, 달물.

2 일아 역편 (2008년), <한권으로 읽는 빠알리 경전>, 민족사.

3 일아 역편 (2008년), <한권으로 읽는 빠알리 경전>, 민족사.

제9장_ [마음챙김 리더십 실천5] 바르게 행동하기

1 https://edition.cnn.com/2009/OPINION/11/18/langewiesche.miracle.hudson.flight/index.html

2 https://www.independent.co.uk/news/world/americas/pentagon-kept-out-of-the-loop-on-book-about-killing-of-osama-bin-laden-8076630.html

3 조셉 골드스타인, 이성동 외 1인 역 (2018년), <마인드풀니스> (원서명: MINDFULNESS),

민족사.

4 존 카밧진, 김교현 외 2인 공역 (2017년), <마음챙김 명상과 자기치유> (원서명: Full Catastrophe Living), 학지사.

제3부 **마음챙김 경영혁명**

제10장_ 초일류 조직의 변화관리: 무상(無常) 경영

1 'The Financial Crisis Inquiry Report' (2011년), Financial Crisis Inquiry Commission United States of America.

2 레이첼 보츠먼, 문희경 역 (2019년), <신뢰이동> (원서명: Who Can You Trust), 흐름출판.

제11장_ 초일류 조직의 조직관리: 무(無)실체성 경영

1 위키백과(https://ko.wikipedia.org/wiki/%EC%9B%94%EB%A7%88%ED%8A%B8)

2 제이 엘리엇 (2013년), 이현주 역, <스티브 잡스의 사람 경영법> (원서명: Leading APPLE with Steve Jobs), 흐름출판.

3 장은지 (2018년), "리더는 지지자가 아닌 조율자 신뢰-자율의 애자일로 변신하라", <동아 비즈니스 리뷰(DBR)> 248호. 수정 인용.

제12장_ 초일류 조직의 일 관리: 무위(無爲) 경영

1 닐스 플레깅, 박규호 역 (2011년), <언리더십-자본주의 4.0 시대의 새로운 리더십 12>, 흐름출판.

2 라즐로 복, 이경식 역 (2015년), <구글의 아침은 자유가 시작된다>, 알에이치코리아.

제13장_ 초일류 조직의 성과관리: 자애(慈愛) 경영

1 중앙일보, "카카오 김범수 통 큰 선언 "재산 절반 이상 기부하겠다", 2021년 2월 8일자.

2 디지털 타임즈, "질병, 기후, 사회문제해결 각별한 관심… '기업가像 바꿨다' 호평", 2021년 2월 8일자.

3 한국경제, "김범석 창업자 쿠팡맨에 주식 1000억 원 쏜다", 2021년 2월 13일자.

4 매일경제, "베니오프 세일즈포스닷컴 창업자, 돈만 버는 CEO의 시대는 끝났다", 2019년 10월 6일자.

5 중앙일보, "성과급 근거 뭐냐, 대표에 돌직구⋯MZ세대에 당황한 기업", 2021년 2월 6일자.

6 마크 베니오프 외 1인, 김정희 역 (2020년), <변화를 이끄는 기업의 힘, 세일즈포스의 트레일블레이저> (원서명: TRAILBLAZER), 서울문화사.

7 마크 베니오프 외 1인, 김정희 역 (2020년), <변화를 이끄는 기업의 힘, 세일즈포스의 트레일블레이저> (원서명: TRAILBLAZER), 서울문화사.

8 레이철 보츠먼, 문희경 역 (2019년), <신뢰이동> (원서명: Who Can You Trust), 흐름출판.

9 마크 베니오프 외 1인, 김정희 역 (2020년), <변화를 이끄는 기업의 힘, 세일즈포스의 트레일블레이저> (원서명: TRAILBLAZER), 서울문화사.

10 https://www.saramin.co.kr/zf_user/help/live/view?idx=94033&listType =news

11 세계일보, "쌓여가는 스트레스로 '번아웃 증후군'에 시달리는 직장인들", 2020년 11월 13일자.

12 조선일보, "'직원 극단적 선택' 조사, 노조 패싱한 네이버⋯6월 말 각자 결과 발표", 2021년 6월 22일자.

13 정권택, 예지은 외 (2017년), <실리콘밸리 사람들은 어떻게 일할까?>, 삼성경제연구소.

14 한국경제, "김범수 기부 약속 실현할 '브라이언임팩트' 재단 허가", 2021년 6월 3일자.

저자 약력

김성완

㈜통코칭 / 마음챙김 리더십 연구소 대표
coach@tongcoaching.com
www.tongcoaching.com

비즈니스 코치이자 마음챙김 명상가. 기업과 공공기관에서 리더십과 창업 관련 강의와 컨설팅, 코칭을 진행하고 있다. 마음챙김 기반 스트레스 감소(MBSR) 프로그램을 접한 뒤, 마음챙김(Mindfulness)을 활용한 개인의 행복과 조직의 지속가능한 성장을 위해 노력하고 있다.

중앙대학교 대학원에서 행정학을 전공하였으며, 미국 텍사스 대학교 <Organization Development Internal Consultant Course>를 통해 조직 및 인사 관리 전문 지식을 습득하였다. 또한 LG전자, LG그룹연수원(인화원), LG디스플레이에서 12년간 조직 및 인적자원개발 실무 경험을 쌓았다. 2010년 (주)통코칭을 설립하여 대중소기업과 공공기관을 대상으로 리더십, 인사관리, 조직개발 분야의 강의, 코칭, 컨설팅을 진행하였으며, 중소벤처기업진흥공단 청년창업사관학교에서 창업 CEO육성에도 힘쓰고 있다.

또한 (사)한국코치협회 전문코치(KPC), (사)한국경영기술지도사협회 경영지도사, <동아 비즈니스 리뷰(DBR)>(동아일보사)의 인사관리 필진으로도 활동하고 있다. 저서로는 <창조적 문제해결자 가치경영>(2016년), <팀장의 품격>(2013년), <리더십 천재가 된 김팀장>(2009년)이 있다.

리더의 마음혁명

초판발행	2022년 2월 25일
지은이	김성완
펴낸이	노 현
편 집	김다혜
기획/마케팅	조정빈
표지디자인	이현지
제 작	고철민 · 조영환
펴낸곳	㈜ 피와이메이트
	서울특별시 금천구 가산디지털2로 53, 한라시그마밸리 210호(가산동)
	등록 2014. 2. 12. 제2018-000080호
전 화	02)733-6771
f a x	02)736-4818
e-mail	pys@pybook.co.kr
homepage	www.pybook.co.kr
ISBN	979-11-6519-232-7 03320

정 가   19,000원

박영스토리는 박영사와 함께하는 브랜드입니다.